讲述漢字的故事

图说汉字

说词解字辞书研究中心 编著

华语教学出版社

图书在版编目（CIP）数据

图说汉字：讲述汉字的故事/说词解字辞书研究中心编著. —北京：华语教学出版社, 2017（2023.9重印）

ISBN 978-7-5138-1315-0

Ⅰ.①图… Ⅱ.①说… Ⅲ.①汉字–通俗读物 Ⅳ.①H12-49
中国版本图书馆CIP数据核字（2016）第315978号

图说汉字：讲述汉字的故事

说词解字系列工具书

出 版 人 王君校
编　　著 说词解字辞书研究中心
责任编辑 郝　娜
装帧设计 马淑玲
出　　版 华语教学出版社
社　　址 北京百万庄大街24号
邮政编码 100037
发行部电话 010-68995871　010-68326333（传真）
编辑部热线 010-68421318
网　　址 www.sinolingua.com.cn
电子邮箱 scjzbook@126.com
印　　刷 三河市紫恒印装有限公司
经　　销 全国新华书店
开　　本 32开（787×1092）
印　　张 32.75
字　　数 800（千）
版　　次 2023年9月第1版第10次印刷
（2017年3月第1版）
书　　号 ISBN 978-7-5138-1315-0
定　　价 80.00元

凡解释一字即是作一部文化史

陈寅恪

战国楚帛书摹本

序言

汉字是世界上最古老的文字之一，已经有五、六千年的历史了。它是由图画发展而成的表意文字，一个字本身就能表示一个意思。然而，汉字的形体演变至今，其图画特征逐渐减弱，今人已很难辨识。为了普及汉字知识，使文字爱好者了解汉字的起源及发展演变情况，从而加深对中国传统文化的认识，特编写了这本书。

本书收录1000个有代表性的常用汉字，为每个字的字源配置插图，并按每个字形体演变的历史顺序依次列举甲骨文、金文、小篆、隶书、楷书等五种字体，使读者对这些汉字的起源与演变一目了然。汉字属表意体系的文字，字形和字义有着密切的关系。本书通过剖析字形来阐述字义，首先对这个字进行形体分析，然后指出字的本义，进而求索其引申义、假借义。每个义项都以古诗文的例句为佐证。

本书是一本汉字普及读物，图文并茂，深入浅出，富有趣味性。希望本书能对广大读者正确使用汉字和提高阅读文化典籍的能力有所裨益，使枯燥的文字学知识为大众读者所接受。限于编者学识浅薄，敬请专家和广大读者对书中的错误及不妥之处批评指正。

目录

汉字的起源

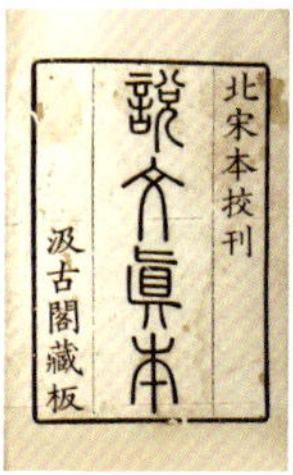

许慎

文字在产生之前，人们为了帮助记忆、交流思想、传递信息，曾经采用了各种各样的记事方法。东汉著名的文字学家许慎在《说文解字》里谈到过汉字的起源：

“古者庖牺氏之王天下也，仰则观象于天，俯则观法于地，视鸟兽之文与地之宜（仪），近取诸身，远取诸物，于是始作易八卦，以垂宪象。及神农氏，结绳为治而统其事，庶业其繁，饰伪萌生。黄帝之史仓颉，见鸟兽蹄迒之迹，知分理之可相别异也，初造书契，百工以乂，万品以察，盖取诸‘夬’。”

许慎认为，汉字产生之前曾有过一些过渡阶段。起初是庖牺（伏羲）氏创作八卦符号用来表示世界万象；其后有神农氏结绳记事，但却难以适应日益繁多的事物；直至黄帝的史官仓颉创造了书契文字，百官由此得到治理，万民由此得到督查。

结绳记事

在没有文字的时代，记事的方法可能有多种，结绳是原始民族普遍采用的一种记事法。所谓结绳记事，就是在绳子上打结。原始时期，人们用柔软而有韧性的树皮搓成细绳，然后将数十条细绳排列整齐悬挂在一处，在上边打结记事。大事打大结，小事打小结，先发生的事打在里边，后发生的事打在外边。

不论用一根绳子打结，还是用多根绳子横竖交叉，这样的方式似乎只能帮助记忆，本身还不能独立完整地记录事情，所以几乎不可能形成文字，只能说它是文字产生前的孕育阶段。

契刻记事

除了结绳记录之外，还有在树皮上、木头上做记号以及契刻等方法来记事的。

契刻往往与数字有关。人们将数目用一定的线条做符号，刻在木片或竹片上，作为双方的契约。后来，人们把契从中间分开，作为两半，双方各持一半，以两者吻合为凭据。古代契上刻的数目主要是用来做债务凭证的。

木契上的简单刻划，也只起帮助记忆的作用，不能算是文字。不过，契刻却很可能是最早的文字书写形式之一。古人利用这种形式把一些数字符号或象形符号刻划在陶器或竹木片上，用以传递某种信息，这就有可能逐渐演化成类似青铜器文字或竹简木牍这类文书，继而慢慢形成了文字和文献。

仓颉造字

按照中国传统的说法，汉字是由华夏民族的始祖黄帝的史官仓颉创造的。战国两汉时代，普遍流传仓颉造字的传说，当时的文字启蒙书称为《仓颉篇》，也反映了这种观点。东汉文字学家许慎在《说文解字》里对仓颉造字说加以肯定，此后人们更加坚信不疑。

古人把汉字看作神圣的东西，认为造字的人跟普通人不一样。《淮南子·本经》记载：“昔者仓颉作书而天雨栗，鬼夜哭。”到了汉代，特别是汉武帝以后，人们更把仓颉神话，说他“四目灵光”，与凡人不同。

原始时代，人们常常会在竹木片或其他器物上刻画一些符号来帮助记忆。这种符号通常不可能有固定的读音和意义，自然不能看作文字。只有当这些符号有了相对稳定的读音和意义，并且集中在一起用于记录语言，才具备文字的性质。因此，历史的发展需要出现一个（或少数几个）人来进行文字的搜集和加工整理。文字的产生并非是一人之功，肯定集合了众多的智慧，但是类似仓颉这样的人物出现并首先为文字的形成做好充足的铺垫，也许是合乎历史条件的事情。

几千年来，汉字的形体经历了多次演变，先后形成了甲骨文、金文、篆书、隶书、草书、楷书、行书等字体。

神秘的甲骨文

王懿荣

刘鹗

最古老的汉字

殷商时代的甲骨文是迄今发现的最早、最完备的汉语古文字资料。关于它的发现，有一段曲折的故事。

公元1899年（清光绪二十五年），清国子监祭酒、古文字学家王懿荣生了场病，医生给他开的药方上有一味药叫“龙骨”。文学家刘鹗在王家做客，两人都好奇这“龙骨”究竟为何物，于是拿出来一同观看，却发现这些“龙骨”是大大小小的骨头片，上面还有些契刻的图画，似文字非文字。两个老朋友感到惊讶，王氏重金购买大量龙骨作了初步的研究。

1900年，王懿荣的甲骨转归刘鹗所有，他的亲家罗振玉得知这些甲骨来自于河南安阳的小屯村，遂派人大力搜求，并对其上文字作了一些考释。原来，这些“龙骨”是河南省安阳县的农民种地时在黄土层下偶然发现的，继而卖给了药铺。经研究，它们便是三千多年前商朝用来记事的龟甲和兽骨。

甲骨文的功用

甲骨文是刻在龟甲和兽骨（主要是牛肩胛骨）上的文字，其内容大多是占卜吉凶。据历史记载，今河南省安阳市西北洹水边上小屯村一带，曾经是殷商都城。当时，无论国家大事还是个人私事都要事先占卜，向神灵或祖先的灵魂询问事情的吉凶，求鬼神保佑。所以，甲骨文的内容异常广泛，包括打猎、征伐、农业、气候、天象、地理、祭祀、疾病等等。

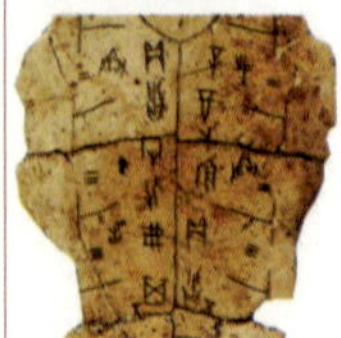

为他人占卜的人被称为“巫”或“史”，占卜方法是在龟甲或兽骨上凿出椭圆形的小槽或小孔，然后在边上用火灼烧，骨面上即出现裂纹，旧称为“兆”。巫史们根据这些裂纹来判断事情的吉凶，并把占卜之事和结

果用文字刻在甲骨上，称其为“卜辞”。有少量甲骨所刻的不是卜辞，而是记事的文辞，但内容也多与占卜活动有关。

甲骨文的特点

从数量和结构来看，甲骨文已经发展成为系统性较强的文字了。汉字的“六书——象形、指事、形声、会意、假借、转注”在甲骨文中都有所体现，但是图画文字的特征仍然比较明显。其主要特点是：

（1）在字形上，有些象形字只注重突出事物的特征，而笔画的多少、正反却不统一，字体的大小、长短也变化多样。

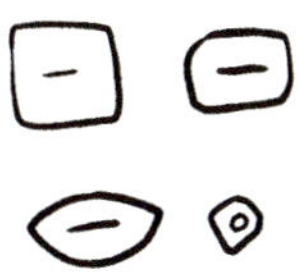

（2）甲骨文中的异体字非常多，即一个字可有十几个甚至几十个写法。

（3）由于是用刀在龟甲兽骨上刻写，所以刻出的笔画粗细不一，大多数笔画较细瘦、方正。

甲骨文的价值

在世界四大古文字体系（古代中国、古巴比伦、古埃及、古代印度）中，只有以殷墟甲骨文为代表的中国古汉字体系历经数千年的演变而传承至今，书写出了一部博大精深的中华文明史。

目前，安阳殷墟共出土甲骨 15 万片，单字约 4500 个，其中约有 1500 个单字已被释读。三千多年以来，甲骨文经过了金文、篆书、隶书、楷书等不同书写形式的变化，成为今天的方块汉字，对中国人的思维方式、道德观念和审美情趣产生了重要的影响，为中国书法艺术的产生与发展奠定了基础。

钟鼎上的金文

青铜钟鼎

青铜与文字

青铜，就是铜和锡的合金。冶炼铜的时候加入一定比例的锡，可以提高青铜的硬度，降低铜的熔点，因而被广泛采用。中国古代青铜器种类繁多，有酒器、水器、乐器、兵器、烹炊器、车马器、度量衡等等。

殷商时期，人们的行动都要受到神灵的指示，因此他们在日常生活中对神灵格外敬重。那时，人们已经开始制造铜器作为祭祀祖先的道具。到了西周，使用铜器的范围更广泛了。祭祀祖先、诸侯封赏、重大事件等，都会铸造铜器，并将重大事件记载于铜器上，即为铭文。

上古时代将铜称为金，因此把青铜器铭文称为金文；又因青铜器的礼器以鼎为代表，乐器以钟为代表，所以青铜也可用“钟鼎”代名，青铜器上的文字也叫钟鼎文。西周、春秋时期的文字主要是金文。

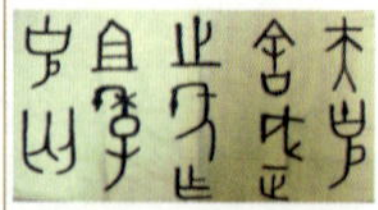

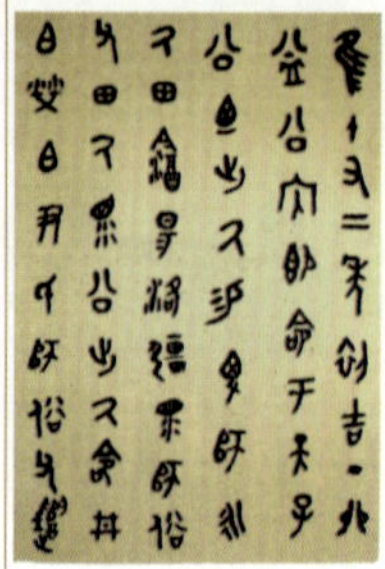

金文

金文的特点

金文和甲骨文一脉相承，属于同一体系的文字，但是因使用的书写工具和材料不同，金文具有如下的特点：

（1）笔画粗壮厚实，逐渐线条化，曲折笔画逐渐平直化。

（2）字形接近长圆，渐趋整齐，字体结构较为匀称。

（3）字图画特征明显减少，文字符号特征有所加强。

（4）有的字和偏旁开始定型，异体字仍然存在，但相对减少。

（5）一般从右往左直行书写，成为后世汉字书写的典型款式。

金文是文字艺术品

我国的青铜器以其量大、精品多、艺术与科学价值

高而享誉海内外。商末周初，青铜器制造处于顶峰阶段，此时的青铜器制作精湛，艺术欣赏性十分高。

中国青铜器的大宗是青铜礼器。从夏商时代到战国晚期，青铜礼器被统治者用来祭祀祖先，宴飨宾客，歌功颂德，死后埋葬于地下，尤其像鼎之类的重器更是身份、地位乃至社稷的象征。据文献记载，天子用九鼎，诸侯七鼎，卿大夫五鼎，士三鼎，必须恪守法度，不能逾越。

青铜器上铸刻文字是从商代中期开始的，起初只有一两个字，商代晚期开始增多。西周时期是铭文大发展时期，长篇巨制不少，如毛公鼎铭达 497 字，是铭文最长的青铜器。这些铭文或粗犷或瘦劲，或工细或秀美，本身就是书法艺术品。

青铜器的历史价值主要由铭文来体现。商周时代距今已很遥远，由于历史的变迁，那个时代遗留下来的文献极少，而青铜器铭文，特别是篇幅比较长的铭文，是当时人们现实生活的反映，保留了当时的真实面貌，因而具有极高的研究价值。

书同文字——小篆

大篆：春秋战国时期的秦国文字

春秋战国时期，秦国地处西周的中心地区关中，继承了西周的文字系统，并在西周文字的基础上发展成为秦系文字，即大篆。大篆也称籀（zhòu）文。之所以称为籀文，是因为这种文字收录于已经亡佚的中国古代字书《史籀篇》，但部分字形保存在《说文解字》一书中。

大篆的真迹，一般认为是“石鼓文”。唐初，天兴县陈仓（今陕西宝鸡）出土了十个顶圆底平的石敦子。上面刻下的是秦献公十一年作的十首四言诗，原刻700

石鼓文

大篆　小篆

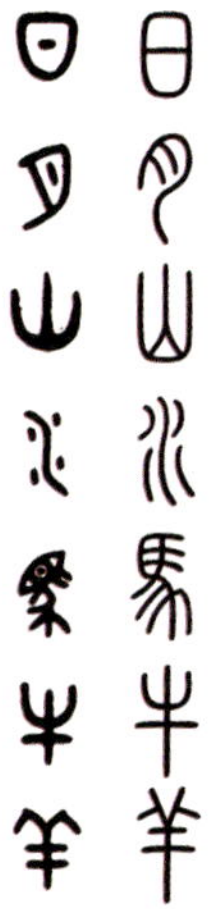

多字，现存300多字，十个石敦现存故宫。唐诗人韦应物认为石的形状象鼓，改名“石鼓文”，为大篆的代表。

大篆从西周金文直接发展而来，其主要特点是字形整齐匀称，笔画粗细一致，趋于线条化，比金文前进了一大步。

小篆的规范与通行

战国时期，各诸侯国之间政治上割据，经济发展程度很不相同，语言差异比较大，文字的形体也很不一样。公元前221年，秦始皇统一中国，采纳李斯的建议，推广统一文字的政策。以春秋战国时期的秦国文字为基础，稍加简化，通行全国。这种字体称之为小篆，这就是历史上著名的“书同文字”。

秦朝统一文字，是我国历史上第一次系统的文字规范，不仅整理了大量的异体字，还在规范过程中进行了文字简化。汉字发展到小篆，象形的意味大大减少了，进一步方块化、符号化，逐渐开始定型。小篆的形体结构跟以前的文字相比，主要有三方面的不同：

（1）字形固定，每个字一般只有一种写法，单独成字或做偏旁。

（2）在一个字里各部分的位置固定化，不能随意变动；偏旁不能随意更换或增减。

（3）笔画、结构简易规范，便于书写。

小篆的地位与发展

秦国地处西周故土，秦文字更多继承了周代文字的特点。随着时代变迁，秦文字逐渐规整化，特别是小篆的发展比较符合汉字的发展规律，所以秦灭六国以后，以小篆为基础统一文字，短时间内取得了巨大效果。小篆是我国历史上第一次汉字规范化的产物，在汉字发展史上具有十分重要的地位。小篆的通行，结束了从甲骨文以来一千余年汉字形体纷繁、写法多样的混乱局面。后秦文字为汉代所继承，成为正宗。

东汉和帝年间（公元 89—104 年），著名经学家、文字学家许慎著《说文解字》一书，收 9353 个小篆字形，总结了小篆的规律，是最丰富、最系统的一份秦文字资料，成为此后研究汉字的经典著作。

泰山刻石

隶书：古今文字的分水岭

隶臣创字

程邈

隶书出现于战国晚期的秦国，关于它的产生，《说文解字·叙》云："隶书乃秦始皇帝使下杜人程邈所作也。"据历史考证，隶书来源于篆书的草率写法，与篆书在很长一段时间内共存。著名文字学家裘锡圭认为，在隶书形成的过程中，经常使用文字的官府书吏起到了重要作用，而程邈此人可能对隶书做过一些加工整理，因此就产生了程邈为秦始皇造隶书的传说。

战国时代，办理文书事务的下级公务人员被称作隶臣或徒隶，由于事务繁忙、文书众多，平常的手头书写较为简单草率，隶书由此而产生并得名。大多数学者把战国晚期到汉初的时间看作是隶书的初创阶段。此时的隶书有很多不完备的地方，只是一种新兴的辅助字体，社会地位较低。在秦代，凡庄重之处，如石碑、货币等都不用隶书，汉初亦如此。

我们知道，社会对文字的要求之一便是简化。一种字体通行的时候，同时也就孕育着一种更为简便的新字体。在最初的一段时间里，隶书只是官府用来处理日常事务或普通人抄书所用的俗体，直到西汉武帝以后，隶书才取代小篆成为主要字体。

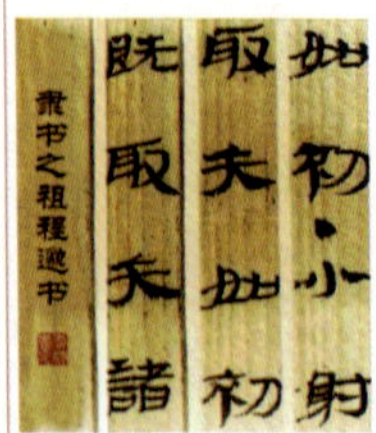

隶变与“八分”

汉字发展到隶书，字体的笔画和结构发生了很大的变化。习惯上把甲骨文、金文和篆书一同看成古文字，而隶书算作今文字，篆隶并行的时期看成是古今文字的过渡时期。

在隶书演变的过程中有一些非常重要的特点，可分为古隶和八分书两个阶段。

（1）古隶

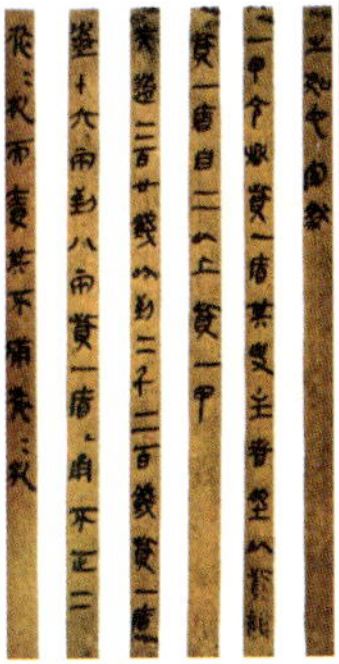

睡虎地秦简

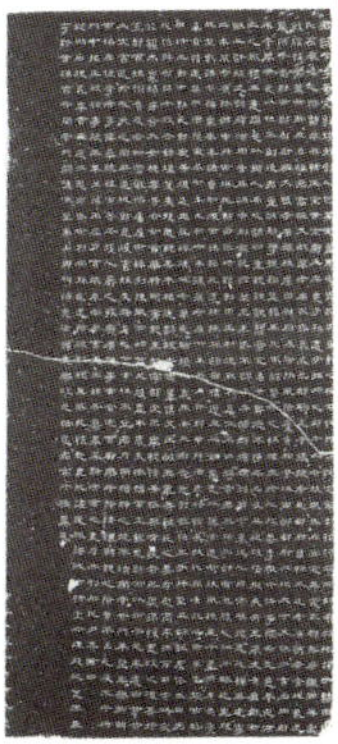

曹全碑

古隶是指不成熟的隶书。从考古发现的文字资料看，古隶在战国晚期的秦文字中就已经出现了，当时人们用毛笔快速书写时，书写者为了方便，往往将篆文的圆滑笔画改为方折笔画。比较有代表性的是湖北云梦县的睡虎地秦简。

秦始皇下令“书同文字”之后，小篆虽然成为了全国通行的正式文字，但在日常生活和工作中广泛流行的却是隶书。早期的隶书（即古隶）并不是一种独立成熟的字体，而只是与篆书相辅的俗体。从秦统一后开始，经过一二百年的发展，大约到汉武帝时代及之后，隶书才逐渐成熟起来，成为在正规场合下可以采用的字体。

（2）八分书

西汉武帝晚期，隶书的书写开始形成一种较为特殊的笔法。此种写法以东汉的碑刻文字为代表，结构平整，布局稳重匀称，笔画带有明显的“蚕头燕尾”，即撇、捺和长横这类笔画，起笔时稍往下顿（称为“蚕头”），收笔时稍往上挑（称为“燕尾”）。这种字体旧称为“八分书”，又称“汉隶”。

八分书已经不是某种正体的草率形式，而是用于碑刻等庄重场合的规范字体，一般认为八分字体是成熟的隶书。八分书是古隶发展的自然趋势，它的形成与毛笔的运用有密切联系。

（3）隶变

从篆书演变为隶书，历史上将其称为隶变。隶变彻底破坏了篆书中的图画和象形特征，是汉字发展史上最重要的一次变革。隶书可以看作是古今文字的分水岭。

以成熟的隶书与篆书相比，具有以下几个方面的变化。

① 改曲为直。隶书以前的汉字，始终没有摆脱象形状态，笔道随意弯曲。隶书则是把古文字的线条分解，或改成平直笔画，从而便于书写。

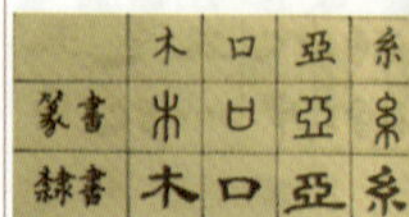

隶变 1

② 从书写风格看，篆书行笔是均匀的，而隶书的笔画有粗细之别，提顿明显，笔道丰满。

③ 同一偏旁随情况不同而发生异化。因此，许多篆书中原本相同的偏旁，隶变后由于所处部位的不同而形体也不相同。

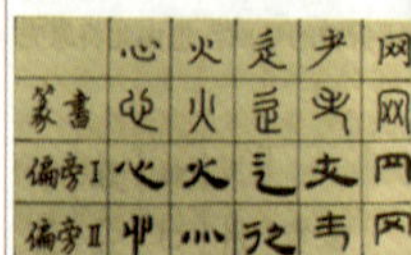

隶变 2

现在的楷书，有许多属于部首的偏旁与该部首独立成字时的写法不一样，正是由此造成的。隶变过程中，许多形体由于简省、合并、讹变等，破坏了原先的结构。

隶书的产生至今已有两千年左右的历史了，尽管年代古老，但由于它奠定了楷书的基础，除了少数情况之外，后代人都可以辨识。

隶书的价值

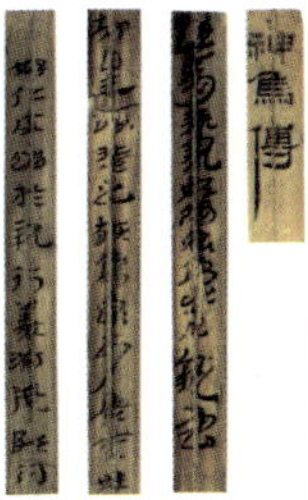

竹简隶书
神乌傅释文

小篆和隶书是汉字发展的两大阶段。小篆是象形体古文字的结束，而隶书则是象形笔画化的今文字的开始。

许慎的《说文解字》记载：“秦烧经书，涤荡旧典，大发吏卒，兴役戍，官狱职务繁，初为隶书，以趋约易……”由于作为官方文字的小篆书写速度较慢，而隶书化圆转为方折，极大提高了书写效率。郭沫若先生曾用“秦始皇改革文字的更大功绩，是在采用了隶书”来评价其这一汉字变革的重要性。

汉隶的演变与成熟，从战国末年到东汉结束，经历了四百多年，具有承上启下的重要历史意义。“隶变”不但造就了隶书，同时也衍生出了草书、行书和楷书。现代考古研究表明，书体的演变并非是篆—隶—楷—行—草这样按部就班发展而来的，而是以汉代为界，秦汉以前为篆隶；汉以后，楷书、行书、草书几乎同时期在隶书的基础上演化而成。所以说，至汉朝以后，汉字字体的演变已经基本完成，汉字也由此进入了自觉的艺术审美时代。

从隶书到行书

草书：草率成书

（1）章草

隶书从开始产生起，就有正、俗两种形体。所谓俗体，就是隶书的草率写法。这种俗体在汉初已经存在，到西汉武帝时开始盛行，后逐渐演变成纯粹的草书。

两汉隶书的草书一般称为“章草”。对于章草的解释有种种说法，一种说法是这种草书在东汉章帝（公元76-83年）时提倡起来的，故名“章”；另一种说法认为，

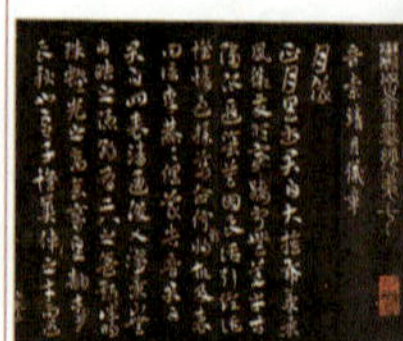

《月仪帖》索靖

"章草"得名于"急就章"（字书《急就篇》的俗称）。从"章"字的本义来分析，它的准确含义是篇章、章法，有法度严谨的意思。

章草主要供官府佐史起草文书，一般在庄重的场合并不使用，只是辅佐隶书的一种简便字体。隶书变为草书，主要表现在字体结构简化和运用连笔。章草文字与正规的古隶相比，虽然很难辨认，但它在结构上仍有迹可循。据考证，章草的成熟时代与隶书的成熟大体上同时或稍晚，许多草书的字形结构都还保留了古隶的笔式。

（2）今草

《十七帖》王羲之

魏晋之时，楷书已经开始出现，当时的书法家王羲之等利用楷书或行书的笔法改造章草，由此形成与章草风格不同的草书，后称之为今草。今草字形大多继承章草，但改掉了隶书的相关笔式，笔画多省并，偏旁多混同，且字与字多连写。

今草的代表是东晋书法家王羲之、王献之父子的作品。其特点是笔画相互勾连，书写灵活自由，同一个字往往有多种写法，较难辨认，如王羲之的《十七帖》。

（3）狂草

从唐代起，在今草的基础上又产生了一种狂草，两者在章法上一脉相承。今草的笔画随意增减，大部分字恣意连写，字形狂放多变，形成“一笔书”，几乎无法读，张旭的《古诗四贴》、怀素的《自叙帖》都是其典型。有人比喻狂草“千姿百技，神化无方”，打破了传统的羁绊，充满浪漫主义色彩。

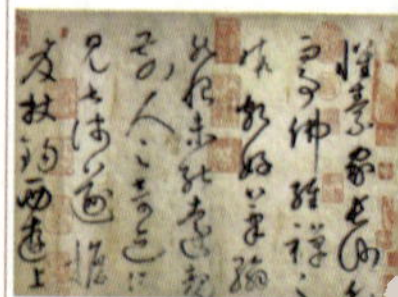
《自叙帖》
怀素

狂草的成就，是唐代书法高峰的表现，代表人物是张旭和怀素，张旭史称“草圣”。今草、狂草虽然实用价值低，但它们对汉字的简化却起到了促进作用。

章草、今草和狂草是草书的三个阶段，到了今天，草书的艺术价值远远超越了实用价值。自章草起形成了一定的章法：

① 笔画省略，结构简便。

② 以点画为基本符号来代替偏旁和字的某个部分。

③ 草书的笔画之间、字与字之间相互连带呼应，便于快速书写。

《九成宫醴泉铭》
欧阳询

楷书：“书写的楷模”

楷书，较早的时候叫正书，稍后又叫真书，楷书的名称到唐代才出现。一般认为，楷书产生于东汉末年，是在汉隶的基础上产生的。早期的楷书以三国魏钟繇的

《尚书宣示帖》为代表。到了东晋，著名书法家王羲之及其子王献之对楷书又有所发展。唐代欧阳询、颜真卿、柳公权和元代赵孟頫，被称为楷书四大家。

《多宝塔碑》
颜真卿

楷书的“楷”本义为法式、典范，《辞海》解释为“形体方正，笔画平直，可作楷模”。楷书与隶书相比，文字结构并无本质变化，但从笔画上看，两者有明显不同。汉隶的撇、捺与长横有顿笔和波折，楷书则变为平直，只在写长横时末尾停顿回旋。楷书形体方正、笔画平直，便于书写，汉字进入楷书阶段基本定型。所以从东汉产生以来，经过魏晋两代的发展，到隋唐基本定型，通行至今，长盛不衰。

行书：楷草之间即是“行”

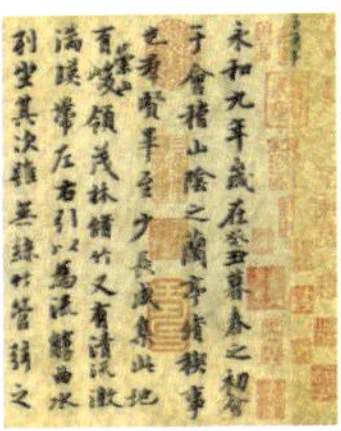

《兰亭集序》
王羲之

行书的“行”，是行云流水之意。行书是介于楷书与草书之间的一种字体，产生于东汉，也是在隶书基础上发展起来的。据说行书是东汉灵帝（公元168–188年）时期的刘德昇创造的。张怀瓘《书断》云：“案行书者，后汉颖川刘德昇所作也。即正书之小谓，务从简易，相间流行，故谓之行书。”遗憾的是刘氏的真迹如今已经失传。

行书不像楷书那样严整拘谨，又不像草书那样潦草难认。清·刘熙载《艺概·书概》中说：“行书行世之广，与真书略等，篆、隶、草皆不如之……盖行者，真之捷而草之详。”论功能，篆书、隶书、草书都不如行书，行书比正体书写起来快捷，比草书的字形结构完善。行书正因其行云流水、书写快捷、飘逸易识的特点，自产生起便广泛传播。

在书法艺术的发展历史中，行书无疑是占据主流地位的。其中，王羲之创作了被誉为“天下第一行书”的《兰亭序》，颜真卿创作了“天下第二行书”《祭侄文稿》，苏轼创作了“天下第三行书”《寒食帖》。

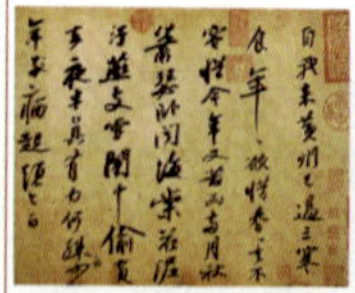

《寒食帖》苏轼

《祭侄文稿》颜真卿

汉字图说

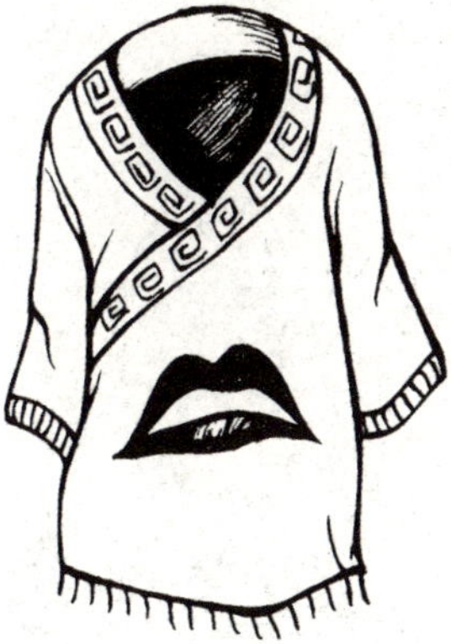

哀
āi

表示人口中发出的声音，本义是“怜悯”，如《诗经》：“哀此鳏寡。”引申为“悲伤”，如［南朝·梁］刘勰《文心雕龙·哀吊》：“以辞遣哀，盖不泪之悼。”

哀：形声字。《说文解字》：『哀，闵也，从口，衣声。』

爱：会意字。

（愛）爱
ài

金 篆 隶 楷

 古字形像人双手捧着心，把心交给别人。 本义是对人或事物有很深的感情，如《左传·隐公三年》：“父慈子孝，兄爱弟敬。”引申为“怜惜、爱护”，如“爱面子”“爱公物”。又引申为“喜欢、爱好”，如“爱劳动”“爱看电影”。

安：会意字。《说文解字》：「安，静也。从女在宀下。」

甲　金　篆　隶　楷

安

ān

古字形像女子在屋内，表示安全。本义是“平安”，如《诗·小雅·常棣》：“丧乱既平，既安且宁。”后引申出“安定”“对某种环境、事物感到安适或习惯”等意义，如“坐立不安”“安于现状”。

岸：形声字。《说文解字》：『岸，水厓而高者。』

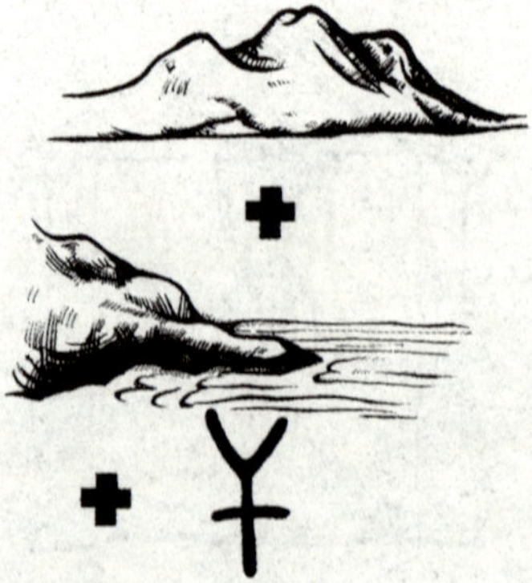

岸

àn

金 篆 隶 楷

“岸”的古字形中部像水边高起之地，上部“山”表义，下部“干”表声。本义是水边的高地，［唐］李白《朝发白帝城》：“两岸猿声啼不住，轻舟已过万重山。”

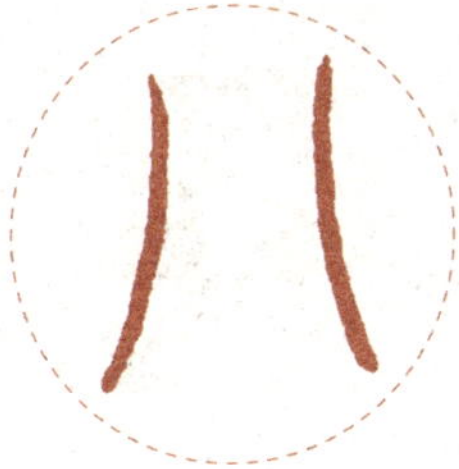

八

bā

八：指事字。《说文解字》：“八，别也，象分别相背之形。”

八古字形表示一个东西被分成两半，背对背的样子。 本义是“分”。后来，“分”这个意思消失了，同音假借为数字“八”，一直沿用至今，如“八仙过海”“一方有难，八方支援”。但在汉字中由“八”组成的字还可以看到它的本义，如“分”“半”。

罢：会意字。《说文解字》："罷，从网能。"

（罷）罢

bà

篆 隶 楷

繁体字是“罷”，古字形像用网捕熊之形。引申义为“停止”，如《论语·子罕》：“夫子循循善诱人，博我以文，约我以礼，欲罢不能。”也表示“罢免”“完毕”等义，如“罢官”“吃罢晚饭”。

白

bái

古字形像一团燃烧的火，外面有光环围绕。本义是“明亮”，引申为“说清楚”“陈述”“表白”的意思。后来常指“白色”，如《管子·揆度》：“其在色者，青、黄、白、黑、赤也。”汉字中由“白”组成的字多与白色、明亮有关，如“皎”“皓”“皙”。

白：象形字。《说文解字》：『白，西方色也。阴用事，物色白。』

百：指事字。《说文解字》：『百，十十也。』

百

bǎi

和“白”在造字之始是同音字，为了与“白”字相区别，在“白”字上加了一横，表示“百”这个数字。引申为“众多”，如韩愈《梨花下赠刘师命》：“洛阳城外清明节，百花寥落梨花发。”

败：会意字。《说文解字》：「败，毁也。」

甲 金 篆 隶 楷

败(敗)

bài

古字形像一只手拿着木棍之类的东西敲击鼎。本义是“毁坏”，如《韩非子·难一》：“法败则国乱。”引申为“食物腐烂变质”，如《论语·乡党》：“鱼馁而肉败，不食。”又引申为“衰落”“凋残”，如［唐］许浑《秋晚云阳驿西亭莲池》诗：“心忆莲池秉烛游，叶残花败尚维舟。”由此又引申为“打败仗”“输”，如“立于不败之地”。

拜：会意字。《说文解字》：“拜，首至地也。”

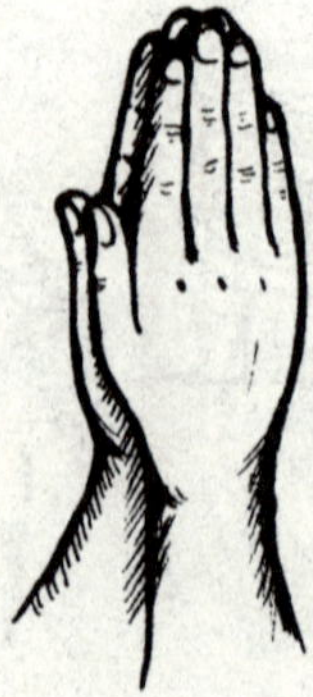

拜

bài

 古字形像两手合掌。 本义是恭敬的礼节，如《周礼》中有“九拜”之礼。引申为“拜见”“拜谒”，如《红楼梦》第四回：“雨村尚未看完，忽闻传点，报‘王老爷来拜’。”“通过一定的礼仪授予官职”也称“拜”，如“官拜丞相”。

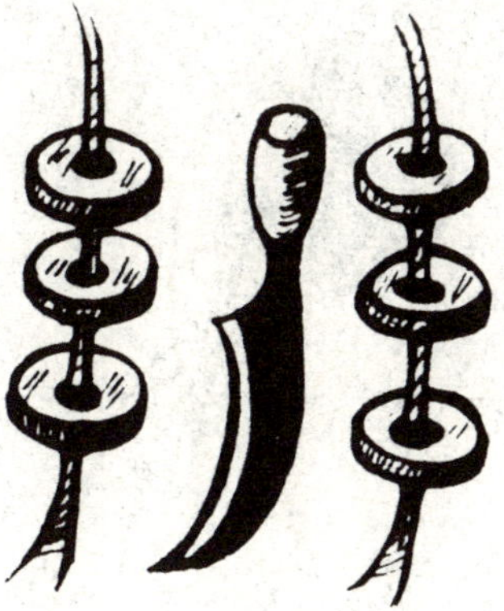

班

班 金 班 篆 班 隶 班 楷

班
bān

班：会意字。《说文解字》：「班，分瑞玉。」

班 古字形像用刀把玉分成两半。 本义是分玉，如《尚书》："班瑞于群后。""瑞玉"是古代玉质的信物，中分为二，各执其一以为信。引申为"分给、赏赐""颁布""排列等级、位次"等义。现在一般指"为工作或学习等目的而编成的组织"。

般：会意字。

般

bān

甲 金 篆 隶 楷

古字形像手拿着勺子从器皿中取食，这是“般”的本义。引申为“样”“种”，如“十八般武艺”“万般无奈”。进而虚化为助词，用在名词后，表示跟此事物相似，相当于“一样”“似的”，如“暴风雨般的掌声”。

半

bàn

 古字形上部是个“八”字，下部是个“牛”字，合起来表示把一头牛分成两半。 本义是“二分之一”，如“年过半百”“半壁江山”。引申为“在……中间”，如“半夜”“半山腰”“半途而废”。

半：会意字。《说文解字》：『半，物中分也。从八，从牛。牛为物大，可以分也。』

伴：形声字。《说文解字》：『伴，大貌。从人，半声。』

伴

bàn

 古字形像两个人并肩游玩的样子。 本义是“伴侣”“伙伴”，如［唐］杜甫《闻官军收河南河北》：“白日放歌须纵酒，青春作伴好还乡。”用作动词，指“陪同”“伴随”。特指配偶，如“老伴”。

邦：形声字。《说文解字》：「邦，国也。」

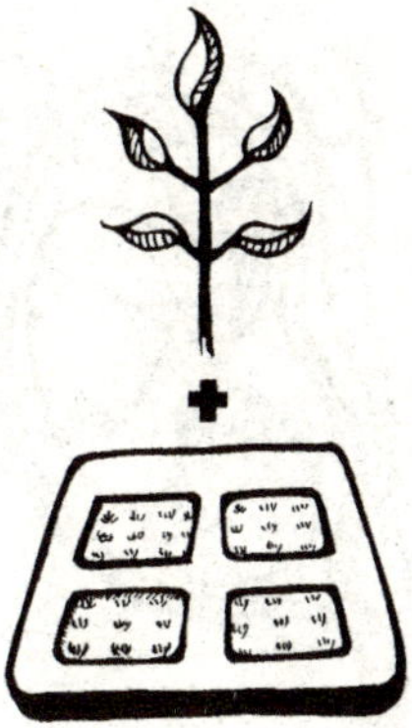

邦
bāng

古字形像在田地上栽植树苗。树苗载在田地里以表示分界，“邦”的本义是古代诸侯的封国，《诗经·玄鸟》：“邦畿千里，维民所止。”引申泛指“国家”，如《尚书·五子之歌》：“民惟邦本，本固邦宁。”意思是说百姓是国家的根本，百姓安居乐业，国家就能太平。

包：象形字。《说文解字》：『包，象人裹妊，巳在中，象子未成形也。』

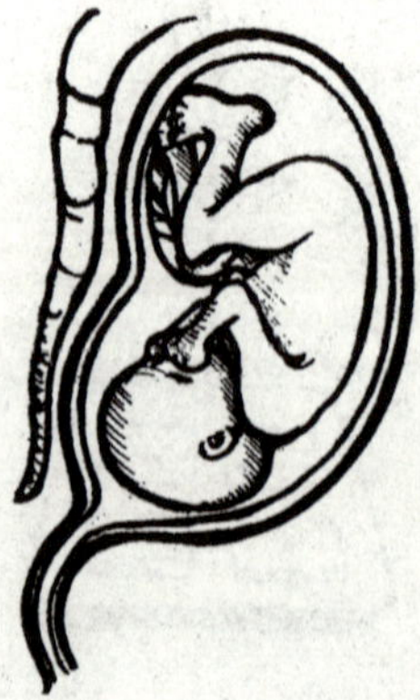

包

bāo

甲 金 篆 隶 楷

 古字形像腹中有子。本义是胎衣， 引申为“包裹”“包围”“包括”，如《诗·召南·野有死麕》：“野有死麕，白茅包之。”［北魏］郦道元《水经注》：“河水分流，包山而过。”《黄帝宅经》：“所以包罗万象，举一千从。”“包”的本义后写作“胞”。

宝(寶)
bǎo

 古字形像一座房屋内有“贝”（表示财富），有“王”（表示珍宝）。 本义是珍贵的东西，《韩非子·和氏》：“王乃使玉人理其璞而得宝焉，遂命曰：‘和氏之璧’。”古时钱币也称“宝”，如“元宝”“通宝”。

宝：会意字。《说文解字》：『宝，珍也。』

保：会意字。《说文解字》：『保，养也。』

保

bǎo

古字形像一个大人背上背着一个婴儿。本义是“抚养”，如《尚书·康诰》：“若保赤子，惟民其康乂。”引申为“保护”，如《左传·哀公二十七年》：“乃先保南里以待之。”

报：会意字。《说文解字》：「报，当罪人也。」

报(報)

bào

 古字形像一只手抓着一个人给其戴上刑具。 本义是判决罪人，如《韩非子·五蠹》：“闻死刑之报，君为流涕。”引申为“报告”，如《史记·项羽本纪》：“至军中，具以沛公言报项王。”又引申为“报答”，如［唐］孟郊《游子吟》：“谁言寸草心，报得三春晖。”

暴：会意字。《说文解字》：『暴，晞也。』

暴
bào

金　篆　隶　楷

古字形像双手持农具拨米在阳光下晒。本义是“晒”，如《孟子·滕文公上》：“江汉以濯之，秋阳以暴之。”引申为“显露”，如司马迁《报任安书》：“功亦足以暴于天下矣。”又引申为“猛烈，急骤”，如“暴风骤雨”。“暴”的本义后写作“曝”。

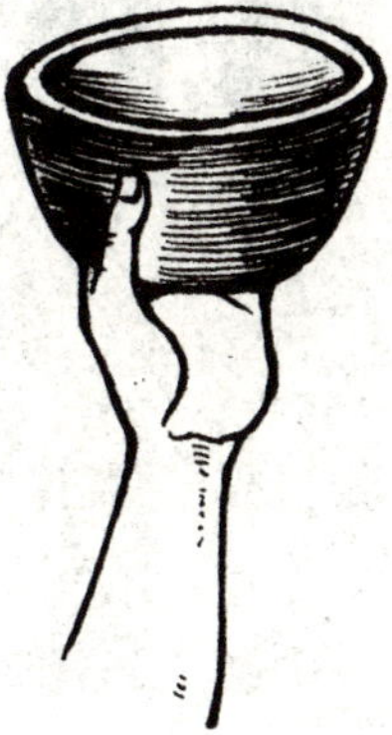

甲 金 篆 隶 楷

卑

bēi

古字形像手持一个酒器。本义是手执酒器，因为手执酒器为尊者斟酒是奴婢下人的事，所以引申为“地位低贱”，如诸葛亮《出师表》：“先帝不以臣卑鄙，猥自枉屈，三顾臣于草庐之中。”引申为“低劣”“谦恭”等义。

卑：会意字。《说文解字》：“卑，贱也，执事也。”

北：会意字。《说文解字》：『北，乖也，从二人相背。』

北

bĕi

古字形像两个人背靠背站着。本义是“背”“相背”，如《战国策》：“士无反北之心”。古时打了败仗，逃跑总是背对着敌人，所以引申为“败”，如《孙子兵法》：“佯北勿从。”“北”字被假借为与“南”相对的方位词后，另造“背”字。

甲 金 篆 隶 楷

贝（貝）

bèi

古字形像张开的贝壳。本义是有介壳的软体动物的统称。古代先民用贝壳做钱币，做装饰，是生活中重要的组成部分。汉字中“贝”字旁的字大都与钱财有关，如“财”“购”“贵”“贱”“资”“货”“贫”“贪”“赊”“赌”等。

贝：象形字。《说文解字》：“贝，海介虫也。”

备：会意字。《说文解字》：「备，具也。」

(備)备 bèi

甲骨文字形像箭装在箭袋里；金文加“人”旁。本义是盛箭的容器。引申为“预备”“准备”，如《孙子兵法·计篇》：“攻其无备，出其不意。”又引申为“完备”“齐备”，如《诗·小雅·楚茨》：“礼仪既备，钟鼓既戒。”

奔：会意字。《说文解字》：“走也。”

金 篆 隶 楷

奔

bēn

 古字形像一个人甩开双臂奔跑的样子，下面三个脚印表示跑的速度很快。 本义是“跑”，如《左传·宣公十二年》：“（楚军）遂疾进师，车驰卒奔，乘晋军。”引申为“逃跑”“流亡”，如《左传·僖公五年》：“晋灭虢，虢公丑奔京师。”又引申为“私奔”，司马迁《史记·司马相如列传》：“文君夜亡奔相如。”

本：指事字。《说文解字》：『本，木下曰本。从木，一在其下。』

本

běn

金 篆 隶 楷

古字形是一棵树的根部有一个点儿，表示树的根部所在。本义是树根，如《国语》：“伐木不自其本，必复生。”引申为草木的茎、干，如《吕氏春秋》：“是以得时之禾，长稠长穗，大本而茎杀。”又引申为“事物的根本”“基础”，如《尚书·五子之歌》：“民惟邦本，本固邦宁。”

匕
bǐ

古字形像勺子。本义是取食的器具，后代的羹匙由它演变而来，如《三国志·蜀书》：“先主方食，失匕箸。”由于匕匙的头扁平而薄锐，古代有种短剑与之相似，引申为“匕首”，即短剑或狭长的短刀。汉字中由“匕”组成的字多与取食的器具或人有关，如“匙”“旨”。

匕：象形字。《说文解字》：「匕，相与比叙也。从反人。匕亦所以用比取饭，一名柶。」

比：会意字。《说文解字》：『比，密也。二人为从，反从为比。』

比

bǐ

甲 金 篆 隶 楷

古字形像两个人并肩挨在一起。 本义是“并列”“挨着”，如《尚书·牧誓》：“称尔戈，比尔干，立尔矛，予其誓。”引申为“比较”，如屈原《九章·涉江》：“与天地兮比寿。”又引申为“比喻”，如［唐］白居易《与元九书》：“讽君子小人，则引香草恶鸟为比。”

笔：会意字。《说文解字》：「笔，秦谓之筆。从聿从竹。」

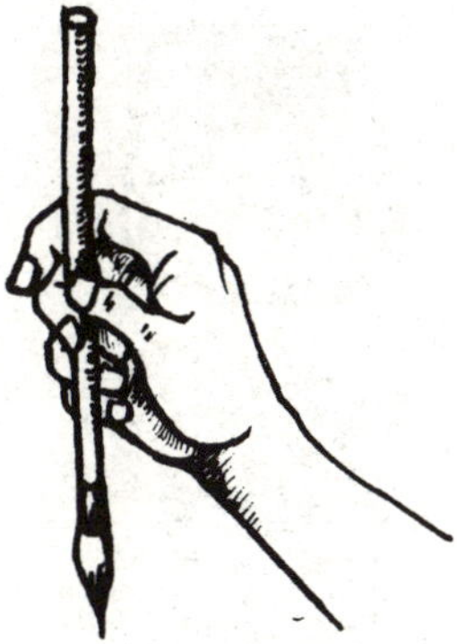

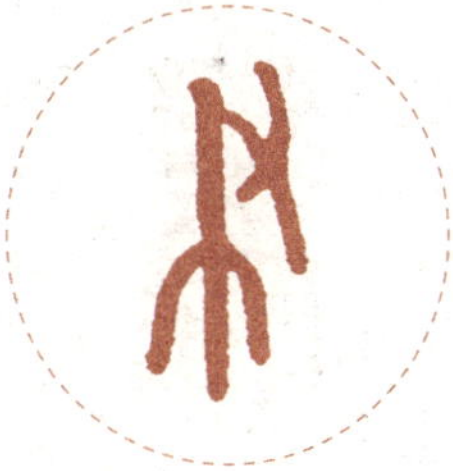

甲 金 篆 隶 楷

笔

bǐ

甲骨文字形像手握一支笔；小篆从竹（笔杆用竹制成），从聿（像手执毛笔）；简体字从竹从毛，表示笔是用竹和毛制成的。本义就是写字用的笔。引申为动词“书写”“记载”，如《史记·孔子世家》：“笔则笔，删则删。”

鄙：会意字。

鄙

bǐ

甲 金 篆 隶 楷

古字形上面是都邑，下面是粮仓。本义是都邑四周的土地，引申为“边邑”“边远的地方”，如《春秋·庄公十九年》：“冬，齐人、宋人、陈人伐我西鄙。”古人认为边远地区的人见识浅薄，言行粗俗，进一步引申为“粗俗”“（人品）低下”，如《左传·庄公十年》：“肉食者鄙，未能远谋。”

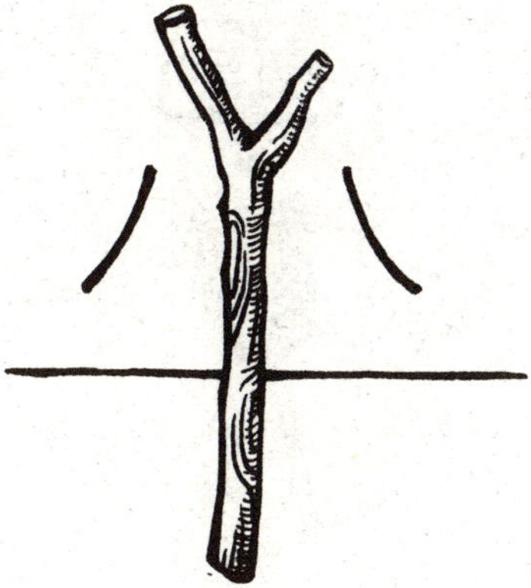

甲 金 篆 隶 楷

必

bì

古字形像分界的木桩，“八”表示分，“弋”表示木桩。本义是界桩。界桩是固定不移的，引申为“必定”“一定”，如《商君书·更法》：“治世不一道，便国不必法古。”

𠁾：会意兼形声字。《说文解字》：『𠁾，分极也。从八弋，弋亦声。』

毕：象形字。《说文解字》：「毕，田网也。」

(畢)毕

bì

甲 金 篆 隶 楷

古字形像一种带长柄的网，“田”表示田猎。本义是打猎用的网，如《诗经·小雅·鸳鸯》：“鸳鸯于飞，毕之罗之。”假借为“完成”“完结”，如《史记·廉颇蔺相如列传》：“卒廷见相如，毕礼而归之。”引申为“全”“都”，如［晋］王羲之《兰亭集序》：“群贤毕至，少长咸集。”

闭：会意字。《说文解字》：「闭，阖门也。」

 金  篆  隶  楷

闭（閉）
bì

 古字形像两扇门中间插上门闩。 本义是关门，如《左传·成公十七年》："闭门而索客。"引申为"关""关合"，如《史记·张仪列传》："愿陈子闭口，毋复言。"引申为"堵塞"，如《易·坤》："天地闭，贤人隐。"

敝：会意字。《说文解字》：『敝，败衣。』

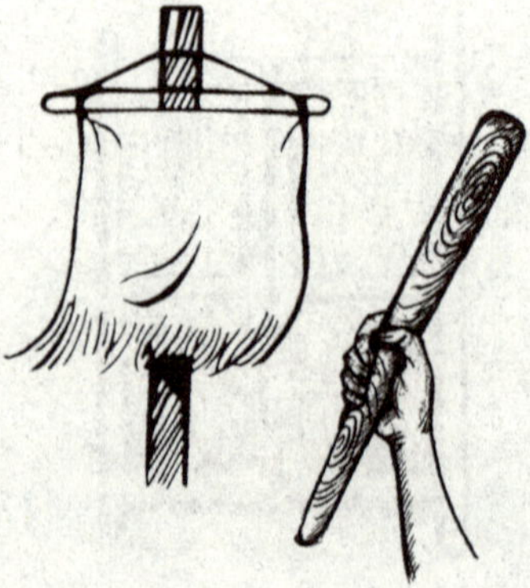

敝

bì

甲 金 篆 隶 楷

古字形像手持木棍抽打一块布，布被打坏了，变得“破烂、破旧”，就是“敝”的本义，如《易·井》：“瓮敝漏”。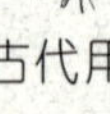引申为“衰败”，《左传·哀公元年》：“吴日敝于兵。”古代用作谦词，指称自己或与自己相关的事物，如“敝人”“敝舍”等。

辟：会意字。《说文解字》：「辟，法也。」

甲 金 篆 隶 楷

辟

bì

古字形像对跪坐的犯人施加刑法。本义是行刑，又特指施加死刑，如《左传·襄公二十五年》：“先王之命，唯罪所在，各致其辟。”引申为“法度”，如《汉书》：“于是作《吕刑》之辟。”又引申为执法的君主，现在“复辟”一词是指恢复君主的统治。

编：形声字。《说文解字》：『编，次简也。从糸，扁声。』

(編)编

biān

甲 篆 隶 楷

古字形表示用绳子把按次第排好的竹简串联成册。

本义是串联竹简的绳子，如《史记·孔子世家》：“（孔子）读《易》，韦编三绝。”引申为“把分散的事物按照一定的条理或顺序组织、排列”，如“编组”“编年”“编号”。

金 篆 隶 楷

扁

biǎn

扁古字形左上是一扇门，右下是简册，本义是在门户上题字，如《后汉书·百官志五》：“皆扁表其门，以兴善行。”泛指“匾额”，引申为“物体平而薄”，如《诗经·小雅·白华》：“有扁斯石，履之卑兮。”“匾额”之义后另借“匾”来表示。

扁：会意字。《说文解字》：『扁，署也。从户、册。户册者，署门户之文也。』

弁：会意字。《说文解字》：『弁，冕也。』

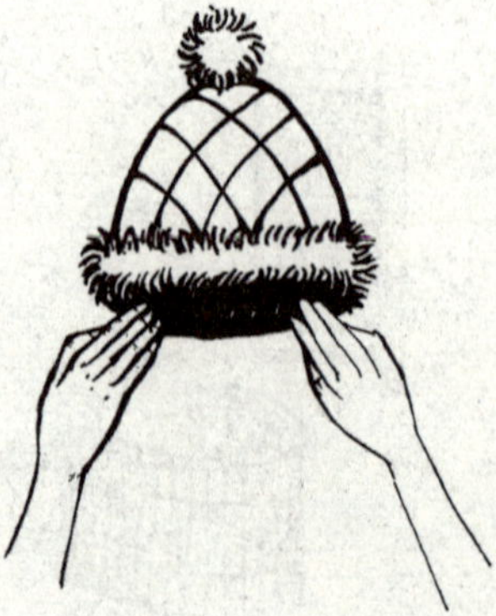

弁
biàn

甲 篆 隶 楷

古字形像双手捧帽的样子。本义是帽子。弁是古代一种尊贵的冠，为男子穿礼服时所戴，吉礼之服用冕，通常礼服用弁。弁主要有爵弁、皮弁，赤黑色布做的叫爵弁，白鹿皮做的叫皮弁。古时文官戴爵弁，武官戴皮弁。因此武官也称“武弁”。

彪

biāo

金　篆　隶　楷

古字形像一只老虎，右边的三撇像虎背上的花纹。本义是虎身上的斑纹。引申为“文采”，如钟嵘《诗品》：“文体相辉，彪炳可玩。”又引申为“小老虎”，如庾信《枯树赋》：“熊彪顾盼，鱼龙起伏。”现比喻人健壮高大，如“彪形大汉”。

彪：会意字。《说文解字》：“彪，虎文也。从虎，彡象其文（纹）也。”

表：会意字。《说文解字》：『表，上衣也。从衣从毛。古者衣裘，以毛为表。』

表

biǎo

金 篆 隶 楷

古字形像毛朝外的皮衣。 本义是外衣，如《庄子》：“子贡乘大马，中绀（红黑色）而表素。”引申为“外面”“外部”，如《书·尧典》：“光被四表，格于上下。”在古代，“表”还是一种文体，是臣下向君主陈述心意的奏章，刘勰在《文心雕龙·章表》里说：“章以谢恩，奏以按劾，表以陈情，议以执异。”

别：会意字。《说文解字》：「别，分解也。」

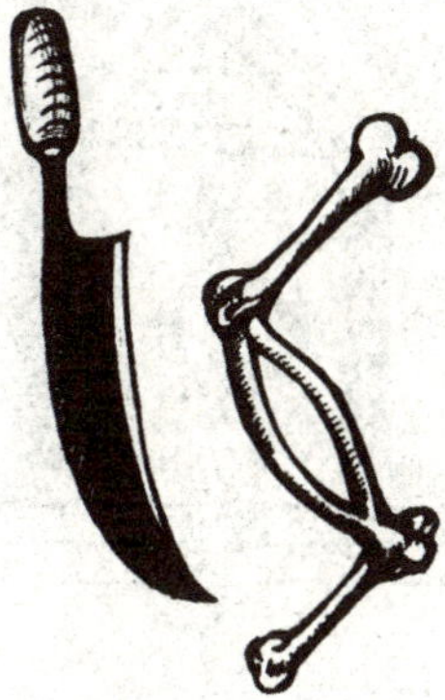

别

bié

古字形像用刀分解骨头之形，本义是“用刀分解”，如《淮南子·齐俗训》：“宰庖之切割分别也。”引申为“离别”，如［唐］李白《梦游天姥吟留别》：“别君去兮何时还？且放白鹿青崖间。”

宾：会意字。《说文解字》：「宾，所敬也。」

（賓）宾 bīn

 甲骨文字形像一个人进到屋里，金文的字形加上“贝”，表示带着礼物。 本义是宾客，如《诗·小雅·鹿鸣》：“我有嘉宾，鼓瑟吹笙。”古代汉语里“宾”与“客”有别，“宾”指贵宾，“客”则指一般的客人，或门客、食客等。

冰：象形字。《说文解字》：「冰，水坚也。」

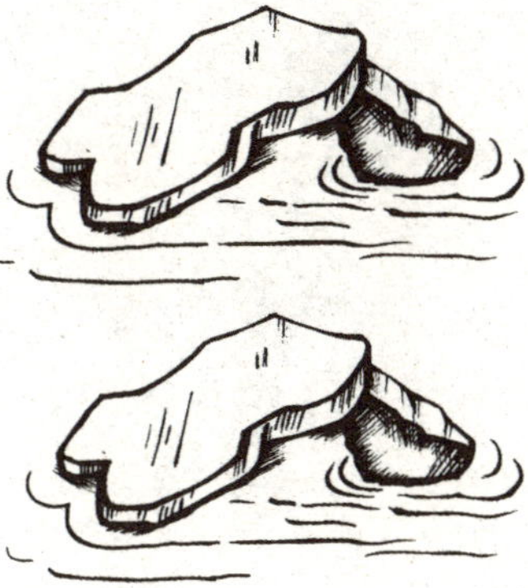

冰

bīng

古字形像浮冰互相撞击之形，后加“水”字，表示冰来自水。本义是水凝结成的固体，如《荀子·劝学》：“冰，水为之，而寒于水。”“冫”是“冰”的象形字，汉字中由“冫”组成的字大都有“寒冷”之义，如“冷”“冻”“凉”等。

兵：会意字。《说文解字》：『兵，械也。从廾持斤，并力之貌。』

兵

bīng

甲 金 篆 隶 楷

古字形像双手举着一把斧头，表示武器。本义是“兵器”，如《荀子·议兵》：“古之兵，戈、矛、弓、矢而已矣。”引申为“军队”，［魏］曹操《置屯田令》：“夫定国之术，在于强兵足食。”后来才引申为“战士”，如“风声鹤唳，草木皆兵。”

丙：象形字。《说文解字》：『丙，位南方。』

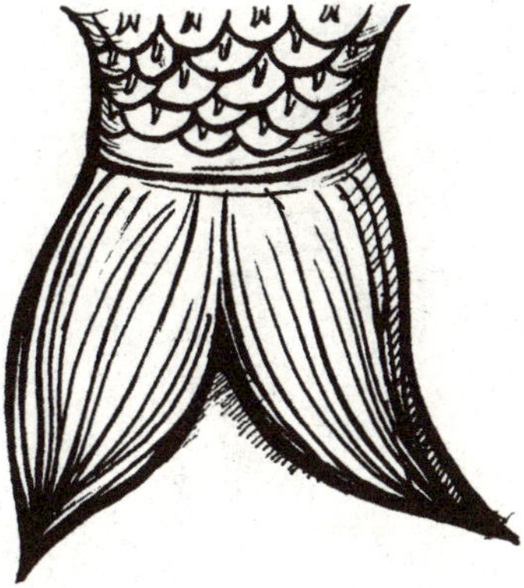

丙
bǐng

古字形像鱼尾。我国最早解释词义的专著《尔雅》中说：“鱼尾谓之丙。”本义已经消失，被借用指天干的第三位，与地支相配，用以纪年、月、日。又用作序数第三的代称。

秉：会意字。《说文解字》：『秉，禾束也。从又持禾。』

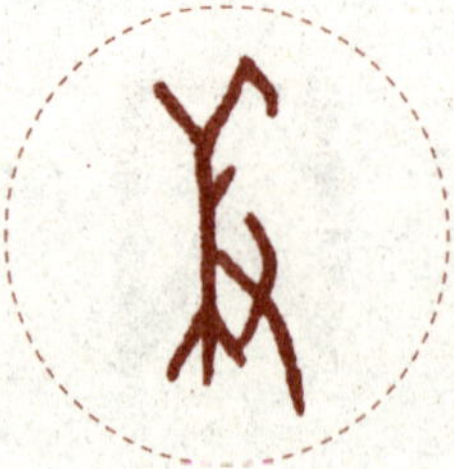

秉

bǐng

甲 金 篆 隶 楷

古字形像一只手握着一棵禾。本义是一把庄稼，如《诗经·小雅·大田》：“彼有遗秉，此有滞穗。”引申为“拿着”“握着”，如“秉烛夜游”“秉笔直书”。

禀：会意字。《说文解字》：「禀，赐谷也。」

甲 金 篆 隶 楷

禀

bǐng

古字形像一座屯满粮食的谷仓。本义是粮仓，如《新唐书·李密传》：“今禀无见粮，难以持久。”引申为“赐予（谷物）”，如《汉书》：“今闻吏禀当受鬻者，或以陈粟。”又用作“下对上报告”，如《东周列国志》：“未禀父命，私婚有罪。”“禀”的本义今写作“廪”。

并：会意字。《说文解字》：『并，相从也。』

并

bìng

甲 金 篆 隶 楷

古字形像两个人并肩站立。本义是并列，如《诗经·齐风·还》：“并驱从两狼兮。”引申为“兼并”，如《史记·秦始皇本纪》：“招致宾客游士，欲以并天下。”进一步引申为“一起”，表示不同的事物同时存在或不同的事情同时进行，如“群雄并起”“齐头并进”。

病：形声字。《说文解字》：『病，疾加也。从疒，丙声。』

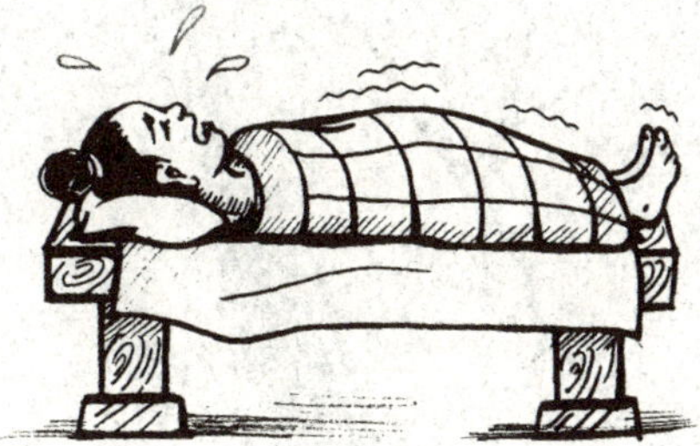

甲　金　篆　隶　楷

病

bìng

古字形像一个人生病躺在床上。本义是重病，如韩非子《扁鹊见蔡桓公》：“君之病在肌肤，不治将益深。”古时轻者为疾，重者为病。

剥：会意字。《说文解字》：『剥，裂也。从刀，从录。』

剥

bō

 古字形左边像东西碎裂之形，右边“刀”字表义。

 本义是割裂，如《左传·昭公十二年》：“君王命剥圭以为戚柲（斧柄）。”引申为去掉外面的皮或壳，如［北魏］贾思勰《齐民要术》：“取梅极大者，剥皮阴干，勿令得风。”

驳：会意字。《说文解字》：「驳，马色不纯。」

驳(駁)
bó

 古字形由一匹头朝上的马和“爻”构成，表示马身上有交错的花纹。 本义是马的毛色不纯，如《庄子·田子方》：“乘驳马。”引申为“混乱、杂乱”，如柳宗元《天论上》：“法小弛则是非驳。”由反对混乱、杂乱引申为“列举理由，否定别人的意见”。

帛：会意字。《说文解字》：『帛，缯也。从巾，白声。』

帛
bó

古字形从“巾”，表示纺织品，从“白”，表示未经染色。本义是白缯，引申为“丝织品的总称”，如《左传·闵公二年》：“卫文公大布之衣，大帛之冠。”也指束帛，以帛五匹为一束，古代用作聘问、馈赠的礼物。

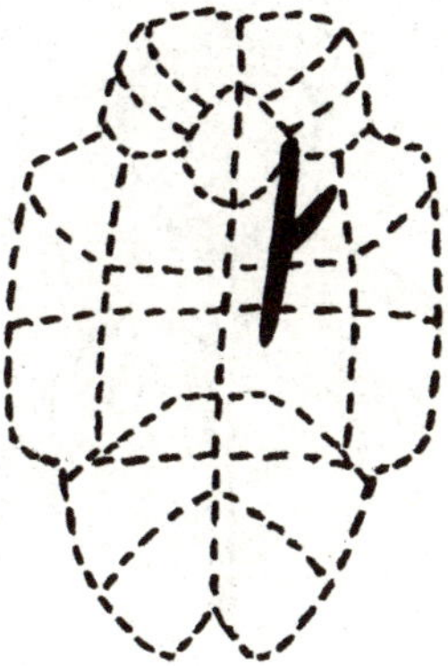

卜

bǔ

古字形像龟甲灼烧后出现的裂纹，古人根据裂纹来预测吉凶。 本义是占卜，《周礼》："问龟曰卜。"引申为"猜测""估计"，如"前途未卜""吉凶未卜"。汉字中由"卜"组成的字多与占卜有关，如"占""卦"。

卜：象形字。《说文解字》："卜，灼剥龟也，象灸龟之形。一曰象龟兆之纵横也。"

不：象形字。《说文解字》：『不，鸟飞上翔不下来也。从一，一犹天也。』

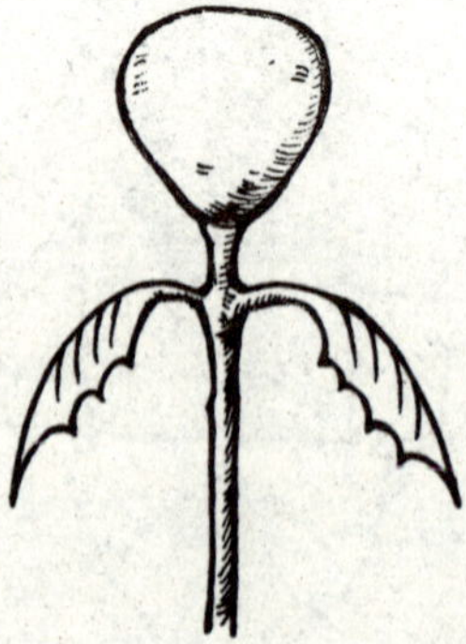

不

bù

古字形像花已脱落的花托。本义是花萼，其本义已经消失了，借用为否定副词，表示“没有”，如《诗·王风·君子于役》：“君子于役，不日不月。”

金　篆　隶　楷

布

bù

古字形从“巾”，表示纺织物。本义是麻、葛织物，古代没有如今的棉布。后引进了棉花，引申泛指用棉、麻、化纤等织成的纺织品。

布：形声字。《说文解字》：『布，枲（大麻）织也。从巾，父声。』

步：会意字。《说文解字》：『步，行也。』

步

bù

甲 金 篆 隶 楷

古字形像一前一后的两只脚，表示左右脚向前走。本义是行走，《书·召诰》："王朝步自周，则至于丰。"古代左右脚各迈一次为一步，如荀子《劝学》："不积跬步，无以至千里。""跬步"就是一只脚迈出去的距离，相当于古代的半步，现在的一步。

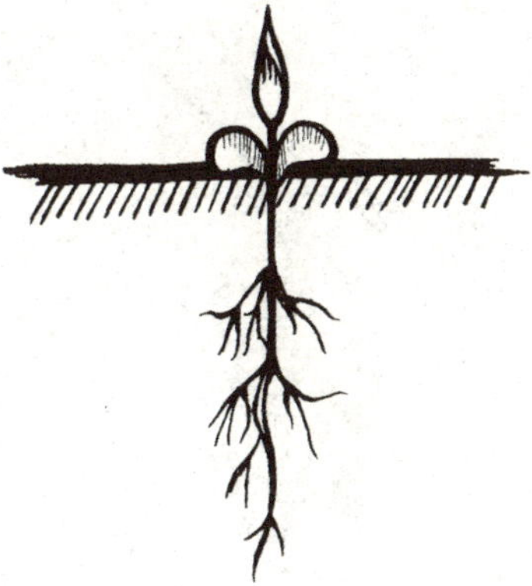

才

cái

古字形像草木破土而出，本义为草木初生。引申为“才能”，如《论语·子罕》：“既竭吾才，如有所立，卓而。”又引申为“人才”，如《国语·齐语》：“夫管子，天下之才也。”

才：象形字。《说文解字》：『才，草木之初也。从丨上贯一，将生枝叶。一，地也。』

采：会意字。《说文解字》：「采，捋取也。从木从爪。」

采

cǎi

甲 金 篆 隶 楷

古字形像一只手采摘树上的果实。本义是采摘，如《诗·周南·关雎》：“参差荇菜，左右采之。”引申为“搜集”，如《汉书·艺文志》：“古有采诗之官，王者所以观风俗、知得失、自考政也。”

参：会意字。《说文解字》：『参商，星也。』

甲 金 篆 隶 楷

参（參）

cān/shēn/cēn

古字形像人的头上有三颗星，表示参星高照。本义是参星，是二十八星宿（xiù）之一，读shēn。“参”是个多音多义字。读cān时，是“参加”的意思；读cēn时，组成“参差（cēncī）”一词，表示长短不齐的样子；读shēn时，除用于星名，还用于植物名，如人参、丹参、党参。

残：会意字。《说文解字》：『残，贼也。』

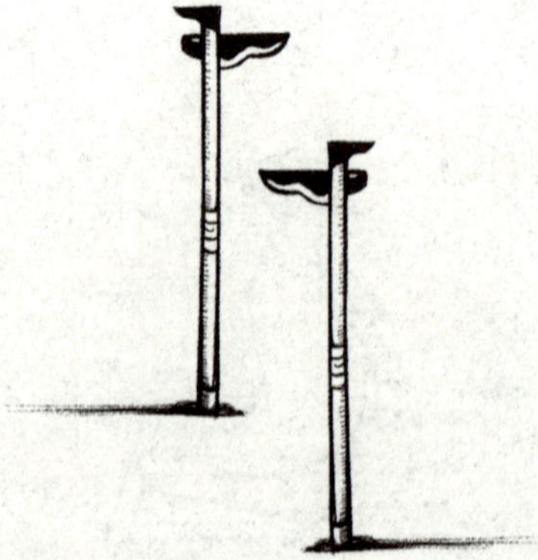

(殘)残 cán

甲 金 篆 隶 楷

 古字形像两把戈相对，表示持戈相战必有伤害。 本义是“伤害”“杀害”，如《周礼·夏官·大司马》：“放弑其君，则残之。”引申为“凶恶”，如《汉书·隽不疑传》：“不疑为吏，严而不残。”又引申为“残缺”，如“抱残守缺”“残编断简”。

仓：象形字。《说文解字》：「仓，谷藏也。」

仓（倉）
cāng

古字形像粮仓，上部是粮仓的顶部，中部是一扇门，下部是粮仓的基石。本义是粮仓，如《吕氏春秋·仲秋》：“圆曰囷，方曰仓。”在古代，“仓”与“库”是有区分的，储藏粮食的叫“仓”，储藏其他物品的叫“库”。

草：象形字。《说文解字》：『艸（草），百芔也。』

草

cǎo

和“艸”原本是两个字，后“草”借作“艸”。“艸”的古字形像两棵初生的小草，本义是草本植物的统称，如《论语·阳货》：“多识鸟兽草木之名。”借“草”代“艸”后，“艸”则作偏旁用，写作“艹”（草字头），汉字中由“艹”组成的字大都与植物有关，如“花”“菜”“芽”“荷”“茄”等。

册
cè

古字形像许多竹简被编串起来，竖线表示竹简，横线表示皮绳。古代发明纸之前，人们把竹子削成片，就是“简”，把“简”用皮绳串起来就是“册”。“册”的本义是编串起来用于书写文字的竹简，如《尚书·多士》：“殷先人有册有典。”

册：象形字。《说文解字》：『册，符命也。诸侯进受于王者。象其札一长一短，中有二编之形。』

侧：会意字。《说文解字》：『侧，旁也。』

(側)侧

cè

 金  篆  隶  楷

古字形中间是一个大鼎，两边各站着一个人，表示人在鼎旁。 本义是旁边，如《诗经·国风·召南》：“殷其雷，在南山之侧。”引申为“倾斜”，如《战国策·秦策一》：“侧耳而听。”

差

chā/chà/chāi/cī

古字形上部是一株麦穗，下面是手，表示用手搓麦穗，使脱粒。本义是搓麦，后写作“搓”。本义消失后，引申出“不相同”“错误”“欠缺”“不好”“派遣”等义。

差：会意字。《说文解字》：『差，贰也，差不相值也。』

孱：会意字。《说文解字》：「孱，迮（窄）也。」

孱

chán

 金  篆  隶  楷

 古字形左上部是一个看上去很高大的人形，右下部是三个显得很小的人形。 本义是弱小，如［宋］吕南公《勿愿寿》：“儿孱妻病盆甑干，静卧藜床冷无席。”引申为“懦弱”，如《史记·张耳陈馀列传》：“怒曰：‘吾王孱王也！’”

产：形声字。《说文解字》：「产，生也。从生，彦省声。」

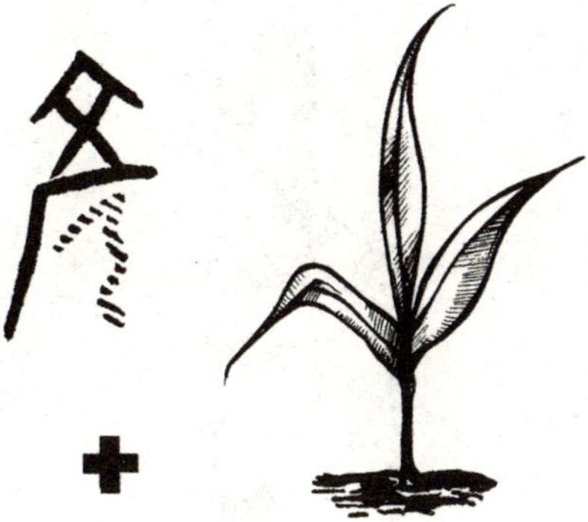

 金  篆  隶  楷

产（產）

chǎn

古字形由“生”和“彦”构成，“生”表义，“彦”表声。 本义是生育，如《世本·帝系》：“黄帝娶于西陵氏之子，谓之累祖，产青阳及昌意。”引申为“出产”“产品”“财产”等义。

(長) 长

cháng/zhǎng

甲 金 篆 隶 楷

古字形像一个长发老人拄杖而立。本义是老年人，读zhǎng，如《庄子 · 天道》："兄先而弟从，长先而少从。"古人不理发，长（zhǎng）者的头发很长（cháng），所以就有"长短"的"长"了，如屈原《楚辞 · 九歌 · 国殇》："带长剑兮挟秦弓。"

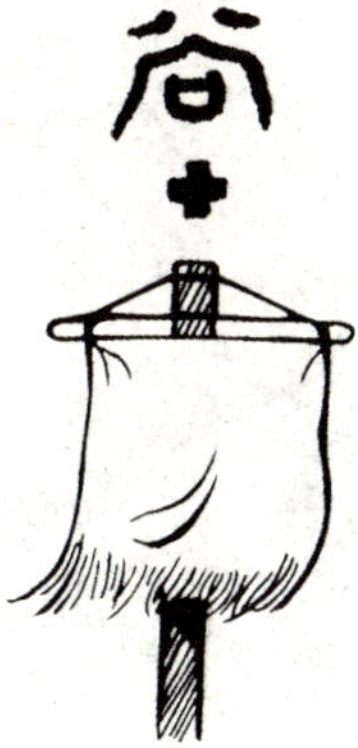

常

chánɡ

古字形由“尚”和“巾”构成，“巾”表义，“尚”表声。本义是古代男女都穿的下裙，如《逸周书》：“叔旦泣涕于常，悲不能对。”“常”的本义后写作“裳”，“常”借用为“纲常”“平常”“经常”等义。

常：形声字。《说文解字》：「常，下裙也。从巾，尚声。」

昶：会意字。《说文解字》：『昶，日长也。』

昶

chǎng

古字形像太阳照在河流上。“昶”由“日”和“永”构成，“日”表示白天，“永”表示长久，本义是白天时间长，如［明］沈鲸《双珠记·月下相逢》：“流离彼此如迷瘴，谁料阳乌仍昶。”

鬯

chàng

古字形像酒器里盛着浸泡有郁金草的香酒。本义是用郁金草和黑黍酿成的酒，如《礼记》："诸侯为宾，灌用郁鬯。"古人用这种酒祭祀、赏赐、敬客。

鬯：象形字。《说文解字》：「鬯，以秬酿郁草，芬芳攸服，以降神也。」

巢：象形字。《说文解字》：『巢，鸟在木上曰巢，在穴曰窠。』

巢

cháo

古字形像树上有鸟窝，后在鸟窝上添加了三只小鸟，更加形象。本义是鸟窝，如《诗经·召南·鹊巢》：“维鹊有巢，维鸠居之。”引申为“敌人或盗贼盘踞的地方”，如《新唐书·杜牧传》“不数月必覆贼巢。”

车：象形字。《说文解字》：『车，舆轮之总名也。』

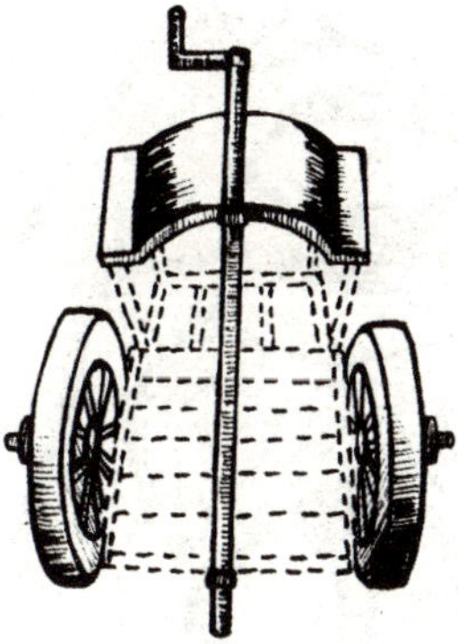

 甲  金  篆  隶  楷

车（車）

chē

古字形像车，车厢、车辕、车轮俱全，十分形象。本义是车子，如《诗·秦风·车邻》："有车邻邻，有马白颠。"上古时特指"战车"，如《左传·隐公元年》："命子封帅车二百乘以伐京。"汉字中由"车"组成的字大都与车有关，如"轮""轨""轧"等。

彻：会意字。《说文解字》：『彻，通也。』

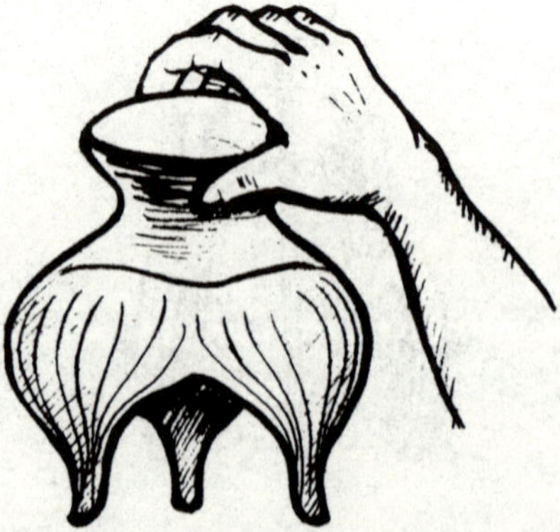

（徹）彻

chè

甲

金

篆

隶

楷

 古字形左边是“鬲”，右边是“手”，表示餐后将食器撤去。 本义是撤去，如《左传·宣公十二年》：“诸侯相见，军卫不彻，警也。”引申为“通”，如《列子·汤问·愚公移山》：“汝心之固，固不可彻，曾不若孀妻弱子。”

臣：象形字。《说文解字》：「臣，事君也。象屈服之形。」

甲 金 篆 隶 楷

臣

chén

古字形像一只竖起来的眼睛。当人低头时，眼睛才会竖起来，借以表示屈服。 本义是奴隶，《尚书传》中说凡是奴隶，“男曰臣，女曰妾”。引申为“俘虏”，后用于国君所领导的官吏和民众，如《诗·小雅·北山》：“率土之滨，莫非王臣。”

尘：会意字。《说文解字》：“尘，鹿行扬土也。”

（塵）尘

chén

 金  篆  隶  楷

古字形由三只“鹿”和两个“土”组成，表示鹿群奔跑扬起的灰土。本义是尘土，如晁错《论贵粟疏》：“春不得避风尘，夏不得避暑热。”引申为“踪迹”，如［唐］李白《忆秦娥》：“乐游原上清秋节，咸阳古道音尘绝。”后演变为成语“步人后尘”。

辰：象形字。《说文解字》：「辰，震也。」

 甲  金  篆  隶  楷

辰

chén

古字形像用大蛤蜊（蜃）的壳制成的锄草的农具。

本义是蚌镰。后被假借为“地支的第五位”，与天干相配用于纪年、月、日，如《春秋·公羊传》：“秋八月庚辰，公及戎盟于唐。”

沉：会意字。

沉

chén

甲 金 篆 隶 楷

 原作“沈”。甲骨文像水中沉没了一头牛；金文、小篆像颈上束着绳索的人和水，表示人沉到水中。 本义是沉没。因“沈”兼指姓和地名，古人另造“沉”表本义。刘禹锡《酬乐天扬州初逢席上见赠》：“沉舟侧畔千帆过，病树前头万木春。”

称：会意字。《说文解字》：“称，铨也。”

称（稱）

chēng

古字形像手提鱼，正在掂量它的重量。本义是测量轻重，如《管子 · 枢言》：“量之不以少多，称之不以轻重，度之不以短长。不审此三者，不可举大事。”

成：会意字。《说文解字》：『成，就也。』

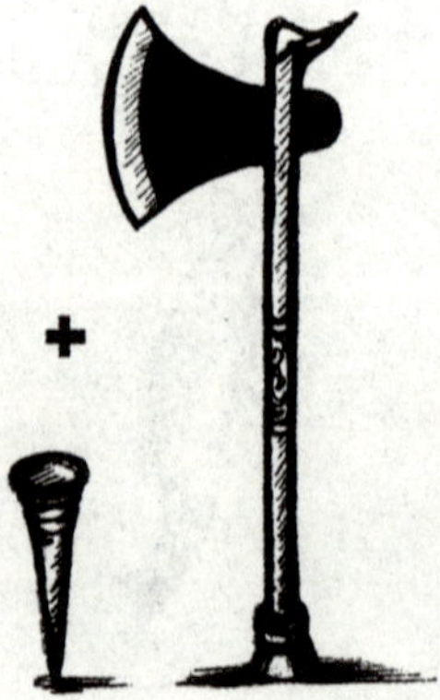

成

chéng

甲 金 篆 隶 成 楷

古字形由一把斧头和一块木状物构成，以斧劈物，表示定盟，这是古代建交的仪式。本义是“定盟”“讲和”，如《左传·成公十一年》：“秦晋为成。”引申为“完成”，如《荀子·修身》：“事虽小，不为不成。”又引申为“成功”，如《礼记·学记》：“玉不琢，不成器。”

 甲  金  篆  隶  楷

丞
chéng

古字形像两只手把人从土坑或陷阱里救出来。本义是“救”，如扬雄《羽猎赋》：“丞民乎农桑，劝之以弗怠。”引申为“辅助”“辅佐”，进而引申用作古代官名，如“丞相”“县丞”“府丞”。“丞”的本义后写作“拯”。

丞：会意字。《说文解字》：“丞，翊也。”

承：会意字。《说文解字》：『承，奉也，受也。』

承

chéng

古字形像双手捧着一个人。本义是“捧着”，如《左传·襄公二十五年》：“再拜稽首，承饮而进献。”引申为“承受”，如《左传·僖公十五年》：“某不敢辞，敢不承命？”又引申为“继承”，如《后汉书·班彪列传》：“汉承秦制。”

城：会意兼形声字。《说文解字》："城，以盛民也。从土，从成，成亦声。"

金 篆 隶 楷

城

chéng

古字形像用兵器保卫城池。本义是城墙，多修在城池的四周，具有军事防御功能，一般分两重，里面的叫城，外面的叫郭。《孟子·公孙丑下》："三里之城，七里之郭，环而攻之而不胜。"

乘：会意字。《说文解字》：『乘，覆也。』

乘

chéng

甲 金 篆 隶 楷

古字形像一个人登在树上。本义是“登”“升”，如《诗经·国风·氓》：“乘彼垝垣，以望复关。”又特指登车、登船，引申为“驾”“坐”，如屈原《离骚》：“乘骐骥以驰骋兮。”［唐］李白《赠汪伦》：“李白乘舟将欲行，忽闻岸上踏歌声。”

尺：指事字。《说文解字》：「尺，十寸也。」

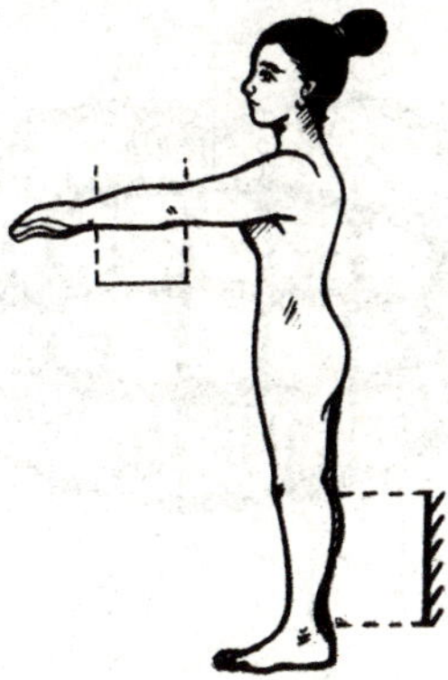

尺

chǐ

古字形是在人体的某一部位加一画或一点，表示人体手腕以上的尺骨或足以上的胫骨都约为一尺。本义是长度单位，古人以人体的部位作为长度的标准，而各代规定的长度不一。

齿：象形字。《说文解字》：“齿，口龈骨也。”

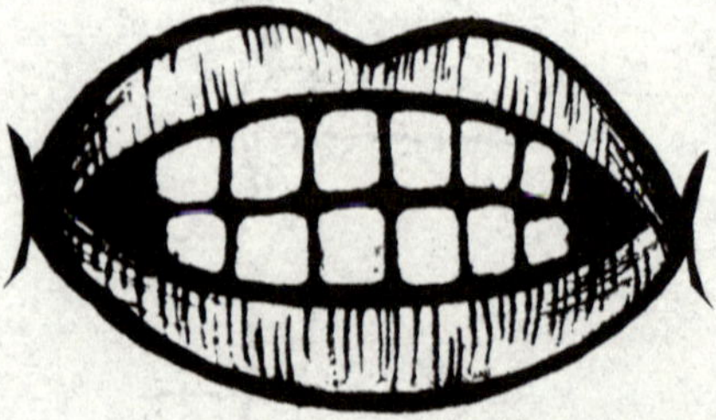

（齒）齿

chǐ

古字形像嘴张开露出门牙。本义是门牙，如《左传·哀公八年》：“唇亡齿寒。”引申泛指牙齿，由于牙齿的数量随着年龄而变化，又引申指人的年龄。汉字中由“齿”组成的字大都与牙齿或年龄有关，如“龈”“龋”“啮”“龄”等。

赤：会意字。《说文解字》：“赤，南方色也。从大，从火。”

赤
chì

古字形由“人”（大）和“火”构成，表示人被火映红了。本义是比朱稍浅些的红色，如［晋］傅玄《太子少傅箴》：“故近朱者赤，近墨者黑。”引申为“纯真”“忠诚”，如［唐］李白《与韩荆州书》：“推赤心于诸贤之腹中。”又引申为“裸露”“光着”，如“赤脚”“赤身裸体”。

舂：会意字。《说文解字》：『舂，捣粟也。』

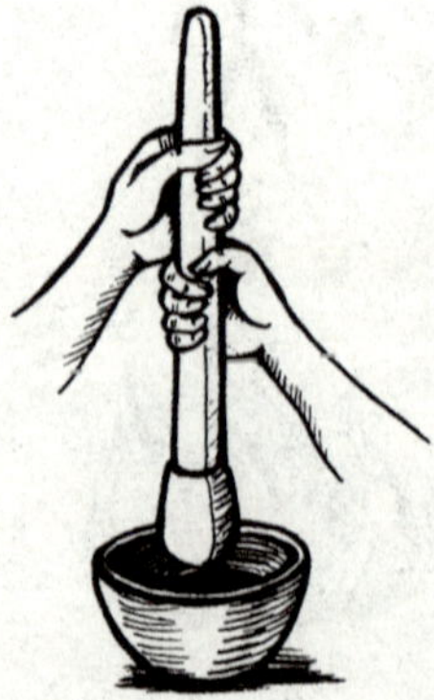

舂

chōng

古字形像双手拿着杵在臼上，表示用杵捣去臼中谷物的皮壳。本义是舂米，如［唐］李白《宿五松山下荀媪家》：“田家秋作苦，邻女夜舂寒。”

虫：象形字。《说文解字》：「虫，一名蝮。」

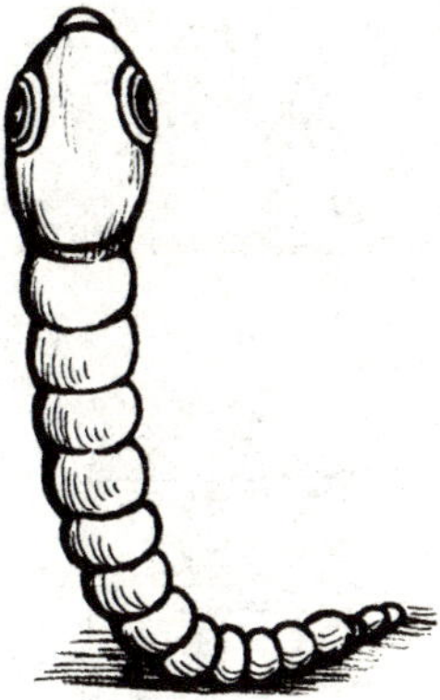

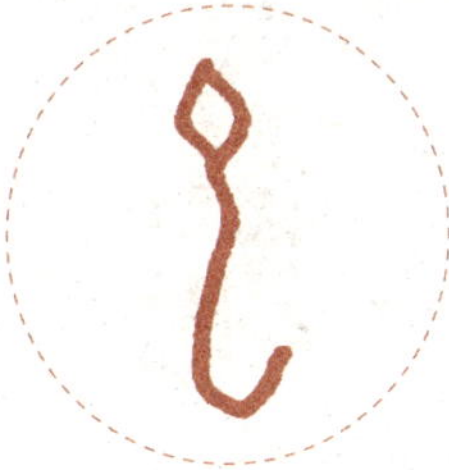

甲　金　篆　隶　楷

虫(蟲)

chóng

古字形像一条蛇。本义为毒蛇，读huǐ。自汉代以来，古人把“虫”作为“蟲”字来使用，如今“虫”又作了“蟲”的简化字。“蟲”的本义是动物的通称，后专指昆虫。汉字中由“虫”组成的字多与动物有关，如“蚁”“蛾”“蛇”“蚕”“蟹”等。

崇：会意兼形声字。《说文解字》：『崇，嵬高也。从山，宗声。』

崇

chóng

金　篆　隶　楷

古字形由“山”和“宗”构成，“山”表义，“宗”表声。

本义是“山高大”，引申为一般事物的“高”，如《国语·周语下》：“夫宫室不崇，器无彤镂，俭也。”又引申为“尊敬”“重视”等义。

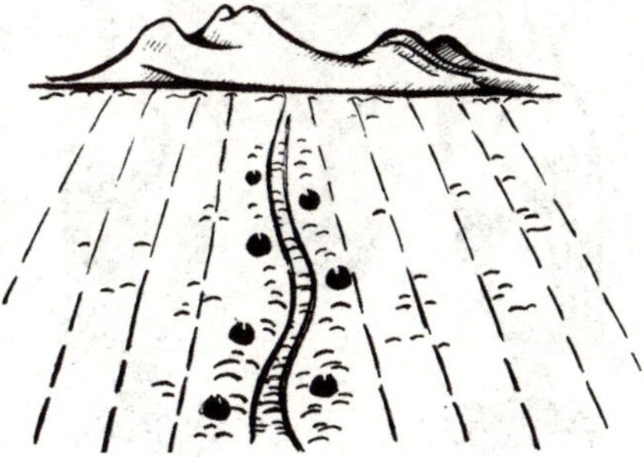

甲 金 篆 隶 楷

畴(疇)

chóu

畴：象形字。《说文解字》：「畴，耕治之田也。」

古字形像一道犁过的田垄，两旁还有犁具的痕迹。

本义是已耕作的田地，如《孟子·尽心上》："易其田畴，薄其税敛，民可使富也。"引申为"田间的分界"，如[西晋]左思《魏都赋》："均田画畴，蕃庐错列。"进而引申为"种类"。

（雔）雠

chóu

金 篆 隶 楷

古字形由“隹”和“言”构成，表示两只鸟相对而言。

 本义是应答，如《诗·大雅·抑》：“无言不雠，无德不报。”引申为“对手”“校对”等义。

丑：象形字。《说文解字》：『丑，象手之形。』

甲 金 篆 隶 楷

丑

chǒu

古字形像手指弯曲的手，本义消失后被借用表示地支的第二位，与天干相配用于纪年、月、日，如《春秋·桓公八年》：“夏五月丁丑。”“美丑”的“丑”本写作“醜”，两个字从戏剧中的“丑”角开始通用，现“醜”简化为“丑”。

臭：会意字。《说文解字》：“臭，禽走臭而知其迹者，犬也。从犬，从自。”

臭

chòu/xiù

古字形上部像鼻子，下部像一只头朝上的狗，表示狗的鼻子是最灵敏的。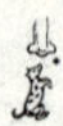本义是“用鼻子辨别气味”，读xiù。引申为“气味”，如《诗经·大雅·文王》：“无声无臭。”后专指“难闻的气味”，读chòu。“臭”的本义后写作“嗅”。

出：会意字。

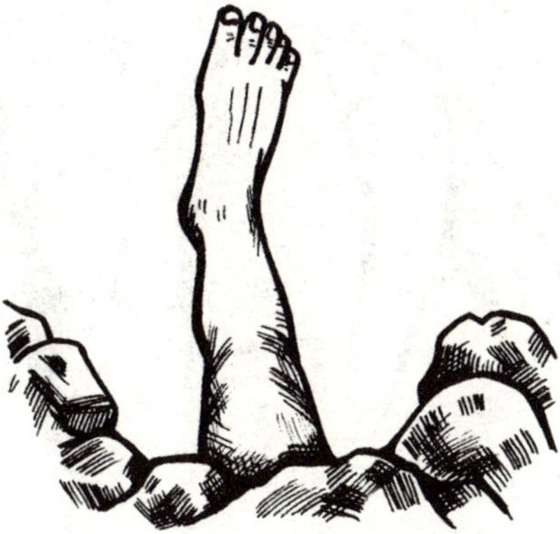

出

chū

古字形下部像一个洞口，上部是一只脚，表示人从穴居处出来。本义是从里面到外面，如《诗经·郑风·出其东门》：“出其东门，有女如云。”引申为“发出”，如《论语·季氏》：“孔子曰：‘天下有道，则礼乐征伐自天子出。’”又引申为“超出”“出生”“出版”等义。

初：会意字。《说文解字》：『初，始也。从刀，从衣。裁者衣之始也。』

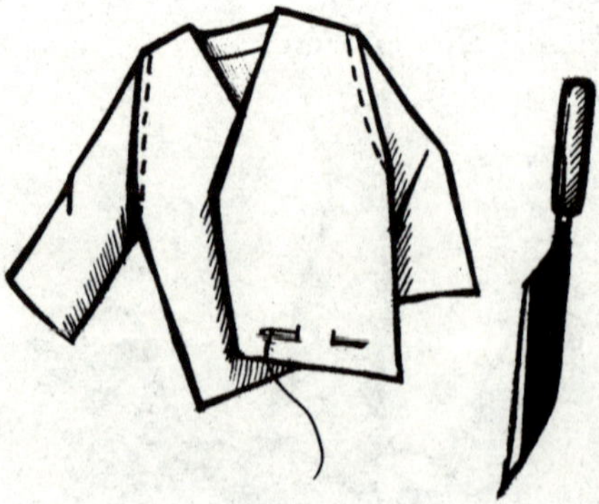

初

chū

甲 金 篆 隶 楷

古字形由“衣”和“刀”构成，表示做衣服由裁剪开始，引申为一切事情的开始。本义是开始，如《易经》：“初吉终乱。”引申为“当初”，如《左传·隐公元年》：“初，郑武公娶于申。”又引申为“刚刚”，如《史记·屈原贾生列传》：“孝文帝初即位。”

刍（芻）
chú

刍：会意字。《说文解字》：「刍，刈草也。」

古字形由“手”和“草”构成，表示手拔青草。本义是割草，如《左传·昭公六年》：“禁刍牧采樵。”草用来喂牲畜，引申为“喂牲口的草料”，如［唐］韩愈《驽骥》：“渴饮一斗水，饥食一束刍。”牛羊的回嚼叫“反刍”。

处：会意字。《说文解字》："处，止也，得几而止。"

（處）处

chǔ/chù

甲　金　篆　隶　楷

古字形像一个人倚着小桌休息。本义是止息，引申为“居住”，如《易经》：“上古穴居而野处，后世圣人易之以宫室。”有“相处”“对待”的意思，如《诗经·小雅·黄鸟》：“此邦之人，不可与处。”引申为“处置”“处罚”等义。

楚：会意字。《说文解字》：「楚，丛木，一名荆也。」

楚

chǔ

古字形中上部是树林，下部是一只脚，表示人到树林中去。本义是开发山林，后引申为一种丛生灌木，又名荆，如《诗·周南·汉广》：“翘翘错薪，言刈其楚。”后来打人的荆条也被称为“楚”，引申出“痛苦”的意思，如“痛楚”“苦楚”“酸楚”。

川：象形字。《说文解字》：『川，贯穿通流水也。』

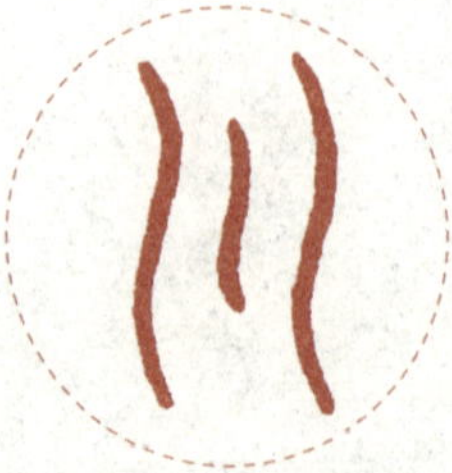

川

chuān

古字形像两岸之间有水流。本义是河流，《论语·子罕》："子在川上曰：'逝者如斯夫，不舍昼夜。'"山间或高原间的平地像河水夹在两岸间一样，所以引申为"平坦的田野"，如北朝民歌《敕勒歌》："敕勒川，阴山下，天似穹庐，笼盖四野。"

穿：会意字。《说文解字》：「穿，通也。从牙在穴中。」

金 篆 隶 楷

穿

chuān

古字形上部是“穴”，下部是“牙”，指鼠牙，表示（鼠类）用牙打洞，使通透。本义是穿透，使破成孔洞，如《诗经·召南·行露》：“谁谓鼠无牙，何以穿我墉（墙）？”引申为“通过凿、钻或刺等手段使形成孔洞”“通过（孔洞、缝隙、空地等）”等义。

创：指事字。《说文解字》：『创，伤也。』

（創） 创
chuāng/chuàng

古字形像刀上沾了两滴血。 本义是创伤，读chuāng，如《战国策·燕策三》：“秦王复击轲，轲被八创。”读chuàng时有“始造”义，如“开创”“创举”“创新”，曹禺《北京人》：“敬德公，这位起家立业的祖先创下了一条规矩。”

窗

chuāng

窗：象形字。《说文解字》：『囱（窗），在墙曰牖，在屋曰囱（窗）。』

 原作“囱”，古字形像窗户的形状。 本义是开在屋顶上的通气透光的天窗，如［汉］王充《论衡·别通》：“凿窗启牖，以助户明也。”后泛指“房屋、车船等上通气透光的装置”，如［唐］杜甫《绝句》：“窗含西岭千秋雪，门泊东吴万里船。”

床：象形字。《说文解字》：“床，安身之坐者。”

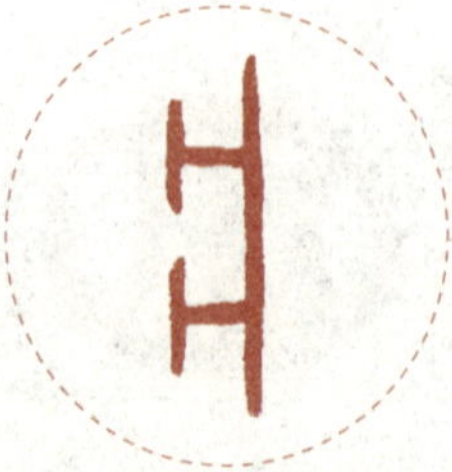

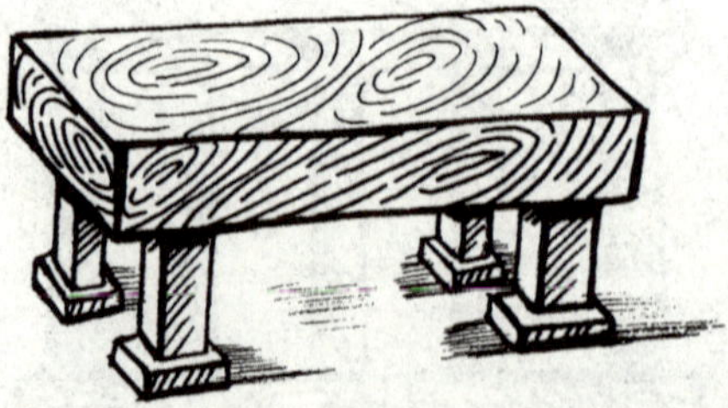

床

chuáng

甲 篆 隶 楷

古字形像竖起来的一张床。本义是供人睡卧的家具，如北朝民歌《木兰辞》：“开我东阁门，坐我西阁床。”引申为“像床一样起承托作用的东西”，如“牙床”“琴床”。又用作量词，用于被褥等，如“一床被子”“一床褥子”。

吹：会意字。《说文解字》：『吹，嘘也。从口，从欠。』

 甲  金  篆  隶  楷

吹

chuī

 古字形由“口”和“欠”（打哈欠）构成，表示人从口中吹出气来。 本义是合拢嘴唇出气，如庄周《逍遥游》：“生物之以息相吹也。”引申为自然界空气流动，如［唐］白居易《赋得古原草送别》：“野火烧不尽，春风吹又生。”

垂：象形字。《说文解字》：「垂，远边也。」

垂

chuí

古字形像草木的花叶下垂的样子。本义是垂挂，如《玉台新咏·孔雀东南飞》：“红罗复斗帐，四角垂香囊。”引申为“流传”，如［宋］文天祥《正气歌》：“时穷节乃见，一一垂丹青。”“边陲”的“陲”最初也写作“垂”。

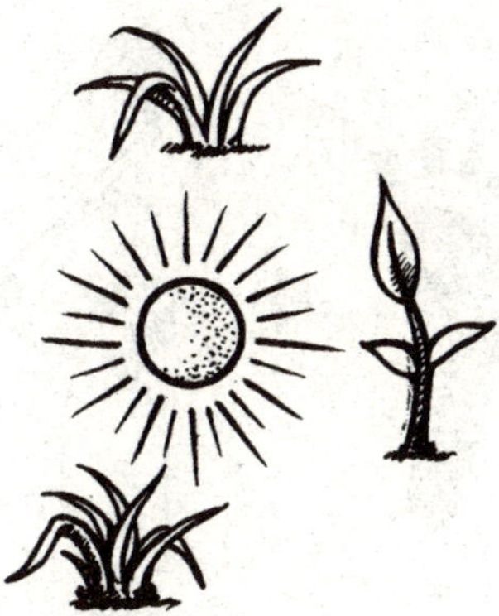

春

chūn

古字形由“日”“艸（草）”和“屯”构成，表示太阳照耀下，小草萌发，春回大地。本义为春季、春天，如《荀子·王制》“春耕、夏耘、秋收、冬藏，四者不失时，故五谷不绝。”

春：会意兼形声字。《说文解字》：“春，推也。从艸，从日，艸，春时生也；屯声。”

此：会意字。《说文解字》：『此，止也。』

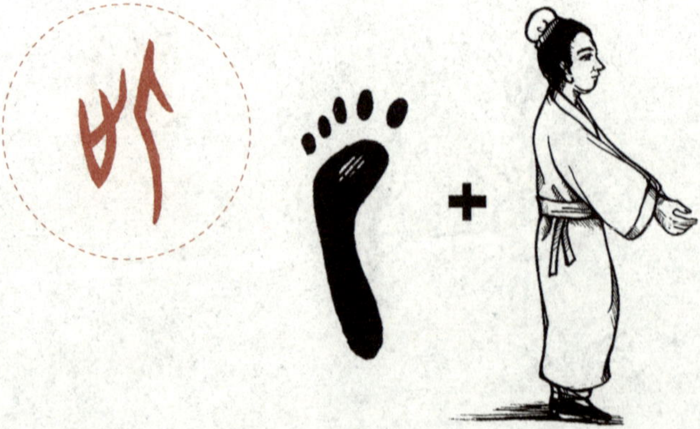

此

cǐ

甲 金 篆 隶 楷

古字形左边是一只脚，右边是一个人，表示人所站立的地方。 本义是人停止处，引申为“这”，与“彼”相对，如《孟子·公孙丑下》：“彼一时，此一时也。”

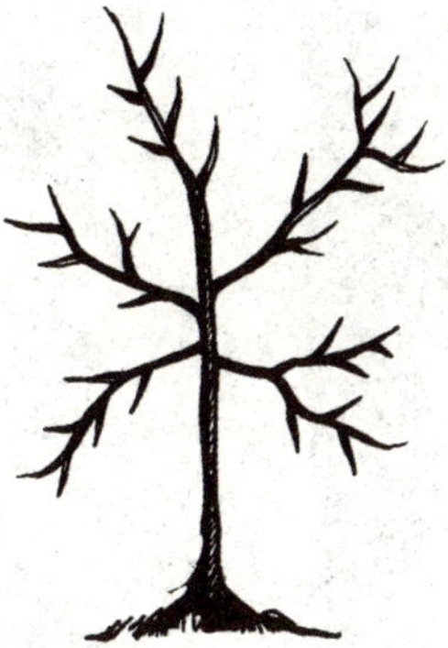

刺：象形字。《说文解字》：「朿，木芒也。」

 甲  金  篆  隶  楷

刺

cì

原作“朿”，古字形像树木上左右横生的尖刺。本义是用尖利的东西扎，如《韩非子·安危篇》：“闻古扁鹊之治其病也，以刀刺骨。”引申为“用尖锐的话指责人”，如《战国策·齐策一》：“能面刺寡人之过者，受上赏。”汉字中由“朿”组成的字多有身上长刺的含义，如“棘”“枣”。

从：会意字。《说文解字》："从，相听也。从二人。"

(從)从

cóng

古字形像一个人跟着前面的人走。本义是跟随，如《论语》："子路从而后，遇丈人，以杖荷蓧。"引申为"顺从"，如《荀子》："从道不从君，从义不从父。"后引申为介词"自"，如［南宋］刘义庆《世说新语·赏誉》："恒大司马病。谢公往省病，从东门入。"

粗：形声字。《说文解字》："麤（粗），行超远也。"

粗

cū

原作"麤"。转指"糙米"，如《左传·哀公十三年》："粱（精美的饭食）则无矣，粗则有之。"引申为"粗糙""粗劣"，如《礼记·王制》："布帛精粗不中数，幅广狭不中量，不粥于市。"

毳：象形字。《说文解字》：『毳，兽细毛也。』

毳

cuì

古字形由三个“毛”构成，表示毛细密而多。本义是鸟兽的细毛，如［汉］刘向《说苑·尊贤》：“（鸿鹄）背上之毛，腹下之毳，无尺寸之数，去之满把，飞不能为之益卑。”

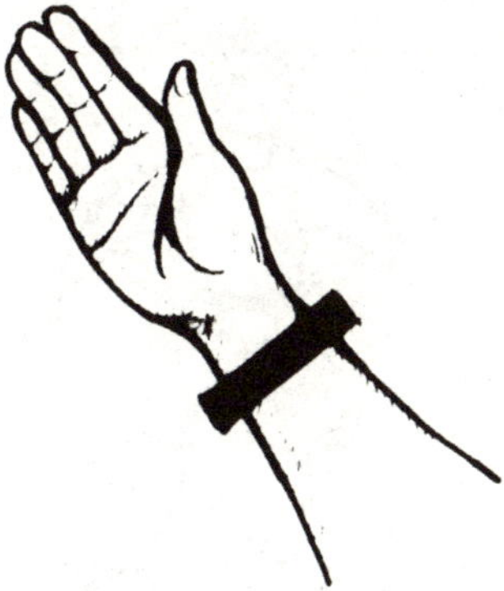

金 篆 隶 楷

寸
cùn

古字形中“一”指明离手掌一寸的地方是寸口，即中医切脉的部位。本义是寸口，后用作长度单位，如［汉］贾谊《新书·六术》：“十分为寸，十寸为尺。”引申为“短小”，如［唐］孟郊《游子吟》：“谁言寸草心，报得三春晖。”

寸：指事字。《说文解字》：『寸，十分也。人手却一寸动脉谓之寸口。』

大：象形字。《说文解字》：「大，天大、地大、人亦大，故大象人形。」

大

dà

甲 金 篆 隶 楷

古字形像四肢伸开的“人”形。古人把人类看作“万物之灵”，所以借人的形象表示“大”的意思。 本义是体积、面积、数量、力量等方面超过一般或所比较的对象，与“小”相对，如［东汉］王充《论衡·说日》：“见日出入时大，日中时小也。”

歹：象形字。《说文解字》：『歹，裂骨之残也。』

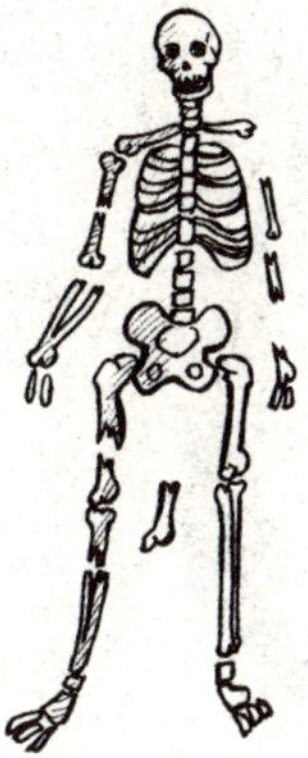

歹

dǎi

古字形像剔去筋肉后的残骨。本义是残骨，引申为“坏”“恶”，如《宣和遗事》：“父亲做歹事，误我受此重罪。”汉字中由“歹”作偏旁的字大都与“死”“坏”有关，如“死”“殓”“残”“歼”等。

逮：会意字。《说文解字》：「逮，及也。」

逮

dài

金 篆 隶 楷

原作“隶”，古字形像手抓住一条尾巴。本义是抓到，引申为“及”“达到”，如《荀子》：“魏武侯谋事而当，群臣莫能～。”又引申为“逮捕”“捉拿”，如［明］张溥《五人墓碑记》：“五人者，盖当蓼州周公之被逮，激于义而死焉者也。”后加“辶”表示行动。

丹：指事字。《说文解字》：『丹，巴越之赤石也。』

甲 金 篆 隶 楷

丹

dān

古字形像矿井里面有一点，表示井下有朱砂矿。本义是朱砂，古代用作染色的颜料，如［汉］王逸《正部》：“皎皎练丝，得蓝则青，得丹则赤。”引申为“红色”，如［晋］傅玄《笔赋》：“嘉竹翠色，彤管含丹。”道家炼药多用朱砂，所以引申为“精炼的成药”。

单：象形字。

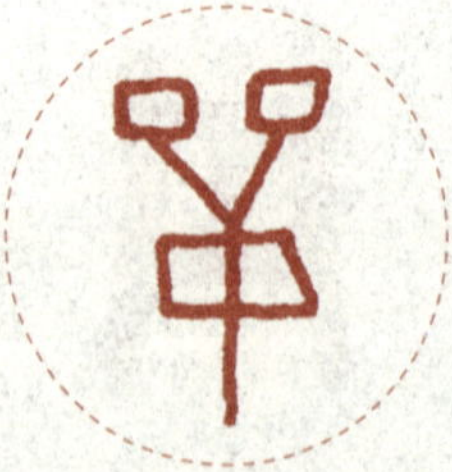

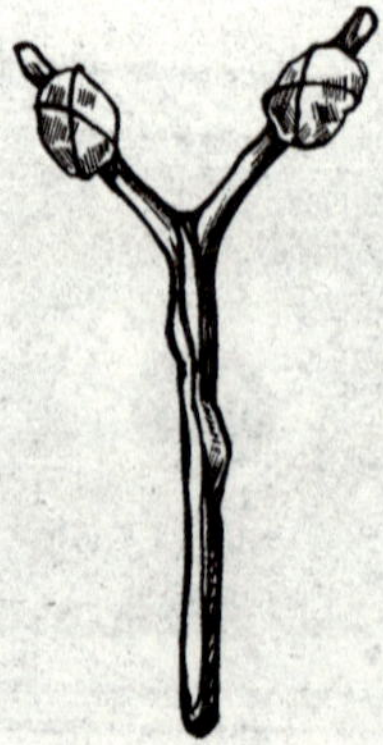

（單）单
dān

甲 金 篆 隶 楷

古字形像带杈的木棍两端捆扎着石头的工具。本义是一种狩猎的工具。由于用这种工具捕鸟每次往往只能打一只鸟，引申为“单独”“单一”，如［唐］韩愈《祭十二郎文》：“两世一身，形单影双。”

甲 金 篆 隶 楷

旦

dàn

古字形像太阳刚刚升起。本义是早晨，如《左传·成公十六年》：“旦而战，见星未已。”引申为“某天”“某日”，如《战国策·赵策四》：“一旦山陵崩，长安君何以自托于赵？”

旦：会意字。《说文解字》：『旦，明也。从日见一上。一，地也。』

弹：象形字。《说文解字》：「弹，行丸也。」

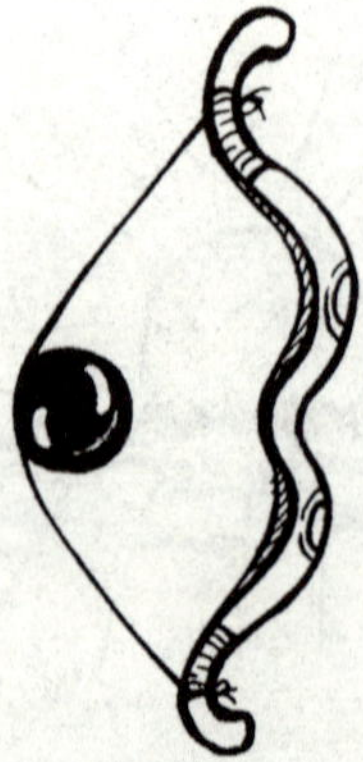

(彈)弹

dàn/tán

古字形像发射弹丸的弹弓。 本义是弹弓，读dàn，如［西汉］刘向《战国策·楚策四》：“左挟弹，右摄丸。”用作动词，指“用弹弓进行发射”，读tán，如《左传·宣公二年》：“（晋灵公）从台上弹人，而观其避丸也。”

刀：象形字。《说文解字》：『刀，兵也。』

甲 金 篆 隶 楷

刀

dāo

古字形像一把刀，上部是刀柄，下部是刀头。本义是刀，如汉乐府《木兰辞》：“磨刀霍霍向猪羊。”古代有种钱币形似刀，也叫“刀”，以青铜制成。“刀”用作偏旁时写作“刂”，由“刂”组成的汉字大都与“刀”有关，如“刃”“剁”“割”“剖”等。

到：会意字。《说文解字》：“到，至也。”

到
dào

古字形由“至”和“人”构成，表示人至为到。本义是到达，如《诗经·大雅·韩奕》：“蹶父孔武，靡国不到。”引申为“周到”“周密”，如《水浒传》：“我是个粗鲁汉子，礼数不到，和尚休怪。”

盗：会意字。《说文解字》：「盗，私利物也。」

盗

dào

古字形上部是“次”（古“涎”字），下部是“皿”，表示垂涎人家的器皿。本义是偷窃，如《荀子·修身》：“窃货曰盗，匿行曰诈。”也指“偷窃的人”，如《荀子·儒效篇》：“故人无师无法而知，则必为盗。”古代的“盗”现在称为“贼”。

道：会意字。《说文解字》：『道，所行道也。』

道

dào

金　篆　隶　楷

古字形两侧是“行”，中间是“首”，表示供人行走的路。本义是道路，如《史记·陈涉世家》：“会天大雨，道不通。”引申为“方法”“途径”，如《商君书·更法》：“治世不一道，便国不必法古。”

稻

dào

古字形上部是“米”，下部是装稻米的筐形物，表示米在筐中。本义是稻米，如《诗经·豳风·七月》：“八月剥枣，十月获稻。”后改为从禾、从舀，“禾”表示稻子是庄稼，“舀”像伸手从臼中取米，表示舂米。“舀”兼表声。

稻：会意字。《说文解字》：「稻，稌（黏糯米）也。」

得：会意字。《说文解字》："得，行有所得也。"

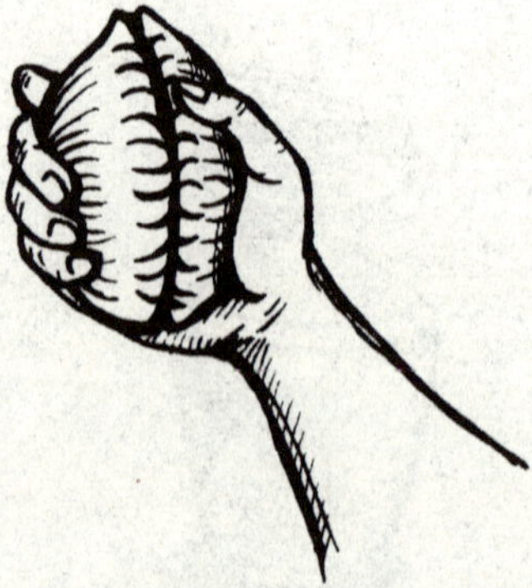

得

dé

古字形像手持贝壳，表示有所得。贝是古代的一种货币，极为珍贵。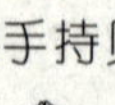本义是“获得”得到”，如《诗经·周南·关雎》：“求之不得，寤寐思服。”引申为“能够”“可以”，如［唐］杜甫《石壕吏》：“急应河阳役，犹得备晨炊。”

德：会意字。《说文解字》：「德，升也。」

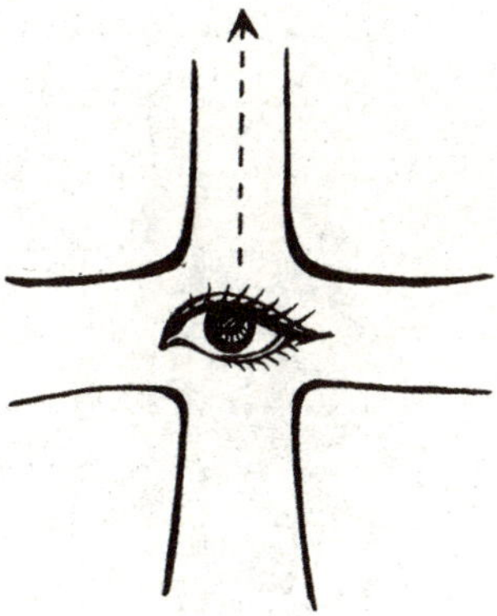

德
dé

古字形左边是“彳”，表示行动，右边是一只眼睛，眼睛上的垂直线表示目光直视。行正目直就是“德”，后另加“心”，表示按正直的准则去想、去做。本义是道德，如《易·乾》：“君子近德修业。”引申为“恩德”，如《论语·宪问》：“或曰：‘以德报怨，何如？’子曰：‘何以报德？以直报怨，以德报德。’”

登：会意字。《说文解字》：“登，上车也。”

登
dēng

古字形上部是一双脚，中间是“豆”（盛事物的器皿），下部是一双手，表示双手捧豆升阶以敬神。本义是由低处到高处，如《孟子·尽心上》：“孔子登东山而小鲁，登泰山而小天下。”引申为“（谷物）成熟”，如《孟子·滕文公上》：“五谷不登。”

低：形声字。《说文解字》：『低，下也。』

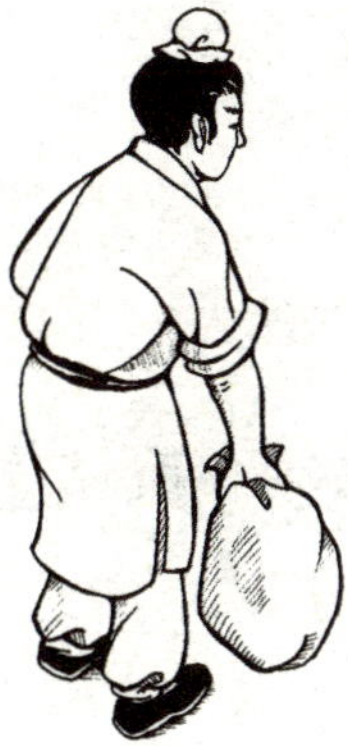

甲 金 篆 隶 楷

低

dī

古字形像人侧身手持重物，表“低垂”义。原作“氐”（dī），《汉书·食货志》：“封君皆氐首仰给焉。”后写作“低”。本义是“头向下垂”（与“昂”相对），《庄子·盗跖》：“据轼低头，不能出气。”引申指“低（与“高”相对）、声音细微、等级在下”等。

翟：象形字。《说文解字》："翟，山雉尾长者。"

翟

dí/zhái

 金  篆  隶  楷

金文下像独趾而立的鸟，上是羽毛。本义是“长尾的野鸡”，《山海经·西山经》：“女床之山……有鸟焉，其状如翟而五采文。”也指“古代乐舞所执的雉羽”，《诗·邶风·简兮》：“左手执籥，右手秉翟。”以上读dí。当姓氏用时，读zhái。

甲 金 篆 隶 楷

弟

dì

古字形像绳子缠绕在（弋）木桩上，由缠绕有先后而生次第义。 本义是次第，如《吕氏春秋》："乱必有弟。大乱五，小乱三。"引申为"兄弟"的"弟"，如《诗经·邶风·谷风》："燕尔新婚，如兄如弟。"本义后写作"第"。

弟：象形字。《说文解字》：「弟，韦（皮绳）束之次第也。」

帝：象形字。《说文解字》：『帝，谛也。王天下之号也。』

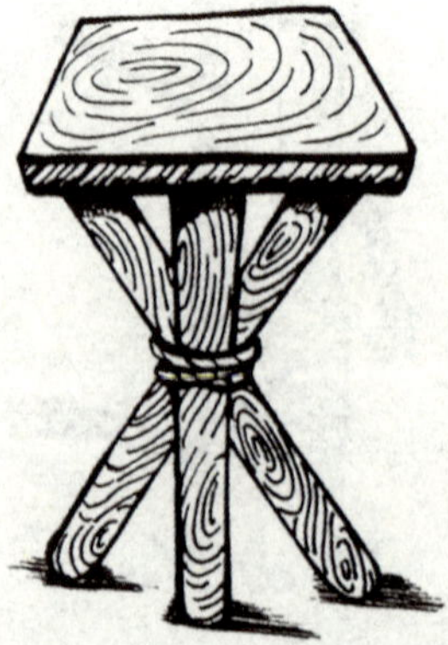

帝

dì

古字形像几根木柴架起的祭台。本义是祭祀天神，引申为“天神”，如《诗经·大雅·皇矣》：“既受帝祉，施于孙子。”又引申为“君王”“帝王”，如［东汉］王充《论衡·祸虚篇》：“尧禅舜，立为帝。”

典：会意字。《说文解字》：「典，五帝之书也。」

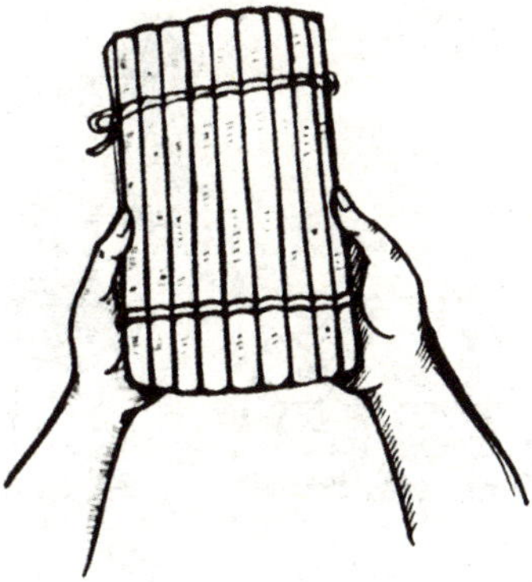

典
diǎn

古字形上部是“册”，下部是一双手，表示双手郑重捧着的“册”就是“典”。本义是作为典范的重要书籍，如《书·五子之歌》：“明明我祖，万邦之君，有典有则，贻厥子孙。”引申为“法则”“制度”，如曹操《败军令》：“但赏功而不罚罪，非国典也。”

甸：会意字。《说文解字》：“甸，天子五百里地。”

甸

diàn

金　篆　隶　楷

“佃”在古代是同一个字，古字形像人在田间劳作，本义是耕种田地。后分化出“甸”字，古代都城城郭外称郊，郊外称甸，如《礼记·王制》：“千里之内曰甸，京邑在其中央。”泛指“都城的郊外”，如［南北朝］谢朓《晚登三山还望京邑》：“喧鸟覆春洲，杂英满芳甸。”

奠：会意字。《说文解字》：「奠，置祭也。」

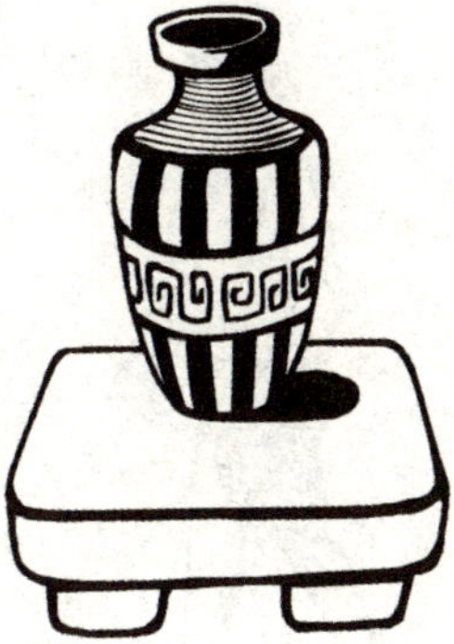

奠

diàn

古字形像酒樽下垫物，表示置酒进行祭祀。本义是设酒食祭祀祖先或鬼神，如《诗经·召南·采蘋》：“于以奠之？宗室牖下。”酒樽下垫物，使酒樽稳定，“稳定”义仍沿用至今，如“奠定”“奠基”。

吊：会意字。《说文解字》："吊，问终也。古之葬者，厚衣之以薪，从人持弓，会驱禽。"

吊
diào

甲 金 篆 隶 楷

古字形像人持带绳子的箭。本义是用带绳子的箭射猎，此义早已消失。古籍多用于“追悼死者”“慰问”，写作“弔”，像人背着弓去吊唁死者，上古人死后不埋葬，只盖柴草，带弓吊丧是为了驱除鸟兽。

丁：象形字。《说文解字》：「丁，夏时万物皆丁实。」

丁

dīng

古字形像钉子，本义就是钉子，此义后写作“钉”。“丁”被假借为天干的第四位，与地支相配，用以纪年、月、日。又用作序数第四的代称。钉子坚硬，引申为“健壮”，再进一步引申为“成年男子”，如［唐］白居易《新丰折臂翁》：“无何天宝大征兵，户有三丁点一丁。”

鼎：象形字。《说文解字》：「鼎，三足两耳，和五味之宝器也。」

鼎
dǐng

古字形像鼎，本义就是鼎。鼎是古人烹煮食物的器具，多用青铜制成，三足两耳圆腹，也有方形四足的。商周多用为宗庙的礼器和墓葬的明器，相传夏禹铸九鼎，历商至周，为传国的重器，象征“王位”“政权”。

定：会意字。《说文解字》：「定，安也。从宀，从正。」

 甲  金  篆  隶  楷

定

dìng

古字形上部是“宀”，表示房子，下部是“正”，表示不偏斜，屋正则安定。本义是安定，如《易经·家人》：“正家而天下定矣。”引申为“安稳”“平静”，如汉乐府《孔雀东南飞》：“奄奄黄昏后，寂寂人定初。”又引申为“决定”“确定”“肯定”等义。

东：象形字。《说文解字》：『东，动也。』

(東)东
dōng

 甲  金  篆  隶  楷

古字形像用绳子扎紧两头的袋子。本义是袋子，后被假借为“东方”的“东”，指日出的方向，与“西”相对，如《诗经·齐风·东方未明》：“东方未明，颠倒衣裳。”古时主位在东，宾位在西，因此把“东”作为主人的代称，如“东家”“房东”。

冬：象形字。《说文解字》：「冬，四时尽也。」

冬

dōng

古字形像一根绳子的两端各打一个结，古代结绳记事，表示“终了”。 冬季是一年四季的最后一个季节，所以借用“冬”来表示冬季，如《尚书·洪范》：“日月之行，则有冬有夏。”而“终了”义另造“终”字。

斗：象形字。《说文解字》：『斗，十升也。象形，有柄。』

斗

dǒu

古字形像有柄的勺子。本义是古代一种舀酒的器具，如《诗经·大雅·行苇》：“酌以大斗。”引申为量器，用来量粮食，《汉书·律历志》记载：“十升为斗，十斗为斛。”汉字中由“斗”组成的字多与酒器、量器有关，如“斟”“料”“斛”。

斗：会意字。《说文解字》：『鬥（斗），两士相对，兵杖在后。』

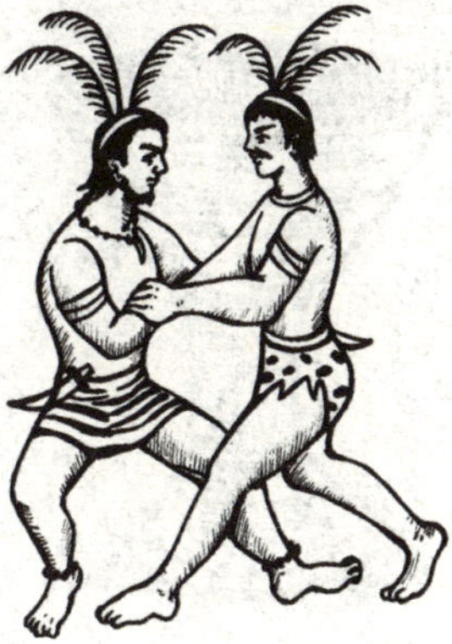

斗（鬥）

dòu

古字形像两人相对徒手搏斗。 本义是对打，如《荀子·荣辱》：“凡斗者必自以为是而以人为非也。”引申为“斗争”“战斗”，如《史记·李广传》：“且引且战，连斗八日。”

豆：象形字。《说文解字》：『豆，古食肉器也。』

豆

dòu

甲 金 篆 隶 楷

古字形像古代一种高脚食器。本义是盛食物的器皿，如《孟子·告子上》：“一箪食，一豆羹。”后被借用为农作物的“豆”，指豆类植物，如［三国·魏］曹植《七步诗》：“煮豆持作羹，漉菽以为汁。萁在釜下燃，豆在釜中泣。”

端：形声字。《说文解字》：“端，直也；耑，物出生之题也。”

端

duān

本字是“耑”，古字形像植物生出地面之形。引申为“物体的顶端”。《周礼·考工记·磬氏》：“已上则摩其旁，已下则摩其耑。”陆德明释文：“耑，本或作‘端’。”后加“立”表义，“耑”表声。由“顶端”又引申为“发端、开头”，《荀子·君道》：“法者，治之端也。”还可引申有“正、直”义。

短：会意字。《说文解字》：『短，有所长短，以矢为正。』

短

duǎn

短 篆 短 隶 短 楷

短古字形由“矢”（箭）和“豆”（高脚食器）构成，古人常以箭作为度量长短的标准，用高脚食器“豆”短于“矢”来表示“短”这个概念。 本义是两端之间的距离小，与“长”相对，如《孟子·梁惠王上》：“权，然后知轻重；度，然后知长短。”

段：会意字。《说文解字》：「段，椎物也。」

金　篆　隶　楷

段
duàn

古字形像手持锤在山崖下敲击石块。本义是“锤击”，《周礼》：“镈（bó）欲其段之坚。”后写作“锻”，王筠《说文句读》：“段不用火，锻则用火，而其椎之也同，故经典二字通用。”假借为量词。

堆：形声字。《说文解字》：『𠂤（堆），小阜（山）也。』

堆

duī

甲 金 篆 隶 楷

原作“𠂤”，古字形像两座小土山。后作“堆”，从土、隹（zhuī）声。 本义是“土堆”，多用于地名，[唐]刘禹锡《竹枝词》：“城西门前滟滪堆，年年波浪不能摧。”引申为“累积”，[唐]韩愈《元和圣德诗》：“帛堆其家，粟塞其庾。”

 甲  金  篆  隶  楷

队（隊）

duì

古字形由“阜”（山）和头朝下的“人”构成，表示人从高处落下。 本义是坠落，如《荀子·天论》：“星之队，木之鸣，是天地之变。”后“队”被假借为“军队”的“队”，表示一个集体的编制单位，所以另造“坠”字表示坠落之义。

对：会意字。《说文解字》：「对，应无方也。」

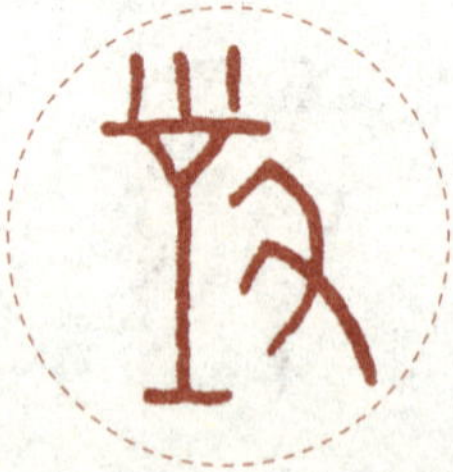

(對)对 duì

 甲  金  篆  隶  楷

古字形像手握烛台，烛台上有点燃的蜡烛。本义是“高举显扬”，《诗·大雅·皇矣》：“王赫斯怒，爰整其旅，以遏徂（cú）莒（jǔ），以笃固祜，以对天下。”引申为“回答、应答”，《论语·述而》：“叶公问孔子于子路，子路不对。”又引申为“朝着、向着”，北朝民歌《木兰辞》：“当窗理云鬓，对镜帖花黄。”

兑：会意字。《说文解字》：『兑，说（悦）也。』

甲 金 篆 隶 楷

兑

duì

古字形由“人”“口”和“八”（表示分开）构成，表示人咧开嘴笑。 本义是喜悦，如《庄子·德充符》：“使之和豫通而不失于兑。”陆德明释文引李颐云：“兑，悦也。”唐宋以后产生“交换”义，另造“悦”表示喜悦之义。

敦：会意字。《说文解字》：「敦，怒也；诋也。」

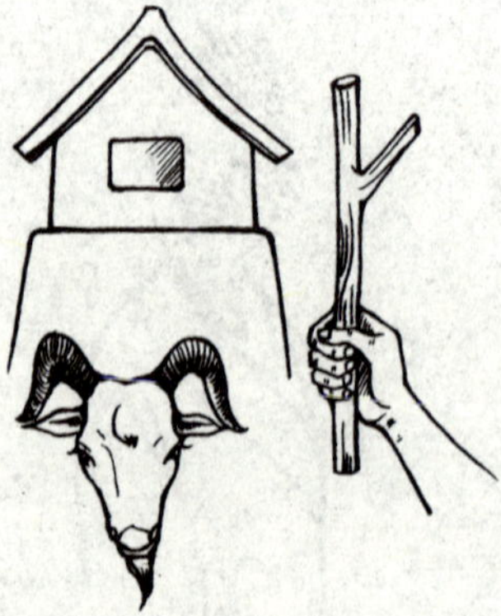

敦

dūn

甲 金 篆 隶 楷

古字形像手持棍棒把羊赶到宗庙，会督促之意。本义是“督促”，《孟子·公孙丑下》：“使虞敦匠事，严，虞不敢问。”引申义为“厚重、笃实”，《孟子·万章下》：“故闻柳下惠之风者，鄙夫宽，薄夫敦。”又引申为“恼怒、斥责”，《荀子·议兵》：“有离俗不顺其上，则百姓莫不敦恶。”

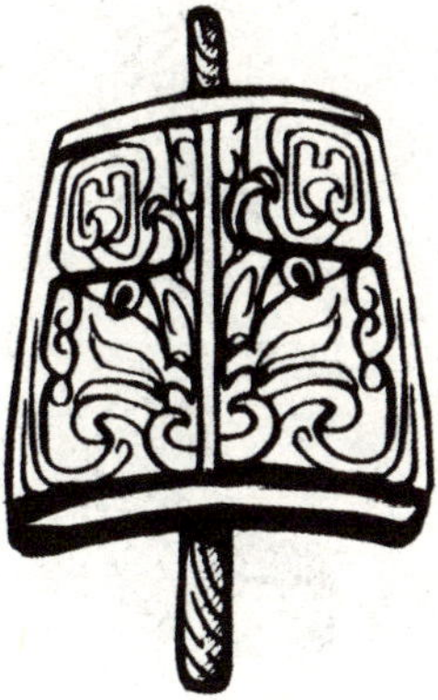

盾

dùn

 古字形像一块长方形或梯形的盾牌，中间是手执的把手。

 本义是盾牌，古代作战时用来防护身体、遮挡刀箭的武器，如《韩非子·难一》：“以子之矛，陷子之盾，何如？”

盾：象形字。《说文解字》：「盾，瞂也，所以扞身蔽目。」

多：会意字。《说文解字》：「多，重也，从重夕，会意。重夕为多，重日为叠。」

多
duō

古字形像并放着两块肉。本义是数量大，与“少”相对，如《论语·子罕》：“君子多乎哉？不多也。”引申为“超过原来的数量”，如《孟子·梁惠王上》：“王如知此，则无望民之多于邻国也。”

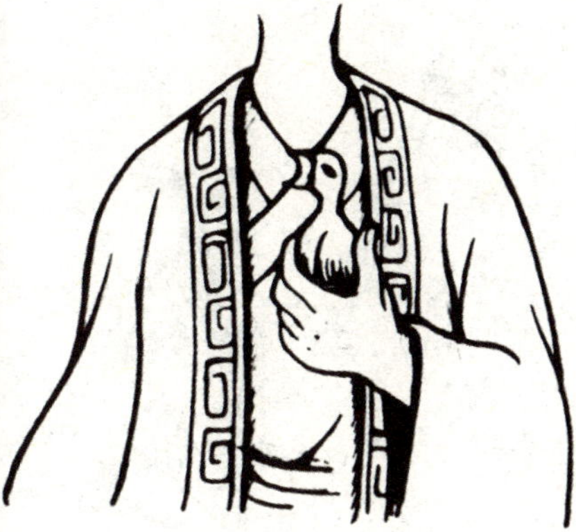

夺：会意字。《说文解字》：『夺，手持隹失之也。』

 金  篆  隶  楷

夺(奪)

duó

古字形由“衣”“鸟”和“手”构成，像手持鸟藏于衣中，表示鸟被衣物罩住而欲从人手中挣脱的意思。本义是失去，如《荀子·富国》：“无夺农时。”后被借用为“争夺”的“夺”。

娥：形声字。《说文解字》：『娥，帝尧之女。从女，我声。』

娥

é

甲　篆　隶　楷

古字形由“女”和“我”构成，“女”表义，“我”表声。

本义是女子姿容美好，如［西汉］扬雄《方言》：“娥、𡣕，好也。秦曰娥，宋魏之间谓之𡣕。秦晋之间凡好而轻者谓之娥。”也指“美女”，如［唐］李白《忆秦娥》：“箫声咽，秦娥梦断秦楼月。”

厄：象形字。《说文解字》：『厄，科厄，木节也。』

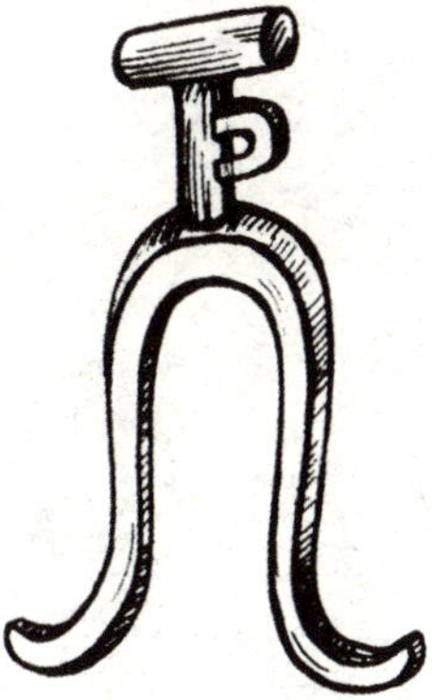

厄

è

古字形像车辕前套在牲口脖子上用来拉车的曲木。本义是牛马等牲畜驾车、拉套时架在脖子上的器具，如《诗经·大雅·韩奕》：“鞗革金厄。”后“厄”用于表示“困苦”“灾难”义，另造“轭”字表示本义。

儿：象形字。《说文解字》："儿，孺子也……像小儿头囟未合。"

(兒)儿

ér

古字形像一个婴儿，上部是头，囟门尚未闭合。本义是小孩子，如《列子·汤问》："孔子东游，见两小儿辩斗，问其故。"引申特指"儿子"，如《仓颉篇》卷下："男曰儿，女曰婴。"也是子女对父母的自称，如"儿行千里母担忧"。

而：象形字。《说文解字》：「而，颊毛也，象毛之形。」

而

ér

古字形像脸颊上下垂的胡须。本义是胡须，如戴震注《周礼》：“颊侧上出者曰之，下垂者曰而。”本义已经消失，多用假借义。“而”在古籍中多用作连词，表示并列，如旬子《劝学》：“蟹六跪而二螯。”又“而”通“尔”，指第二人称“你”。

尔：象形字。《说文解字》：『爾，丽爾，犹靡丽（疏朗）也；尒（尔），词之必然也。』

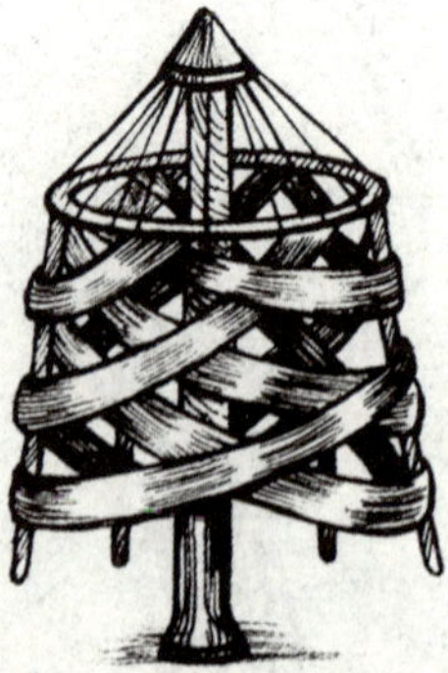

（爾）尔 ěr

古字形像缠绕的蚕丝很稀疏，本义是“疏朗”，《说文系传》：“丽尔历历然，希（稀）疏点缀见明也。”小篆分为繁简二体，隶楷为爾、尒，后俗作“尔”。今以“尔”为正体简化字。假借为代词“你们、你”，《诗·小雅·无羊》：“谁谓尔无羊？三百维群！”又作助词，用为词缀，犹“然”。《论语·先进》：“鼓瑟希，铿尔，舍瑟而作。”

耳：象形字。《说文解字》：「耳，主听也。」

耳
ěr

古字形像人的耳朵。本义是耳朵，如《老子》："五音令人耳聋。"引申为"形状像耳朵的东西"，如"木耳""银耳"。也指"像耳朵一样位置在两侧的"，如"耳房""耳门"。汉字中由"耳"组成的汉字多与耳朵有关，如"聋""聪""聆""闻"。

二：指事字。《说文解字》：『二，地之数也，从偶一。』

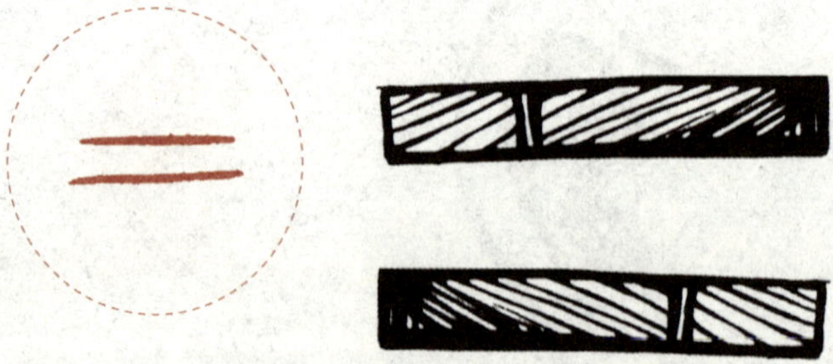

二

èr

二 古字形用两条等长的短线来表示。 本义是数字“二”，一加一所得，如《周易·系辞上》：“二人同心，其利断金。”引申为“两样”“不同”，如《后汉书》：“口不二价。”又引申为“不专一”“不忠诚”，如《管子》：“今彭生二于君。”

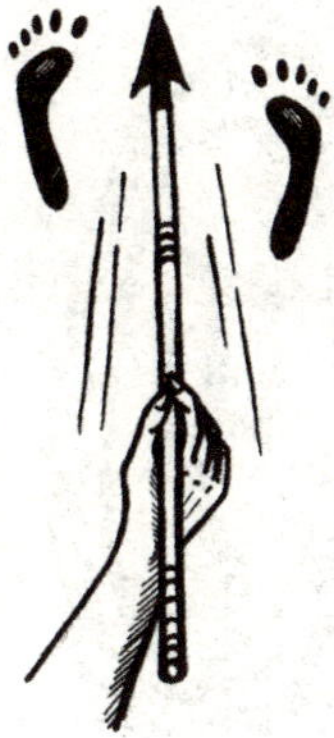

发：会意字。《说文解字》：「发，射发也。」

甲 金 篆 隶 楷

发(發)

fā/fà

古字形像手持箭迅速奔跑。本义是把箭射出去，如［汉］司马相如《子虚赋》："弓不虚发，中必决眦。"引申为"出发""启程"，如郦道元《三峡》："朝发白帝，暮到江陵。""发"读fà，是"髮"的简化字，本义是头发，如《孝经》："身体发肤，受之父母。"

乏：会意字。《说文解字》：『乏，《春秋传》曰：'反正为乏。'』

乏

fá

古字形是“正”字的反写，反“正”为“乏”。本义是不正，徐灏曰：“乏盖本为凡不正之称，后乃专以贫乏为义。”“乏”的常用义是“贫乏”，如《吕氏春秋》：“赐贫穷，赈乏绝。”高诱注：“行无资曰乏，居而无食曰绝。”引申为“缺少”“乏力”等义。”

伐

fá

古字形由“人”和“戈”构成，戈的长刃置于人的脖子上。本义是砍杀，如甲骨卜辞“伐三人”。引申泛指“砍”，如《国风·魏风·伐檀》：“坎坎伐檀兮。”由此引申为“攻打”“讨伐”，如《左传·庄公十年》：“十年春，齐师伐我。”

伐：会意字。《说文解字》：「伐，击也。从人持戈。」

罚：会意字。《说文解字》：「罚，罪之小者。」

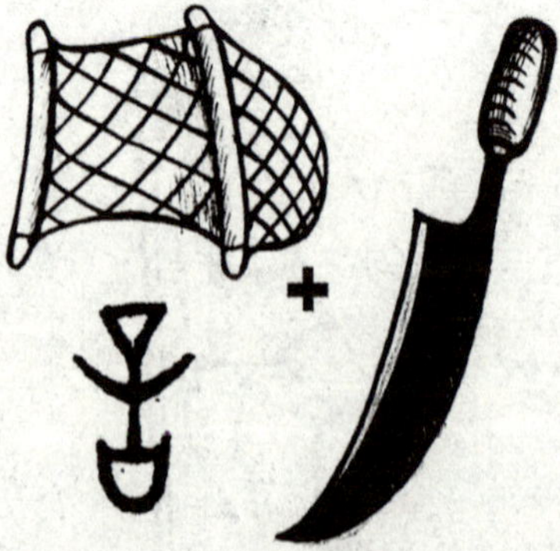

(罸)罚

fá

 金  篆  隶  楷

古字形由“网”（法网）、“言”（定罪）和“刀”（用刑）构成。 本义是过错、罪过，如《左传·成公二年》：“贪色为淫，淫为大罚。”引申为“惩治”“处罚”，如[三国·蜀]诸葛亮《前出师表》：“宫中府中，俱为一体，陟罚臧否，不宜异同。”

法：会意字。《说文解字》：「法，刑也。」

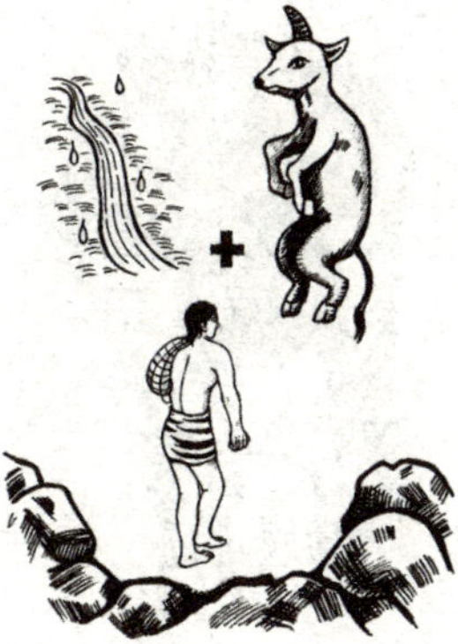

金 篆 隶 楷

法

fǎ

古字形右边是独角神兽，传说能“触不直（无理）者以去之”，左上为“水”，左下为“去”，表示执法如水平。本义是法律、法令，如《韩非子·有度》：“法不阿贵，绳不绕曲。”引申为“方法”，如《孙子兵法》：“用兵之法。”又引申为“效法”，如《商君书·更法》：“治世不一道，便国不必法古。”

番：象形字。《说文解字》："番，兽足谓之番。"

番

fān

古字形像兽足的爪。本义为兽类的脚掌，读fán。兽足交替前进，引申为“轮换”“更替”，如《北史·贺若弼传》：“请广陵顿兵一万，番代往来。”又引申用作量词，相当于“回”“次”，如庾信《咏画屏风》：“行云数番过，白鹤一双来。”

凡：象形字。《说文解字》：「凡，最括也。」

甲 金 篆 隶 楷

凡

fán

古字形像高圈足的盘子。本义是盘子，后来本义消失了，表示“总纲”“要略”，如《汉书·扬雄传下》：“请略举凡，而客自览其切焉。”引申为“总括一定范围内的全部”，如《礼记·中庸》：“凡事豫（预）则立，不豫（预）则废。”又引申为“总共”“平凡”等义。

樊：会意字。《说文解字》：『樊，鸷不行也。』

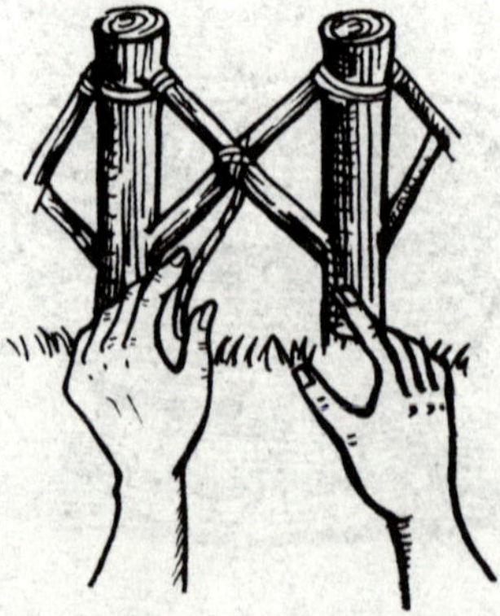

樊

fán

古字形像用双手将枝条编成篱笆。本义是篱笆，如《诗经·小雅·青蝇》：“营营青蝇，止于樊。”引申为“关鸟兽的笼子”，如《庄子·养生主》：“泽雉十步一啄，百步一饮，不蕲畜乎樊中。”

繁：会意字。《说文解字》：「繁，马髦饰也。」

 金  篆  隶  楷

繁

fán

古字形由“每”（女子头上的装饰物）和“糸”（一束丝）构成，表示女子头上的饰物多如丝。本义是女子头上的饰物多。引申为“众多”，如《荀子·富国》：“故不教而诛，则刑繁而邪不胜。”又引申为“复杂”，如［宋］沈括《梦溪笔谈》：“见简即用，见繁即变，此乃通术也。”

反：会意字。《说文解字》：「反，覆也。」

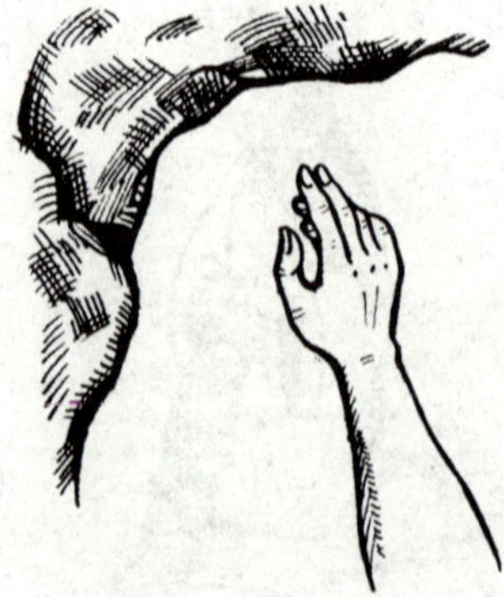

反

fǎn

古字形像用手攀援山崖而上。本义是攀登，引申为“翻转”，如《诗·周南·关雎》：“悠哉悠哉，辗转反侧。”又引申为“相反”，与“正”相对，如《庄子·秋水》：“知东西之相反。”“反”的本义后写作“攀”。

犯：会意字。《说文解字》："犯，侵也。"

金 篆 隶 楷

犯

fàn

古字形像狗扑向人。 本义是进攻、侵犯，如《国语》："水火之所犯，犹不可救，而况天乎？"引申为"触犯""冒犯"，如《左传·襄公十年》："众怒难犯，专欲难成。"又引申为"犯法""犯罪"，如《北齐书·祖珽传》："珽自知有犯，惊窜是常。"

方：象形字。《说文解字》：『方，并船也。』

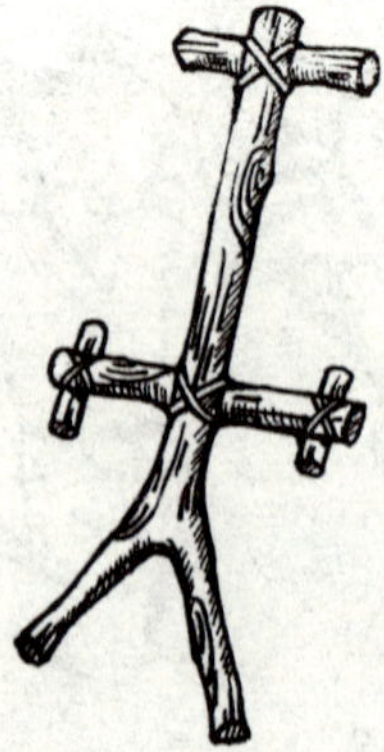

方

fāng

古字形像耒（lěi），古时一种耕地的农具。后假借为“方圆”的“方”，如《孟子·离娄上》：“不以规矩，不成方圆。”上古神话说天是圆的，地是方的，习惯上用“方”指“大地”，如《淮南子·本训》：“戴圆履方。”高诱注：“圆，天也；方，地也。”大地是四方形的，又引申为“方位”。

妃：会意字。《说文解字》：「妃，匹也。」

甲 金 篆 隶 楷

妃

fēi

古字形由“女”和“巳”（子）构成，表示为己生子的女子就是“妃”。本义是配偶，段玉裁注《说文》曰：“人之配偶亦曰匹。”后特指皇帝的姬妾、太子和王侯的妻子，如《汉书·外戚传上·卫太子史良娣》：“太子有妃，有良娣，有孺子，妻妾凡三等。”

非：象形字。《说文解字》：『非，违也。从飞下翅，取其相背。』

非

fēi

古字形像鸟向两侧伸展的翅膀。本义是飞，后这个意思由“飞”字分化了。由两翅相背引申为“违背”，如《论语》：“非礼勿视，非礼勿听，非礼勿言，非礼勿动。”又引申为“是非”的“非”，表示“不对”“错误”，如《礼记》：“是非不乱，则国家治。”

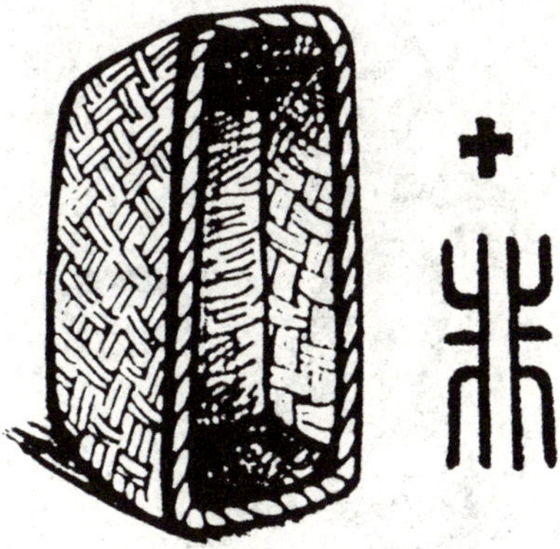

 金  篆  隶  楷

匪

fěi

古字形由“匚”（fāng）和“非”构成，“匚”表义，指一种竹筐子，“非”表声。本义为筐类竹器，如《孟子·滕文公下》：“其君子实玄黄于匪以迎其君子。”后被假借为否定副词“不”“不是”，如《周易》：“匪夷所思。”

匪：形声字。《说文解字》：『匪，（竹）器。似竹筐。从匚，非声。』

吠：会意字。《说文解字》：「吠，犬鸣也。」

吠

fèi

甲 金 篆 隶 楷

古字形由“犬”和“口”构成，本义是狗叫，如［晋］陶潜《归园田居》：“狗吠深巷中，鸡鸣桑树颠。”有一个成语叫“蜀犬吠日”，意思是说四川多雾，那里的狗不常见太阳，据传每逢日出狗都要叫，比喻少见多怪。

分

fēn

古字形外面是“八”，中间是“刀”，表示用刀把一个东西剖开就是“分”。本义是分开，如《周易·系辞上》：“方以类聚，物以群分。”引申为“分辨”，如《论语·微子》：“四体不勤，五谷不分。”

分：会意字。《说文解字》：『分，别也。从八从刀，刀以分别物也。』

焚：会意字。《说文解字》：「焚，烧田也。」

焚

fén

古字形上部是“林”，下部是“火”，表示火烧山林，古时常焚烧山林以耕作或打猎。本义是烧，如《孟子·滕文公上》：“舜使益掌火，益烈山泽而焚之，禽兽逃匿。”又如《淮南子·本经训》：“焚林而畋，竭泽而渔。”

奋：会意字。《说文解字》：「奮，从奞在田上。」

 金  篆  隶  楷

奋（奮）

fèn

 古字形像一只鸟挣开束缚，振翅欲飞，在田野上。 本义是鸟振翅高飞，如古诗十九首《西北有高楼》：“愿为双鸿鹄，奋翅起高飞。”引申为“举起”，如［汉］贾谊《过秦论》：“奋臂于大泽而天下响应。”又引申为“振作”，如《淮南子》：“人莫不奋于其所不足。”

粪：会意字。《说文解字》：「粪，弃除也。」

(糞)粪

fèn

古字形像一只手拿着扫帚，一只手拿着簸箕把秽物倒掉。本义是扫除，如《左传·昭公三年》：“小人粪除先人之敝庐。”后引申为“粪便”，如贾思勰《齐民要术·耕田》：“其美与蚕矢（屎）熟粪同。”

丰：会意字。《说文解字》：『豐（丰），豆之豐满者也。』

 甲  金  篆  隶  楷

丰(豐)

fēng

是“豐”的简化字，古字形像“豆”（盛食物的器皿）中放着两束庄稼。 本义是丰盛，如《淮南子》：“故礼丰不足以效爱，而诚可以怀远。”在古代本来就有“丰”字，古字形像一棵生长茂盛的树置于土堆上，象形，本义为草木茂盛，《说文》：“丰，草盛丰丰也。”

封：会意字。《说文解字》：『封，爵诸侯之土也。……公侯百里，伯七十里，子男五十里。』

封
fēng

古字形像用手将树苗栽种于土堆上。本义是堆土植树，如《左传·昭公二年》：“封殖（植）此树。”上古各诸侯国国境植树为界，引申为“疆界”“田界”，如《左传·僖公三十年》：“（晋）又欲肆其西封。”后帝王赐爵位和称号也叫“封”。

凤：象形字。《说文解字》：『凤，神鸟也。』

甲 金 篆 隶 楷

凤（鳳）

fèng

古字形像高冠、花翎、长尾的鸟。本义是雄凤，传说中的神鸟。古代传说中的百鸟之王，羽毛美丽，雄的叫凤，雌的叫凰，通称凤凰，民间常用来象征祥瑞。《礼记·礼运》：“麟、凤、龟、龙，谓之四灵。”

奉：会意字。《说文解字》：『奉，承也。』

奉

fèng

古字形像双手捧着萌发的草木。本义是捧，如《韩非子·和氏》：“奉而献之厉王。”引申为“进献”，《周礼·地官·大司徒》：“祀五帝，奉牛牲。”又引申为“供给”“供养”，如老子《道德经》：“损不足以奉有余。”“奉”的本义后写作“捧”。

缶

fǒu

古字形像一个器皿，上部是盖子。本义是盛酒的瓦器，如《礼记·礼器》：“五献之尊，门外缶，门内壶。”引申泛指汲水、盛物的瓦器，如《左传·襄公九年》：“具绠（gěng绳子）缶，备水器。”汉字中由“缶”组成的字大都与瓦器有关，如“缸”“罐”“罄”。

缶：象形字。《说文解字》：「缶，瓦器，所以盛酒浆。」

夫：象形字。《说文解字》：『夫，丈夫也。』

夫

fū

古字形像一个站立的人，头上插着簪子。古代男子二十行加冠礼，用簪子把头发束起来，表示成年。 本义是成年男子，《孟子·梁惠王下》：“内无怨女，外无旷夫。”又特指“女子的配偶”，如《孟子·梁惠王下》：“老而无夫曰寡。”

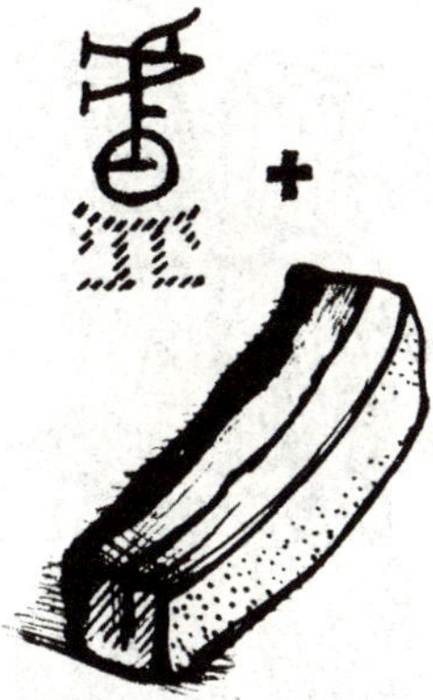

肤：形声字。《说文解字》：「肤，皮也。」

肤（膚）

fū

古字形由“月”（肉）和“盧”（lú）构成，前者表义，后者表声。本义是人体的表皮，如《诗·卫风·硕人》：“手如柔荑，肤如凝脂。”引申为“表面的”“浅薄”，如［晋］范宁《春秋梁传集解·序》：“释《谷梁传》者，虽近十家，皆肤浅末学，不经师匠。”

弗：会意字。《说文解字》：『弗，矫也。』

弗

fú

甲 金 篆 隶 楷

古字形像用绳索把两个不直的物体绑在一起，使变直。

本义是矫正，后来本义消失了。“弗”在古籍中被假借为否定副词，相当于“不”，如《庄子·秋水》：“至德者，火弗能热，水弗能溺，寒暑弗能害，禽兽弗能贼。”

伏：会意字。《说文解字》：「伏，司（伺）也。」

金 篆 隶 楷

伏

fú

古字形像狗趴在人后伺机袭击。本义是趴下，如《礼记·曲礼上》："寝毋伏。"引申为"身体前倾靠在物体上"，如《庄子·渔父》："孔子伏轼而叹。"又引申为"隐藏"，如《老子》："祸兮福之所倚，福兮祸之所伏。"

凫：会意字。《说文解字》：“凫，舒凫，鹜也。”

(鳧)凫

fú

古字形由“鸟”和“勹”（短羽鸟飞貌）构成。本义是野鸭，如《诗经·郑风·女曰鸡鸣》：“将翱将翔，弋凫与雁。”［五代］马缟《中华古今注·凫》：“常在海边沙上，食砂石皆消烂；惟食海蛤不消，随其矢出，用为药，倍胜者也。”

扶：会意字。《说文解字》：「扶，左（助）也。」

甲 金 篆 隶 楷

扶

fú

古字形像一个人伸手扶人的样子。本义是搀扶，如［西汉］刘向《战国策·齐策四》：“民扶老携幼，迎君道中。”引申为“用手支撑使不倒或起来”，如《荀子·劝学》：“蓬生麻中，不扶而直。”又引申为“帮助”“拄着”等义。

孚：会意字。《说文解字》：「孚，卵孚也，从爪从子。一曰信也。」

孚

fú

古字形由“爪”和“子”构成，表示捉住一个人。本义是俘虏，后此义项被“俘”分化。由于古代交换是要讲信用的，所以引申为“令人信服”，如《左传·庄公十年》：“小信未孚，神弗福也。”“信服”之义沿用至今，如“深孚众望”。

服：会意字。

 甲  金  篆  隶  楷

服

fú

古字形像一只手按住一个跪着的人的头部，表示令其服从。 本义是降服，如《韩非子·二柄》：“夫虎所以能服狗者，爪牙也。”引申为“服从”，如《荀子·王制》：“甲兵不劳而天下服。”又引申为“信服”“服装”等义。

福：会意字。《说文解字》：『福，祐也。』

福

fú

古字形像双手捧着酒坛献于祭台（示），表示求神赐福。

本义为保佑，如《左传·庄公十年》：“小信未孚，神弗福也。”又表示“五福”，《书·洪范》：“五福：一曰寿，二曰富，三曰康宁，四曰攸好德，五曰考终命。”引申为“幸福”，与“灾祸”相对，如《老子》：“祸兮福之所倚，福兮祸之所伏。”

甫：象形字。《说文解字》：“甫，男子美称也。”

甲 金 篆 隶 楷

甫

fǔ

古字形像田中生苗。本义是苗圃，后写作“圃”。由幼苗开始生长之意引申为“刚”“才”，如“年甫八岁”。“甫”通“父”，古代对男子的美称，加在表字后面，如孔丘字仲尼，也称仲尼甫或尼甫。后尊称别人的表字为“台甫”。

府：会意字。《说文解字》："府，文书藏也。"

府

fǔ

古字形由“广”（房屋）、“贝”（钱财）和“付”（交付）构成。本义是储藏财物或文书的地方，如《汉书·郊祀志上》：“史书而藏之府。”引申为“官府”，如诸葛亮《出师表》：“宫中府中，俱为一体。”对别人住所的尊称也为“府”。

金 篆 隶 楷

釜

fǔ

古字形由“缶”和“父”构成，前者表义，后者表声。

本义是古代的一种炊具，小口大腹无足，类似现在的锅。［三国·魏］曹植《七步诗》：“煮豆燃豆萁，豆在釜中泣。”

父：会意字。《说文解字》：『父，矩也，家长率教者。』

父

fù

甲 金 篆 隶 楷

古字形像手持石斧。手持石斧从事劳作的男子即为“父”。后专指“父亲”，如《管子·大匡》：“知子莫若父。”又引申为对男性长辈的通称，如《史记·项羽本纪》：“楚左尹项伯者，项羽季父也。”汉字中由“父”组成的字多与父亲、长辈有关，如“爸”“爹”“爷”等。

付：会意字。《说文解字》：『付，与也。从寸，持物对人。』

甲 金 篆 隶 楷

付

fù

古字形像手持物给人。 本义是给予，如《尚书·梓材》：“皇天既付中国民越厥疆土于先王。”引申特指“付钱”，《儒林外史》：“当下付了茶钱，出门来，彼此散了。”

妇：会意字。《说文解字》："妇，服也。从女持帚，洒扫也。"

(婦)妇 fù

古字形像一个女子手拿着扫帚在打扫，表示操持家务。

本义是已婚的女子，如《商君书·画策》："男耕而食，妇织而衣。"又特指"妻子"，与"夫"相对，如古乐府《陌上桑》："使君自有妇，罗敷自有夫。"

甲 金 篆 隶 楷

阜

fù

古字形像一层高于一层的土山，也像供人拾级而上的山阶。本义是土山，如《诗·小雅·天保》：“如山如阜，如冈如陵。”引申为“盛多”“丰厚”，如“物阜民丰”。“阜”做偏旁时写作“阝”，构成的字多与山有关，如“陵”“陡”“陆”“障”等。

阜：象形字。《说文解字》：『阜，大陆，山无石者。』

复：会意字。《说文解字》：「复，往来也。」

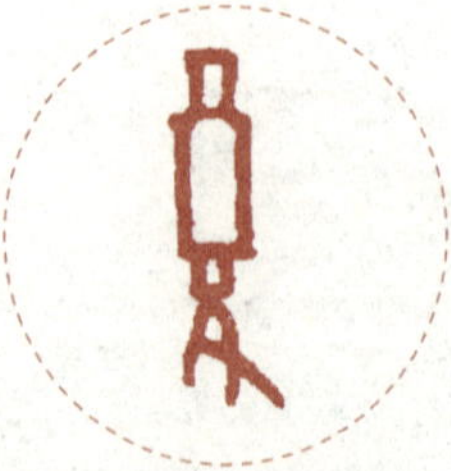

（復）复

fù

甲 金 篆 隶 楷

古字形上部像两端有出入口的村邑，下部是一只脚，表示来到这里又离开。本义是“返回”“回来”，如《易·泰》：“无往不复。”引申为“报复”，如《左传·定公四年》：“我必复楚国。”后又当“回答”讲，如《史记·司马相如传》：“王辞而不复。”

富：会意字。《说文解字》：『富，备也；一曰厚也。』

金 篆 隶 楷

富

fù

古字形像房屋里有一个酒坛，表示家中生活富足。本义是财物多，如《论语》：“不义而富且贵，于我如浮云。”引申泛指“多”“丰盛”，如［清］袁枚《黄生借书说》：“有张氏藏书甚富。”

改：会意字。《说文解字》：「改，更也。」

改

gǎi

古字形像手执鞭鞭打跪着的小孩，要他改正过错。本义是“改变”“更正”，如《易经》：“君子以见善则迁，有过则改。”又如《左传·宣公二年》：“人谁无过，过而能改，善莫大焉。”

干：象形字。《说文解字》：「干，犯也。」

干

gān

古字形像带杈的木棍，是一种原始武器。本义是武器，如《韩非子·五蠹》："执干戚（古代像大斧头的武器）舞。"现还有"大动干戈"的成语。引申为"干犯""干扰"等义。"干"又被借用以表示"天干"。简化汉字时将"干""乾""幹"合并简化为"干"。

甘：指事字。《说文解字》：『甘，美也。从口含一。』

甘

gān

古字形外部是“口”，当中的短横是指事符号，表示舌头的位置。 本义是甜，如《诗经·邶风·谷风》：“谁谓荼苦？其甘如荠。”引申为“美味”，如《韩非子》：“甘肥周于堂。”又引申为“甘愿”，如鲁迅《自嘲》：“俯首甘为孺子牛。”

敢：会意兼形声字。《说文解字》：「敢，进取也。」

敢

gǎn

古字形像一只手去抓猛兽，“甘”表声。本义是有勇气、有胆量，如《荀子》：“刚毅勇敢不以伤人。”引申为“有胆量做某事”，如《史记·魏公子列传》：“吾攻赵旦暮且下，而诸侯敢救者，已拔赵，必移兵先击之。”

刚：会意字。《说文解字》：「刚，强断也。」

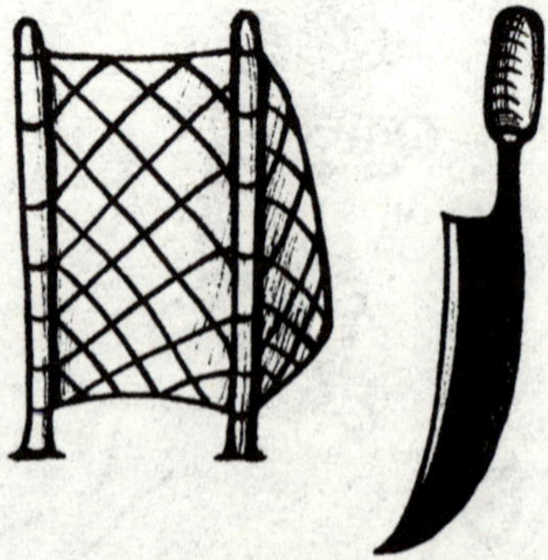

(剛)刚 gāng

古字形由“刀”和“网”构成，表示以刀断网。本义为坚利，如《诗·小雅·采薇》：“采薇采薇，薇亦刚止。”引申为“坚硬”“坚强”，与“柔”相对，如《易经》：“乾刚坤柔。”后用作副词，相当于“才”“仅仅”“恰好”。

甲 金 篆 隶 楷

高

gāo

古字形像一座高大的楼阁，上部是尖顶，中部是城楼，下层建筑中间还有一扇门。用高楼来表示“高”，与“低”相对，如《诗经·大雅·卷阿》：“凤凰鸣矣，于彼高冈。”  引申指“高度”，如《列子·汤问》：“太行、王屋二山，方七百里，高万仞。”

高：象形字。《说文解字》：『高，崇也。象台观高之形。』

羔：会意字。《说文解字》：『羔，羊子也。』

羔

gāo

甲 金 篆 隶 楷

古字形上部是“羊”，下部是“火”，表示用火烤羊，小羊宜烤食。本义是小羊，《诗经》毛传说：“小曰羔，大曰羊。”引申泛指幼小的动物，如“兔羔”“狼羔”“鹿羔”。

杲：会意字。《说文解字》：「杲，明也。从日在木上。」

杲

gǎo

杲古字形由“日”和“木”构成，表示太阳已经升到树顶上，这时天空明亮。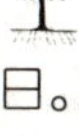 本义是明亮，如《诗·卫风·伯兮》：“其雨其雨，杲杲出日。”又如［三国·魏］曹植《橘赋》：“禀太阳之烈气，嘉杲日之休光。”

告：会意字。《说文解字》：『告，牛触人，角著横木，所以告人也。』

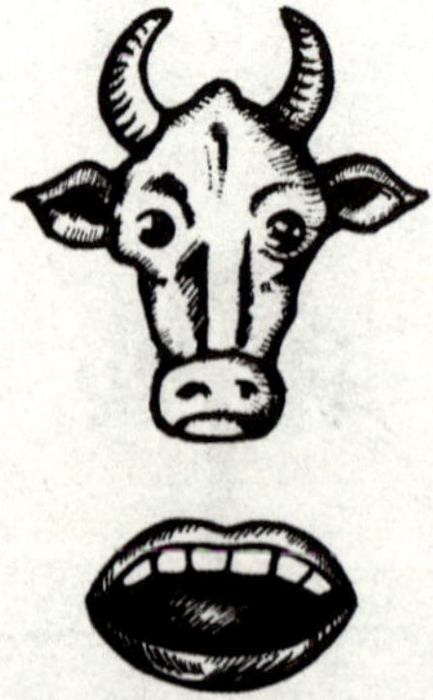

告 gào

甲 金 篆 隶 楷

古字形由“牛”和“口”构成，表示以牛为牺牲品向神明祭告。本义是“上报”“报告”，如《尚书》：“敢敬告天子。”引申泛指“告诉”，如《左传·隐公元年》：“公语之故，且告之悔。”又引申为“告发”“控告”“请求”等义。

戈

gē

古字形像长柄横刃的兵器。本义是古代的一种兵器，如《荀子·议兵》：“古之兵，戈、矛、弓、矢而已矣。”汉字中由“戈”组成的字大都与兵器、战争有关，如“戟”“战”“戎”“戍”等。

戈：象形字。《说文解字》：『戈，平头戟也。』

革：象形字。《说文解字》：『革，兽皮治去其毛曰革。』

革

gé

古字形像剥下来的兽皮，上像头，下像尾，中间像兽身和加工兽皮的两只手。 本义是去毛的兽皮，如《诗经·召南·羔羊》：“羔羊之革。”汉字中由“革”组成的字大都与皮革有关，如“靴”“鞋”“鞭”等。

各：会意字。《说文解字》：「各，异辞也。」

 甲  金  篆  隶  楷

各

gè

古字形上部是一只脚，下部像一个洞口，表示人从外面走到洞口。本义是到来，已经消失。“各”被借用为代词，表示“每个”，如《尚书》：“各守尔典，以承天休。”又被借用为副词，表示“各自”，如“各抒己见”“各执一词”。

更：形声字。《说文解字》："更，改也。"

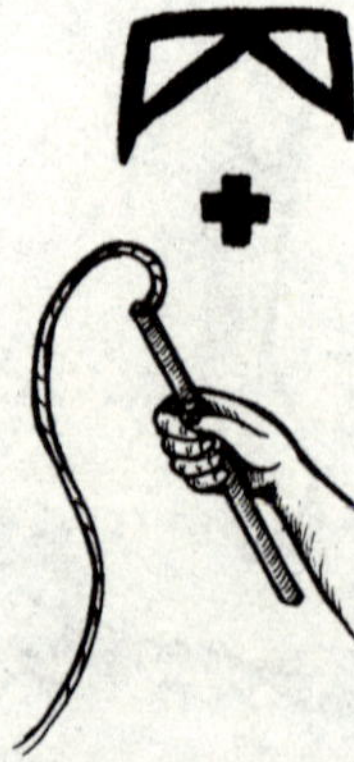

更
gēng

古字形上部是“丙”，表声，下部像手握鞭子，表示用鞭子教训人，使改正。本义是“改变”“改换”，如《左传·昭公三年》：“景公欲更晏子之宅。”汉代宫中值夜分五个班次，按时更换，所以引申指“古代夜间计时单位，一夜分为五更，每更约两小时”。

甲 金 篆 隶 楷

庚

gēng

古字形一说像有耳可摇的乐器。本义待考。后被借用为天干的第七位，与地支相配，用以纪年、月、日。过去星相术士算命的时候，把人的出生年、月、日、时各用干支来表示，共用八个干支字，俗称八字，人们习惯称作“庚甲”。庚甲，也称年庚，也作年岁的代称。庚甲简称庚，于是“庚”也当“年龄”讲。

庚：象形字。《说文解字》：“庚，位西方，象秋时万物庚庚有实也。”

工：象形字。《说文解字》：“工，巧饰也，象人有规矩也。”

工

gōng

古字形像斧头之类的工具。本义是工具，引申为手持工具干活的人，如《论语·卫灵公》：“工欲善其事，必先利其器。”引申为“精巧”“精细”，如［唐］韩愈《进学解》：“子云相如，同工异曲。”又引申为“擅长”，如“工书善画”“工于心计”。

弓：象形字。《说文解字》：「弓，以近穷远。」

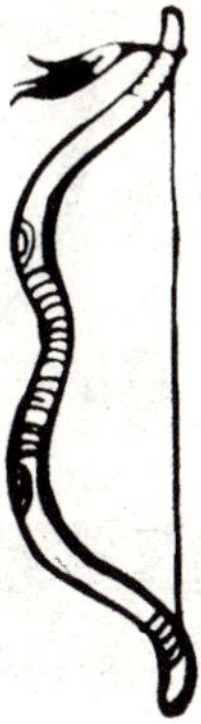

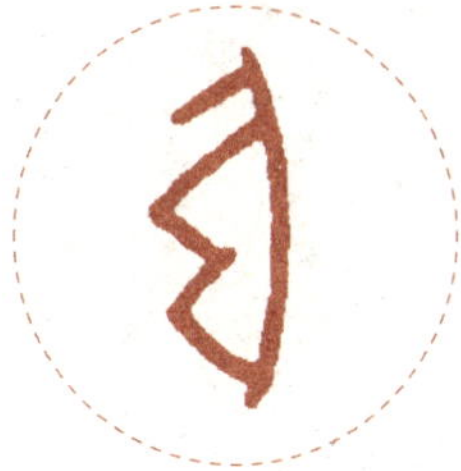

弓
gōng

古字形像一张弓。 本义是发射箭或弹丸的器具，如《诗·小雅·吉日》：“既张我弓，既挟我矢。”弓的形状是弯曲的，引申为“弯曲”“使弯曲”，如“前腿弓，后腿蹬”“弓腰”。汉字中由“弓”组成的字大都与弓、弯曲有关，如“弩”“张”“弛”“弧”等。

公：会意字。《说文解字》：『公，平分也。』

公
gōng

甲 金 篆 隶 楷

古字形由“八”（分）和“口”（器皿）构成，表示平分器皿中的东西。本义是平分，引申为“公平”，如《吕氏春秋》：“外举不避仇，内举不避子，祁黄羊可谓公矣。”又引申为“公有”，与“私”相对，如《礼记·礼运》：“大道之行也，天下为公。”

肱：指事字。《说文解字》：『肱，臂上也。』

甲 金 篆 隶 楷

肱

gōng

古字形像一条手臂，小圆弧是指事符号，表示肱部所在。

本义是胳膊上从肩到肘的部分，如《论语·述而》："饭疏食，饮水，曲肱而枕之，乐亦在其中矣。"引申泛指"胳膊"。

宫：象形字。《说文解字》：『宫，室也。』

宫

gōng

古字形是两个相连的方块，像俯视的房屋形，后加上表示屋宇的义符“宀”，表义就更明确了。本义是房屋，如《易·困》：“入于其宫，不见其妻。”秦以后专指“帝王的宫殿”，如《史记·秦始皇本纪》：“作宫阿房，故天下谓之阿房宫。”

龚：会意字。《说文解字》：「龚，给也。」

甲 金 篆 隶 楷

龚（龔）

gōng

古字形像双手向着一条龙高高举起，表示恭敬，是“恭”的本字。《睡虎地秦墓竹简·为吏之道》：“一曰中（忠）信敬上，……五曰龚敬多让。”引申为“供给”，[唐] 柳宗元《武冈铭》：“奉职输赋，进比华人，无敢不龚。”又用作姓，《姓谱》：“龚之先共氏，避难加龙为龚。”

巩：会意字。《说文解字》：『巩，抱也。』

(鞏)巩

gǒng

古字形像一个跪着的人，举起双手握着工具在劳动。

本义是“举”或“抱持”。小篆加“革”写作“鞏”，“鞏”是后起的分化字，意为“用皮革束物使之牢固”，引申为“牢固”“坚固”。“鞏”简化为“巩”，是恢复古本字。

共：会意字。《说文解字》："共，同也。"

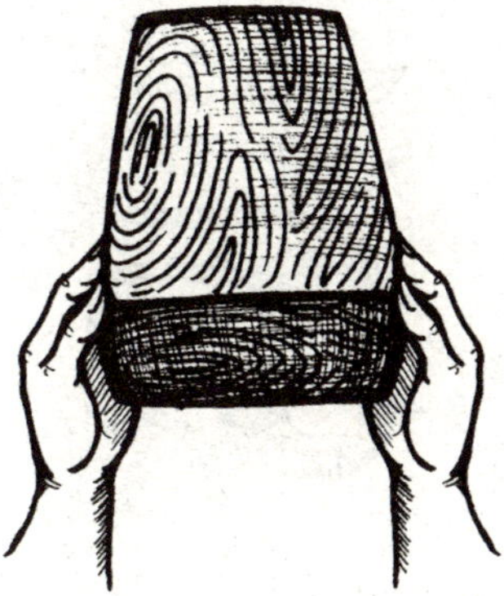

共

gòng

古字形像双手捧物，表示供奉、供给。本义是“供奉”“供给”，后写作“供”。双手捧物是两手共举一物，引申为“一起承受或从事”，如《论语·公冶长》：“愿车马，衣轻裘，与朋友共。”又引申为“共同”“一同”“总共”等义。

苟：形声字。《说文解字》：『苟，草也。从艸，句声。』

苟

gǒu

篆 隶 楷

古字形由“艸”（艹）和“句”（勾的本字）构成，前者表义，后者表声。本义为草名，已消失。被假借用以表示“随便”“马虎”，如《论语·子路》：“君子于其言，无所苟而已矣。”又用作连词，表示“如果”“假设”，如《史记·陈涉世家》：“苟富贵，勿相忘。”

遘：会意字。《说文解字》：「遘，遇也。」

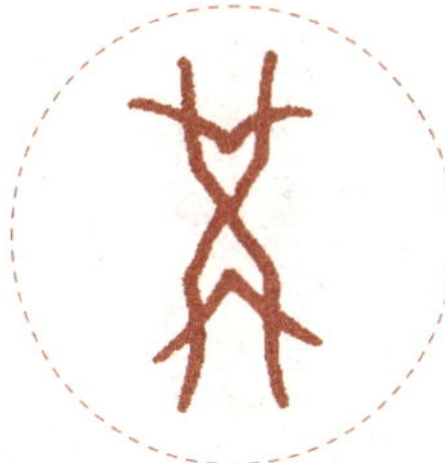

遘

gòu

古字形像上下两鱼。头对头，相遇。 本义为“相遇、遭遇”，［晋］潘岳《寡妇赋》：“何遭命之奇薄兮，遘天祸之未悔。”

古：会意字。《说文解字》：『古，故也。』

古

gǔ

甲 金 篆 隶 楷

古字形上部像盾形（表示战争），下部像口形（表示讲述），追述过去的战事。本义是古代，与“今”相对，如［汉］贾谊《论积贮疏》：“民不足而可治者，自古及今，未之尝闻。”引申为“古朴”，如［宋］陆游《老学庵笔记》：“有老道人状貌甚古，铜冠绯氅。”

谷：会意字。《说文解字》：『谷，泉出通川为谷。』

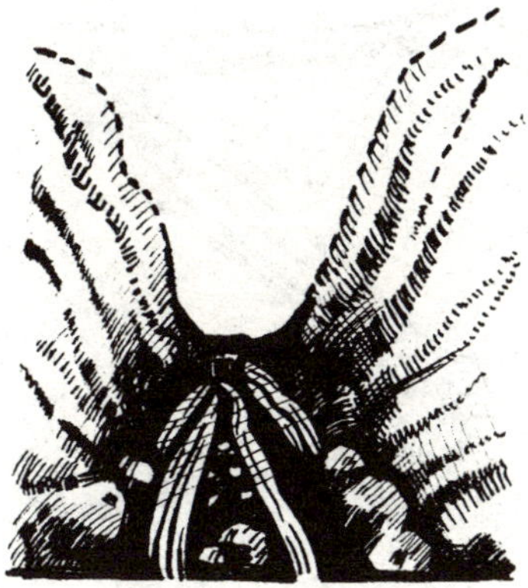

谷

gǔ

古字形上部像水流，下部像山口，表示水从山口流出。

本义为山谷，如《诗·小雅·十月之交》：“高岸为谷，深谷为陵。”“谷”“穀”原是两个不同的字，“穀”的本义是谷物，在先秦古籍中就有以谷代穀的例子，现将“谷”作为“穀”的简化字。

骨：象形字。《说文解字》：『骨，肉之实也。』

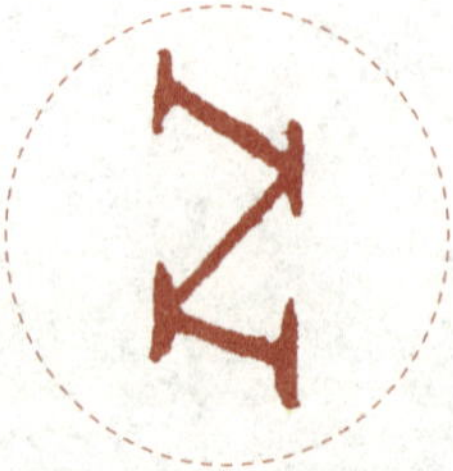

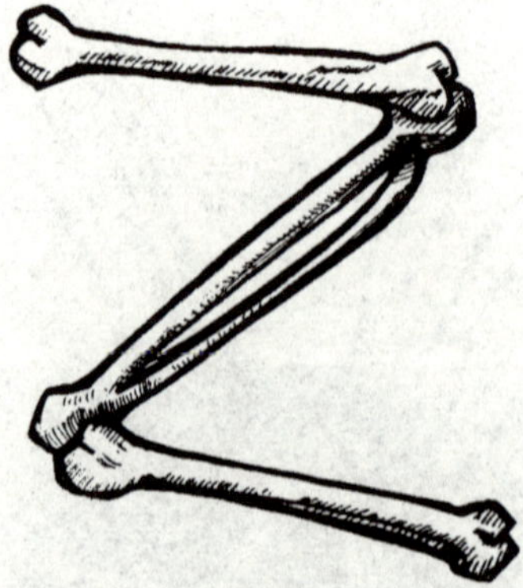

骨

gǔ

古字形像骨架相互支撑的样子，左右的小竖画表示骨节两端突出的地方。本义是骨头，如《左传·襄公二十二年》：“所谓生死而肉骨也。”引申为“比喻诗文雄浑有力的艺术风格”，如［唐］李白《宣州谢朓楼饯别校书叔云》：“蓬莱文章建安骨。”

蛊：会意字。《说文解字》：「蛊，腹中虫也。」

蛊（蠱）

gǔ

古字形像虫子放在器皿中。古代传说把许多毒虫放在同一器皿中，使互相吞食，最后剩下不死的毒虫叫蛊，可用来毒害人。本义是人工培育的毒虫，如《周礼·秋官·庶氏》："庶氏掌除毒蛊。"

鼓：会意字。《说文解字》："鼓，击鼓也。"

鼓

gǔ

甲 金 篆 隶 楷

古字形像手握鼓槌击鼓，鼓的中间是鼓面，上面像装饰物，下面像支架。本义是击鼓，如《左传·庄公十年》："一鼓作气，再而衰，三而竭。"用作名词，指打击乐器鼓，如《诗·小雅·彤弓》："钟鼓既设，一朝飨之。引申为"弹奏"等义。

 金  篆  隶  楷

瓜

guā

古字形像藤蔓上结出一个瓜的样子。本义是瓜类植物，如《诗经·豳风·七月》：“七月食瓜，八月断壶。”汉字中由“瓜”做部首的字多与瓜有关，如“瓠”“瓢”“瓣”等。

寡：会意字。《说文解字》：『寡，少也。』

寡

guǎ

金 篆 隶 楷

古字形像一个人独居屋中。本义是少，如《商君书·农战》："农者寡而游食者众，故其国贫危。"引申指"妇女死了丈夫"，如《孟子·梁惠王下》："老而无夫曰寡。"又引申为"古代君主的自称"，如"寡人"。

关：会意字。《说文解字》：「关，以木横持门户也。」

关（關）

guān

古字形像门上挂着门闩。本义是门闩，如《左传·襄公二十三年》："臧纥（人名）斩鹿门之关以出。"引申为"关闭"，如陶渊明《归去来兮辞》："门虽设而常关。"又引申为"古代设在险要地方的守卫处所"，如［唐］李白《蜀道难》："一夫当关，万夫莫开。"

官：会意字。《说文解字》：『官，吏事君也。』

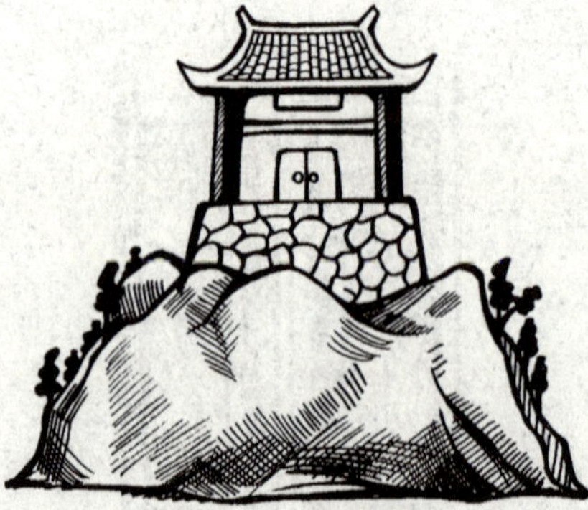

官

guān

甲　金　篆　隶　楷

古字形像屋子坐落在小山上。本义是馆舍，后写作“馆”。引申为“官府”，如［唐］柳宗元《童区寄传》：“愿以闻于官。”又引申为“官吏”，如《易经》：“百官以治，万民以察。”

篆 隶 楷

冠

guān/guàn

古字形像用手将帽子戴在头上。本义是帽子，读guān，如屈原《楚辞·渔父》："新沐者必弹冠，新浴者必振衣。"用作动词，表示"戴帽子"，读guàn。古代男子20岁时举行冠礼，结发戴冠，表示成年。

贯：会意字。《说文解字》：『贯，钱贝之贯。』

（貫）贯
guàn

 古字形像绳子穿过钱币。 本义是古代穿钱的绳子，如《史记·平准书》：“京师之钱累巨万，贯朽而不可校。”引申泛指“穿过”，如《左传·鞍之战》：“自始合，而矢贯余手及肘。”又用作量词，古代用绳子穿一千个铜钱为一贯。

盥：会意字。《说文解字》：「盥，澡手也。」

甲 金 篆 隶 楷

盥
guàn

古字形像水倒在手上，下面用器皿接着。本义是洗手，如［汉］王充《论衡》：“沐者，去首垢也；洗，去足垢；盥，去手垢；浴，去身垢。”后世洗脸洗手均称为“盥”。

光：会意字。《说文解字》：『光，明也。从火在人上，光明意也。』

光
guāng

甲 金 篆 隶 楷

古字形像一个跪坐的人头上有一团火，表示火给人类带来了光明。本义是明亮，如屈原《楚辞·九章·涉江》：“吾与天地兮比寿，与日月兮齐光。”用作名词，指“光亮”，如［汉］刘歆《西京杂记》：“衡乃穿壁引其光，以书映光而读之。”

广：形声字。《说文解字》：「广，殿之大屋也。」

甲 金 篆 隶 楷

广（廣）

guǎng

原作“廣”，古字形从“宀”（房屋），黄声。本义是四周没有墙壁的大屋。引申为“广大”“宽阔”，如《诗经·卫风·河广》：“谁谓河广？一苇杭（航）之。”汉字中由“广”组成的字多与房屋有关，如“店”“庙”“库”“府”“庭”等。

归：形声字。《说文解字》：『归，女嫁也。』

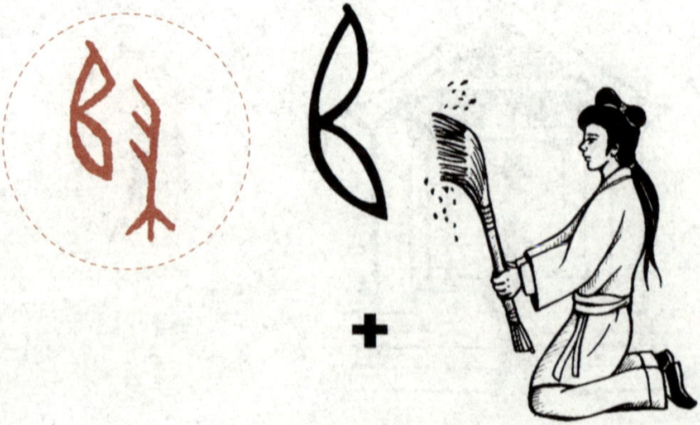

（歸）归 guī

古字形由“帚”（表义）和“𠂤”（duī，表声）构成。“帚”表示“婦”（妇）省掉“女”，女嫁则为归。本义是女子出嫁，如《诗·周南·桃夭》：“之子于归，宜其室家。”引申为“返回”，如刘邦《大风歌》：“威加海内兮归故乡。”又引申为“归还”，如“完璧归赵”“物归原主”。

 甲  金  篆  隶  楷

龟（龜）

guī

 古字形像一只乌龟，有的是侧视形，有的是俯视形。

 本义是乌龟，如《礼记·礼运》：“麟、凤、龟、龙，谓之四灵。”龟的寿命长，常被作为福寿的象征。古人用龟甲占卜吉凶。

龟：象形字。《说文解字》：『龟，旧也，外骨内肉者也。』

鬼：象形字。《说文解字》：“鬼，人所归为鬼。”

鬼

guǐ

甲 金 篆 隶 楷

古字形下部像一个人，上部像一个可怕的大脑袋。本义是人死后离开形体而存在的灵魂，如《礼记·祭义》：“众生必死，死必归土，此之谓鬼。”汉字中由“鬼”做部首的字多与鬼神有关，如“魂”“魄”“魔”等。

贵：会意字。《说文解字》：“贵，物不贱也。”

甲　金　篆　隶　楷

贵（貴）

guì

古字形像双手捧土，土地能生长万物，是最宝贵的。

本义是价格高，与“贱”相对，如《汉书·食货志下》：“钱益多而轻，物益少而贵。”引申为“价值大”，如《论语》：“礼之用，和为贵。”又引申为“以……为贵”“地位高”等义。

国：会意字。《说文解字》：『国，邦也。』

(國)国

guó

 甲  金  篆  隶  楷

原作“或”，古字形像以戈守卫城池，上下两横表示守卫区域的疆界。后“或”被借为指示代词，另加“口”写作“國”，简化为“国”。“国”的本义是邦国，如《周礼·天官·大宰》：“大宰之职，掌建邦之六典，以佐王治邦国。”后主要指“国家”。

甲 金 篆 隶 楷

果

guǒ

古字形像树上结了果实。本义是植物的果实，如《管子·四时》：“时雨乃降，五谷百果乃登。”引申为“事情的结局”，与“因”相对，如《梁书》：“贵贱虽复殊途，因果竟在何处？”

果：象形字。《说文解字》：『果，木实也。从木，象果形在木之上。』

亥：象形字。

亥

hài

甲 金 篆 隶 楷

古字形像一头猪。本义是猪，已经消失。早期古文字“亥”和“豕”是一个字，后分化为两个字，“豕”指猪，“亥”被借为“地支的第十二位”，与天干相配，用以纪年、月、日。“亥”在十二生肖中代表猪，仍可以看出其本义。

函：象形字。《说文解字》：“函，舌也。”

函

hán

古字形像箭袋里插着箭，箭袋外有小耳，可以钩挂。

本义是箭袋，引申为“匣子”“封套”，如《晋书·张华传》：“掘狱屋基，入地四丈餘，得一石函。”古代寄信用木函，故又指“信件”，如《三国志·魏书·刘晔传》：“（曹操）每有疑事，辄以函问晔。”

寒：会意字。《说文解字》：『寒，冻也。』

寒

hán

古字形外部是房屋，屋内是一个人，脚下有冰，周围有草，表示人在屋中用草御寒。本义是冷，如《荀子·劝学》："冰水为之而寒于冰。"引申为"寒冷的季节"，如《周易·系辞下》："寒往则暑来，暑往则寒来，寒暑相推而岁成焉。"

好：会意字。《说文解字》：『好，美也。』

甲　金　篆　隶　楷

好

hǎo

古字形由“女”和“子”构成，古代认为以多子女的母亲为“好”。一说本义是女子貌美，如《战国策·赵策三》：“鬼侯有子（女儿）而好。”引申为“友好”，如《诗经·小雅·常棣》：“妻子好合，如鼓瑟琴。”

禾：象形字。《说文解字》：「禾，嘉谷也。」

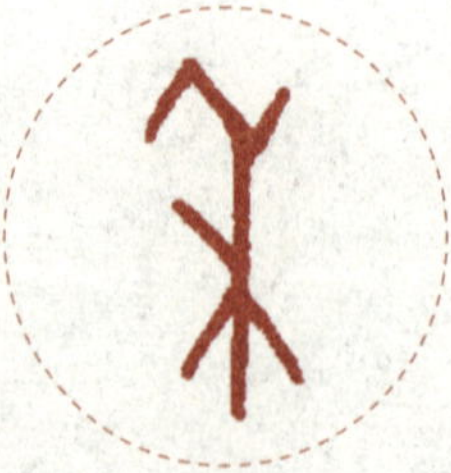

禾

hé

甲 金 篆 隶 楷

 古字形像一颗穗子下垂的谷物。 本义是谷子，如《诗·豳风·七月》："禾麻菽（豆类）麦。"引申特指"谷类作物的幼苗"，如［唐］李绅《悯农》："锄禾日当午，汗滴禾下土。"汉字中以"禾"做部首的字多与农作物有关，如"稻""秧""秆""穗"等。

合：会意字。《说文解字》：「合，合口也。」

合

hé

古字形上部像盖子，下部像容器，表示容器和盖子相合。

本义是闭合，如《战国策·燕策二》：“蚌方出曝，而鹬啄其肉，蚌合而拑其喙。”引申为“聚合”，如［宋］苏轼《水调歌头》：“人有悲欢离合。”

何：象形字。《说文解字》：『何，担也。』

何

hé

甲 金 篆 隶 楷

“何”的古字形像一个人肩上扛着东西。本义是担、扛，如《诗经·曹风·候人》：“何戈与祋（duì，古代兵器）。”后“何”被假借为疑问代词，表示“什么”“哪里”“为什么”，由代词又引申出副词的用法，表示感叹，相当于“多么”。本义后写作“荷（hè）”。

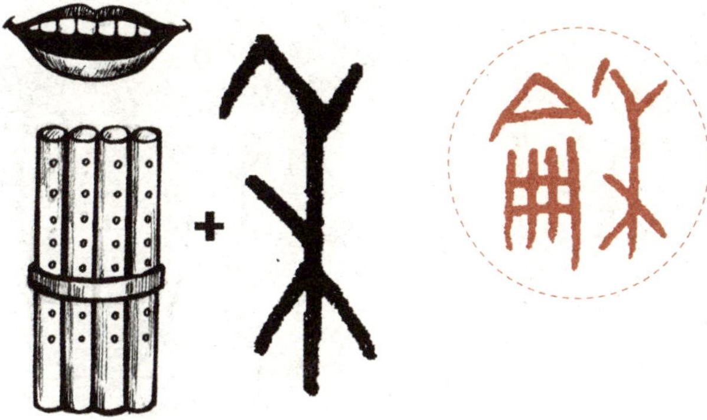

和

hé/hè

原作“龢”，古字形由“龠”（yuè，像笙箫类的古乐器）和“禾”构成，前者表义，后者表声。本义是古乐器，如《仪礼·乡射礼》：“三笙一和而成声。”由乐声谐和引申为“和谐”“协调”等义。跟着别人唱称“和”（hè），如“曲高和寡”。

和：形声字。《说文解字》：『和，调也。』

河：形声字。《说文解字》：『河，水。出敦煌塞外昆仑山，发原注海。』

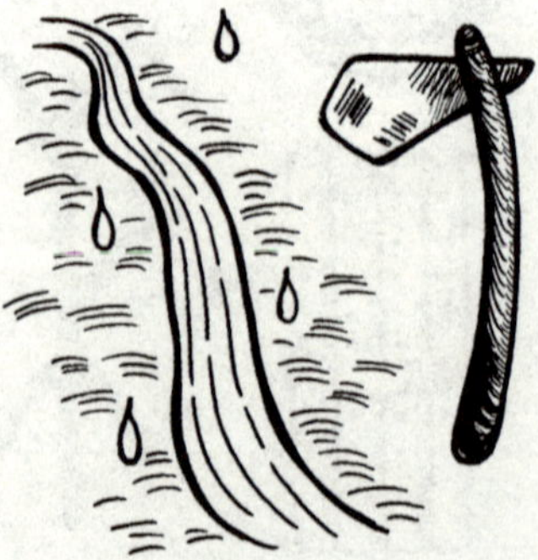

河

hé

甲 金 篆 隶 楷

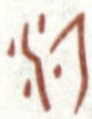古字形皆从水，各体的声旁略有不同。本义是黄河，如《庄子·秋水》：“秋水时至，百川灌河。”引申泛指“河流”，《诗经·国风·周南》：“关关雎鸠，在河之洲。”

盍：会意字。

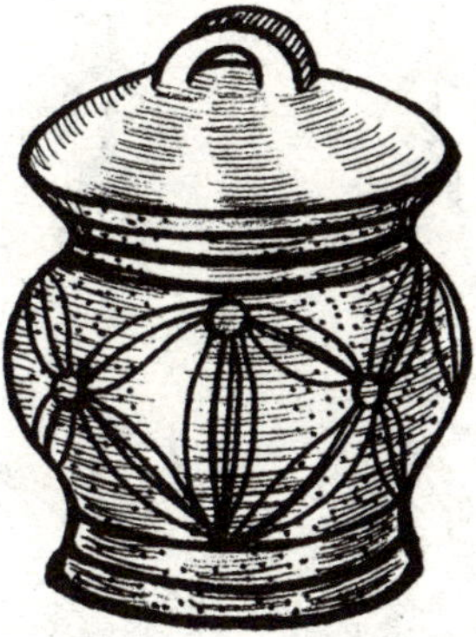

盍

hé

本义是“合”，器皿盖上盖子就是“合”，假借为代词，表示疑问，犹“何”，“什么，怎么”。做副词，表示反问，犹“何不”，［唐］韩愈《送浮屠令纵西游序》：“盍赋诗以道其行乎？”

赫：会意字。《说文解字》：『赫，火赤貌，从二赤。』

赫

hè

古字形由两个“赤”构成，像两团火照得人身火红。

本义是火红的样子，如《诗经·邶风·简兮》：“赫如渥赭（zhě，赭石）。”引申为“显赫”“显耀”，如《诗经·卫风·淇奥》：“赫兮咺（xuān，容光焕发）兮。”

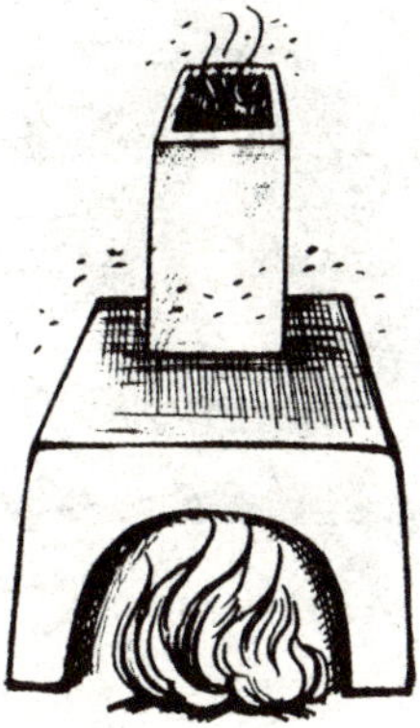

黑：会意字。《说文解字》：「黑，火所熏之色也。」

金 篆 隶 楷

黑

hēi

古字形上面是烟囱，下面是火（或炎），当中的小点是飞扬的烟尘，表示燃烧的火生成的烟尘把烟囱熏黑了。本义是黑色，如《庄子·天运》：“夫鹄不日浴而白，乌不日黔而黑。”

恒：会意字。《说文解字》：『恒，常也。』

恒

héng

甲 金 篆 隶 楷

古字形像一弯弦月在天地之间，表示天地间月出有恒。

本义是长久，固定不变，如《孟子·梁惠王上》：“无恒产而有恒心者，惟士为能。”后加“心”旁，表示“恒心”，如《论语》：“人而无恒，不可以作巫医。”

 金  篆  隶  楷

宏

hóng

 古字形像装着弓箭的箭袋。 本义早失，引申指“广大”，《后汉书·马融列传》：“休息乎高光之榭，以临乎宏池。”又引申指“声音洪亮”，［唐］韩愈《答尉迟生书》：“本深而末茂，形大而声宏。”

宏：象形字。《说文解字》：「宏，屋深响也。」

虹：象形字。《说文解字》：『虹，……状似虫。』

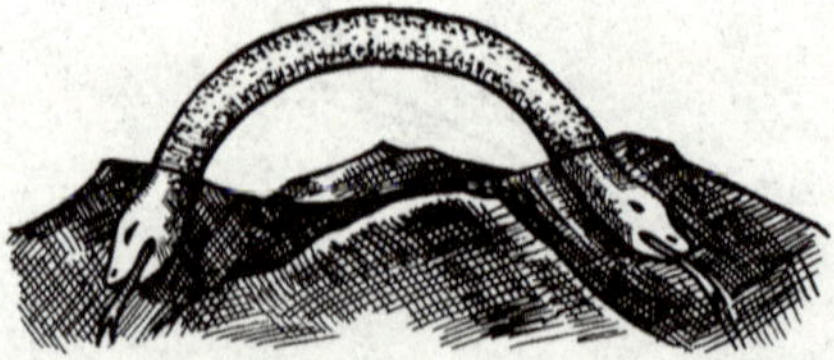

虹

hóng

“虹”的古字形像空中彩虹的样子。古人把虹这一自然现象视为一种把头伸到地上饮水的两个头的动物，甲骨卜辞中就有“有出虹，自北饮于河”的记载。本义是彩虹。后改为从虫（弯曲似虫），工声的形声字。

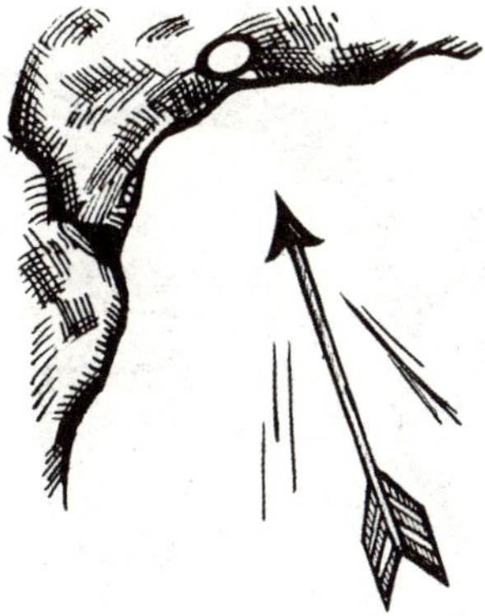

侯：会意字。《说文解字》：『侯，春飨所射侯也。』

 甲  金  篆  隶  楷

侯
hóu

古字形像矢（箭）射向张挂的射布（相当于今天的“靶子”）。 本义是箭靶，如《诗·齐风·猗嗟》：“终日射侯，不出正兮。”擅长射箭的人封侯，引申为古代爵位名，《礼记·王制》：“王者之制禄爵，公、侯、伯、子、男，凡五等。”

厚：形声字。《说文解字》："厚，山陵之厚也。"

厚

hòu

甲 金 篆 隶 楷

古字形上部是山崖，下部是一个装酒的容器，表声，后来字形讹变，不好辨认了。本义是山陵厚，引申泛指“物体上下两面之间的距离大”，与“薄”相对，如《荀子·劝学》：“不临深溪，不知地之厚也。”

乎

hū

字的本义待考。古籍中主要用作语气助词。一是用在句末表示疑问、推测、反问等语气，相当于“吗”“呢”，如《论语》：“有朋自远方来，不亦说（悦）乎？”一是用在句末表示感叹语气，相当于“啊”“呀”，如《史记·陈涉世家》：“嗟乎！燕雀安知鸿鹄之志哉。”

乎：指事字。《说文解字》：『乎，语之余也。』

壶：象形字。《说文解字》："壶，昆吾圜器也。"

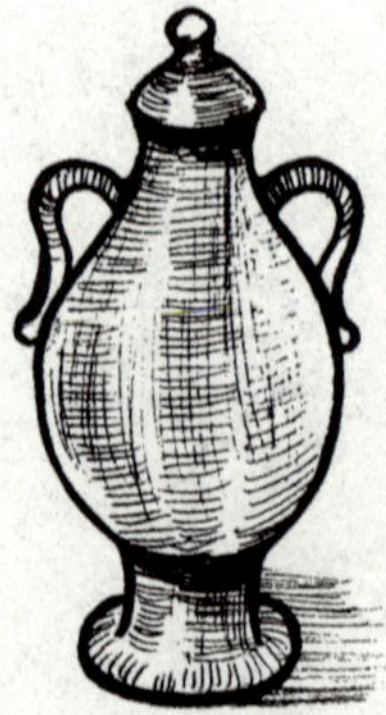

(壶)壶

hú

甲 金 篆 隶 楷

古字形像一把酒壶，上为壶盖，中间是圆形的壶身，下为壶底，旁有两耳。本义是盛酒之类的器皿，如［唐］李白《月下独酌》："花间一壶酒，独酌无相亲。"

虎：象形字。《说文解字》：『虎，山兽之君。』

甲　金　篆　隶　楷

虎

hǔ

古字形像一头老虎，头朝上，尾朝下，腿朝左，身上有花纹。本义是老虎，如《诗经·小雅·巷伯》：“取彼谮人，投畀豺虎。豺虎不食，投畀有北。”引申“比喻勇猛威武”，如“虎将”“虎步”。

互：象形字。《说文解字》：「互，可以收绳也。」

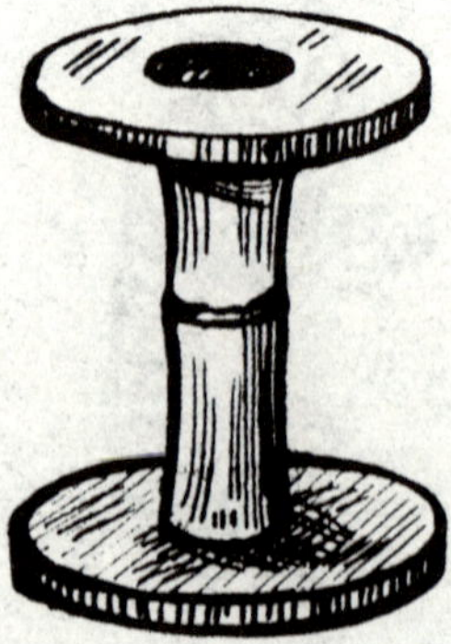

互

hù

金 篆 隶 楷

古字形像绞绳的器具。本义是一种绞绳的工具，引申为“交错”，如［唐］柳宗元《小石潭记》：“其岸势犬牙差互，不可知其源。”又引申为“互相”，如［宋］范仲淹《岳阳楼记》：“渔歌互答，此乐何极！”

户：象形字。《说文解字》：『户，半门曰户。』

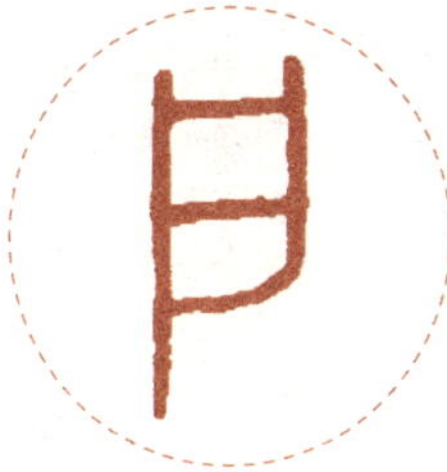

甲 金 篆 隶 楷

户

hù

古字形一扇门。古代双扇叫门，单扇叫户。本义是单扇门，如《吕氏春秋·尽数》：“流水不腐，户枢不蠹，动也。”引申为“住户”“人家”，如“安家落户”“千家万户”。“户”部的字多与门有关，如“启”“扉”“扇”“房”等。

华：象形字。《说文解字》：『华，荣也。』

(華)华

huá

金 篆 隶 楷

古字形像一朵花。本义是花朵，如《诗经·周南·桃夭》："桃之夭夭，灼灼其华。"引申为"光彩""光辉"，如《尚书大传·虞夏传》："日月光华，旦复旦兮。""花朵"之义后写作"花"。

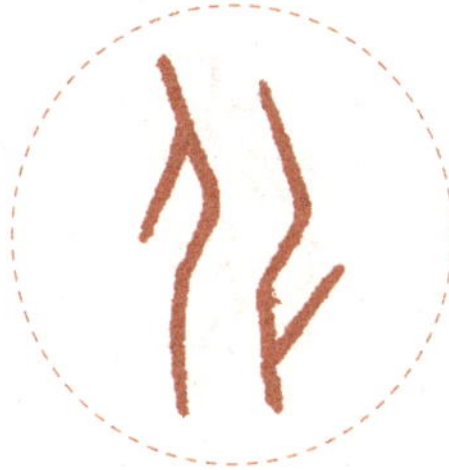

huà

古字形像一正一倒的两个人，表示上下变化。本义是变化，如《庄子·逍遥游》："北冥有鱼，其名为鲲。……化而为鸟，其名为鹏。"引申为"教化"，如《礼记·学记》："君子欲化民成俗，其必由学乎！"

化：会意字。《说文解字》：「化，教行也。」

画：会意字。《说文解字》：「画，界也。」

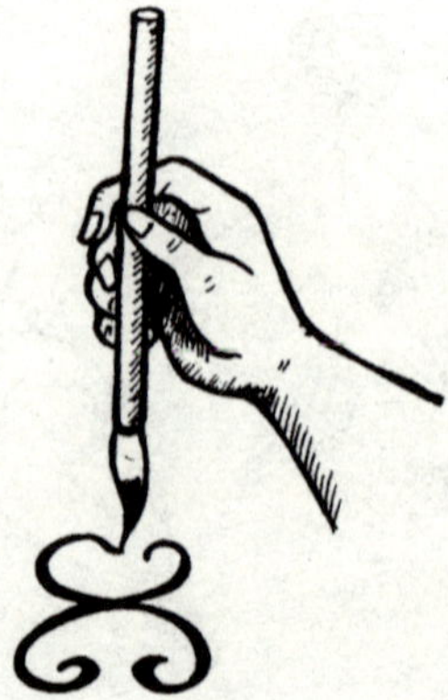

(畫)画

huà

甲 金 篆 隶 楷

古字形像手执笔描画出花纹图形，后花纹改为“田”，表示执笔画田界。本义是绘出图形，如《战国策·齐策二》：“请画地为蛇，先成者饮酒。”又表示“划分界限”，如《孙子兵法》：“画地而守之。”这个意义后写作“划”。

怀：会意字。《说文解字》：“怀，念思也。”

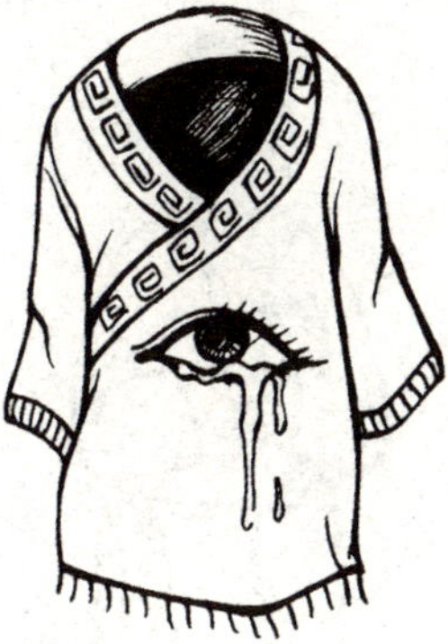

金 篆 隶 楷

怀（懷）

huái

原作“褱”，由“衣”和“眔”（古“涕”字）构成，表示内心深藏着因思念而流泪的挚情。本义是怀念，如《诗·周南·卷耳》：“嗟我怀人。”又有“怀藏”义，如［东汉］班固《汉书》：“此三人皆内怀奸猾，国之所患。”

环：形声字。《说文解字》："环，璧也。"

(環)环

huán

古字形由"王"（玉）和"睘"（huán）构成，"睘"表示一个人睁大眼睛欣赏着胸前的圆圈形玉器。本义是边宽与孔径相等的玉璧，如《左传·昭公十六年》："宣子有环，其一在郑商。"泛指"环形物"，如［三国·魏］曹植《美女篇》："皓腕约金环。"

幻：会意字。《说文解字》：“幻，相诈惑也。从反予。”

金 篆 隶 楷

幻

huàn

古字形像“予”（给予）的倒写，表示变化手法让别人给予。本义是欺诈，如《六韬》：“不祥之言，幻惑良民。”引申为“虚无的”“不真实的”，如《金刚经》：“一切有为法，如梦幻泡影。”

宦：会意字。《说文解字》："宦，仕也。"

宦

huàn

 古字形由"宀"（屋子）和"臣"（奴仆）构成，表示室内的奴隶。 本义是贵族家的奴仆，如《国语》："（越王）与范蠡入宦于吴。"引申为"宦官""太监"，如《史记·廉颇蔺相如列传》："（蔺相如）为赵宦者缪贤舍人。"

豢：会意字。《说文解字》：『豢，以谷圈养豕也。』

豢

huàn

古字形像一双手抓着一头野猪，表示圈养。本义是养猪，如《礼记·乐记》："夫豢豕为酒。"引申泛指"饲养牲畜"，如《后汉书·蔡邕传》："百里（人名）有豢牛之事。""豢养"一词现常用来比喻收买培植（帮凶），如"豢养打手"。

皇：象形字。《说文解字》：『皇，大也。』

皇

huáng

金　篆　隶　楷

古字形像一盏点着的灯，下部是灯座，中间是灯盘，上部三竖画表示灯光。本义是灯火辉煌，此义后写作“煌”。引申为“大”，如《诗·大雅·皇矣》：“皇矣上帝，临下有赫。”又引申为“皇帝”，如“皇位”“皇宫”。

黄：象形字。《说文解字》：「黄，地之色也。」

黄
huáng

古字形像一个人胸前戴着佩玉。本义是佩玉，已不存。“黄”被借用为表示“黄色”，如《易·坤》：“天玄而地黄。”特指传说中的远古帝王“黄帝”，如“炎黄子孙”。由植物枯萎变黄，引申为“事情失败或计划不能实现”。

回：象形字。《说文解字》：『回，转也。』

回

huí

古字形像水流回旋的样子。 本义是旋转，如《荀子》："水深而回。"引申为"掉转"，如屈原《楚辞 · 离骚》："回朕车以复路兮，及行迷之未远。"又进一步引申为"回来"，如［唐］贺知章《回乡偶书》："少小离家老大回。"

卉：会意字。《说文解字》：「卉，草之总名也。」

卉

huì

古字形像三棵草，表示许多草。本义是草的总称，如《诗经·小雅·出车》："春日迟迟，卉木萋萋。"

会：会意字。《说文解字》：「会，合也。」

（會）会

huì

古字形像一个盛着食物的容器上面有个盖子。本义是盖子，《仪礼·士虞礼》：“命佐食启会。”意思是让负责管理饭菜的人打开盖子。引申为“会合”“聚会”，［宋］范仲淹《岳阳楼记》：“迁客骚人，多会于此。”今泛指有一定目的的聚会或集会。

彗：会意字。《说文解字》：「彗，扫竹也。」

甲 金 篆 隶 楷

彗

huì

彗古字形像手拿两把扫帚的样子。本义是扫帚，如《汉书·高帝纪》：“太公拥彗，迎门却行。”“彗星”因形似扫帚而得名，俗称扫帚星，古人认为是不祥之物，《左传·昭公十七年》中记载：“彗所以除旧布新也，天事恒象。”

惠：会意字。《说文解字》："惠，仁也。"

惠

huì

古字形由“叀”（古“专”字）和“心”构成。本义是专心，引申为“仁爱”，如《尚书》：“安民则惠，黎民怀之。”引申为“给人好处”，如《论语》：“君子惠而不费。”用作名词指“恩惠”，如《韩非子·有度》：“不为惠于法之内。”

昏：会意字。《说文解字》：「昏，日冥也。」

甲　金　篆　隶　楷

昏

hūn

古字形像太阳落到人手以下的位置，表示日暮时分。

本义是傍晚，如《诗·陈风·东门之杨》：“昏以为期，明星煌煌。”引申为“昏暗”，如［南朝·宋］王僧达《和琅琊王依古》：“黄沙千里昏。”又引申为“模糊”“昏厥”等义。

火：象形字。《说文解字》：『火，毁也。』

火

huǒ

古字形像燃烧的火焰。本义是燃烧时发出的光焰，如《韩非子·五蠹》：“有圣人作，钻燧取火，以化腥臊。”引申为“战争”，如［唐］杜甫《春望》：“烽火连三月，家书抵万金。”“火”部的字多与火、热有关，如“炙”“焚”“炎”“灼”等。

获：会意字。《说文解字》：「获，猎所获也。」

甲　金　篆　隶　楷

获（獲穫）

huò

原作“隻”，古字形像一只手抓住一只鸟。本义是捕获。后捕获禽兽加“犭”旁写作“獲”，引申泛指“得到”“取得”，如《盐铁论》：“初虽劳苦，卒获其庆。”收获庄稼另加“禾”旁写作“穫”。汉字简化时将“獲”“穫”合并简化为“获”。

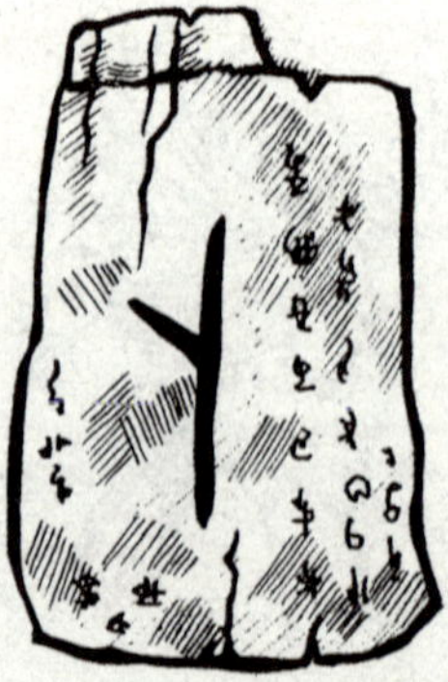

（禍）祸

huò

古字形像一块有卜痕的兽骨片。本义是灾害、灾难，如《老子》："祸兮福之所倚；福兮祸之所伏。"用作动词，引申指"使受害""损害"，如《荀子》："循道而不贰，则天不能祸。"

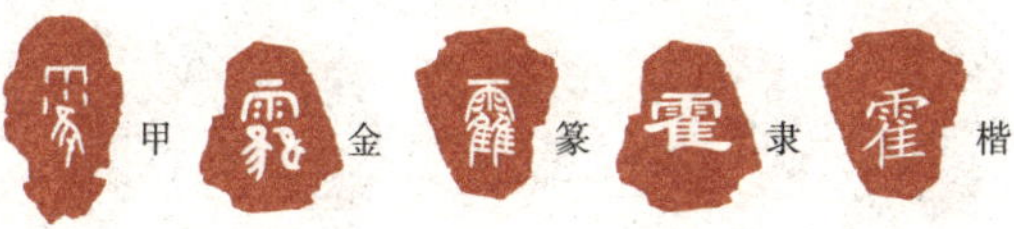

霍

huò

古字形上部是“雨”，下部是三只鸟，表示群鸟在雨中疾飞，霍然有声。本义是鸟飞的声音。引申为“迅速”，如［汉］司马相如《大人赋》：“焕然务除，霍然云消。”“霍霍”一词模拟磨刀的声音，如《木兰辞》：“磨刀霍霍向猪羊。”

霍：会意字。《说文解字》：『霍，飞声也。雨而双飞者其声霍然。』

镬：会意字。《说文解字》：『镬，鑴（盆类）也。』

(鑊)镬

huò

古字形像一口鼎里煮着一只鸟，表示烹煮禽类的锅。

本义是古代无足的鼎，是古代用来煮肉的容器，如《淮南子·说山训》："尝一脔肉，知一镬之味。"意思是说尝一块肉，就能知道一锅肉的味道。

金 篆 隶 楷

几

jī

古字形像几案。本义是古人席地而坐供倚靠的小桌子，如《孟子·公孙丑》：“隐几而卧。”引申指“放置物件的小桌子”，如《汉书·刑法志》：“文书盈于几阁，典者不能遍睹。”现仍有“茶几”一词。

几：象形字。《说文解字》：『几，踞几也。』

鸡：象形字。《说文解字》：“鸡，知时畜也。”

（鷄）鸡

jī

古字形像一只鸡的样子。本义是鸡，如《老子》：“鸡犬之声相闻。”

甲 金 篆 隶 楷

姬

jī

“女”表义，“𦣝”（jī，“笸［jī篦子］”的本字）表声。相传黄帝姓姬。引申为古代女性的美称，《鸿门宴》：“沛公居山东时，贪于财货，好美姬。”周代人以后稷（黄帝之后）为祖，也姓姬，故也是周朝的代称，萧统《〈文选〉序》：“自姬汉以来，眇焉悠邈。”

姬：形声字。《说文解字》：『姬，黄帝居姬水，以为姓。』

基：形声兼会意字。《说文解字》："基，墙始也。"

基

jī

古字形由“其”（箕）和“土”构成，表示用簸箕搬土筑墙。本义是“墙的根底部分”，引申泛指“建筑物的根脚”，如《晋书》：“太武殿基高二丈八尺。”引申为“事物的基础”，《诗·小雅·南山有台》：“乐只君子，邦家之基。”

及：会意字。《说文解字》：“及，逮也。”

甲 金 篆 隶 楷

及

jí

古字形像一只手抓住了一个人。 本义是“追上”“赶上”，如《左传·成公二年》：“故不能推车而及。”引申为“到”“达到”，如《左传·隐公元年》：“阙（掘）地及泉。”又引申为“比得上”，如《战国策·齐策一》：“君美甚，徐公何能及君也？”

吉：会意字。《说文解字》：『吉，善也。』

吉

jí

 古字形上部像兵器，下部像盛放兵器的容器，表示把兵器收起来，减少战争，这是喜庆的事。 本义是“吉利”“吉祥”，如《谷梁传》：“卜之不吉则如之何？”

即：会意字。《说文解字》：“即，即食也。”

即
jí

古字形左为盛着食物的器皿，右为面向食物跪坐的人，表示准备就食。本义是就食，引申为“走近”“靠近”，如《论语》：“君子有三变：望之俨然，即之也温，听其言也厉。”又引申为副词，表示“立即”“马上”，如［晋］陶潜《桃花源记》：“太守即遣人随其往。”

亟：会意字。《说文解字》：「亟，敏疾也。」

亟

jí

古字形像一个顶天立地的人。本义是“极限”“极点”，此义后写作“极”。“亟”被假借为“急切”“赶快”，如［汉］司马迁《史记·陈涉世家》：“趣（促）赵兵亟入关。”“亟”还有“屡次”“一再”的意思，读qì。

急：形声字。《说文解字》：『急，褊（狭窄「的心」）也。』

急

jí

篆文字形中“心”表义，“及”表声。本义指“心急”，《吕氏春秋·首时》：“圣人之于事，似缓而急。”隶楷为半记号字（“心”仍表义，“刍”只是一个记号字）。引申指“紧急、快”等义。

疾：会意字。《说文解字》："疾，病也。"

疾

jí

古字形像人腋下中箭，表示受伤。本义是轻病，如《韩非子》："君有疾在腠（皮肤）理。"后泛指"疾病"，引申为"痛苦""憎恨"等义。由于箭的速度很快，"疾"又有"迅速"的意思，如郦道元《三峡》："虽乘奔御风，不以疾也。"

棘：会意字。《说文解字》：「棘，小枣丛生者。」

棘

jí

“棘”的古字形由两个“朿”（古“刺”字）构成，像两棵长满刺的树。本义是酸枣树，如《诗·魏风·园有桃》：“园有棘，其实之食。”后泛指有芒刺的草木，如［汉］扬雄《羽猎赋》：“斩丛棘，夷野草。”

集：会意字。《说文解字》：「集，群鸟在木上也。」

集

jí

甲　金　篆　隶　楷

古字形像鸟停歇在树上。本义是群鸟栖于树上，如《诗经·周南·葛覃》：“黄鸟于飞，集于灌木。”引申为“聚集”“集合”，如［晋］王羲之《兰亭集序》：“群贤毕至，少长咸集。”把单篇作品汇编在一起的书也称“集”。

金 篆 隶 楷

几(幾)

jǐ

原作“幾”，古字形上部是“𢆶”，像两束丝，下部是“戍”，表示用兵把守。 本义是细微的迹象，后多用作疑问代词，用于询问数目多少，读jǐ，如《孟子·离娄》：“子来几日矣？”又引申为“几乎”“将近”，读jī。

几：会意字。《说文解字》：“几，溦也，殆也。”

己：象形字。《说文解字》：「纪，别丝也。」

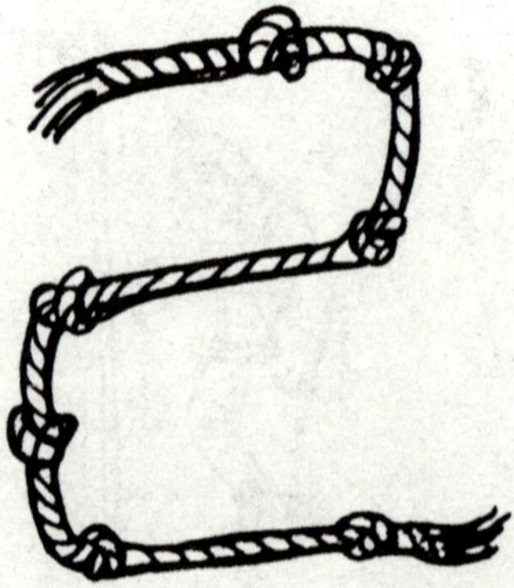

己

jǐ

古字形像一根弯曲的丝绳。本义是编结、系联、捆扎丝缕的绳，后写作“纪”。本义已经消失，被假借为“天干的第六位”，与地支相配，用以纪年、月、日。又假借为第一人称代词，表示“自己”，如《论语》：“己所不欲，勿施于人。”

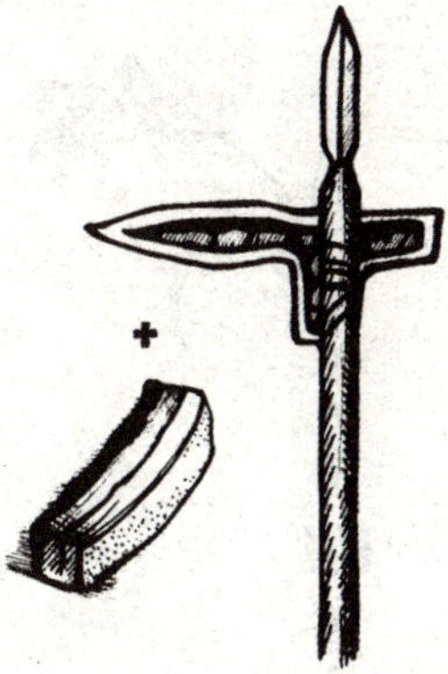

戟

jǐ

古字形像一把兵器“戈”下有块肉，从肉者，言其杀伤力强义。“戟”是古代一种合戈、矛为一体的兵器，兼有戈之横击、矛之直刺两种作用，《诗·秦风·无衣》：“王于兴师，修我矛戟。”

戟：会意字。《说文解字》：『戟（戟），有枝兵（横刃像枝条斜出的兵器）也。』

季：会意字。《说文解字》：「季，少称也。」

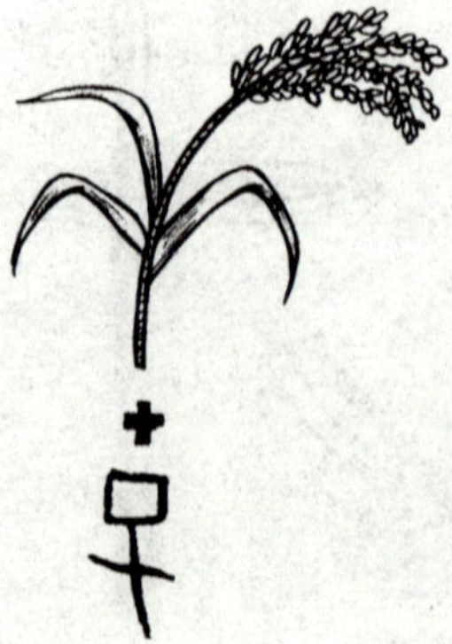

季

jì

古字形上部是“禾”，下部是“子”，表示幼小的庄稼。

本义是幼禾，后写作“稚”。引申为“年少的人”，如《诗经·召南·采蘋》：“有齐季女。”又引申为“兄弟排行中的老四或最小的”，如《左传·昭公二十六年》：“亦唯伯仲叔季图之。”

既：会意字。《说文解字》：“既，小食也。”

 甲  金  篆  隶  楷

既

jì

古字形左为盛着食物的器皿，右为扭头向后跪坐的人，表示食毕。 本义是吃完了，引申为“尽”“完”，如老子《道德经》：“用之不可既。”又引申为“已经”，如《论语·八佾》：“成事不说，遂事不谏，既往不咎。”

继：会意字。《说文解字》：「继，续也。」

(繼)继

jì

金 篆 隶 楷

古字形像两束丝似断又连的样子。本义是“接续”“延续”，如《庄子·至乐》：“夫贵者，夜以继日，思虑善否。”引申为“继承”，如《荀子·儒效》：“工匠之子，莫不继事。”

甲 金 篆 隶 楷

祭

jì

 古字形左上角是一块肉，右上角是一只手，下部“示”字指祭台，表示用手拿着肉放在祭台上举行祭祀。 本义是祭祀，备供品向神灵或祖先行礼，表示崇敬并祈求保佑，如《论语·八佾》：“祭如在，祭神如神在。”

祭：会意字。《说文解字》：『祭，祀也。从示，以手持肉。』

加：会意字。《说文解字》：『加，语相增加也（用言语欺诬人）。』

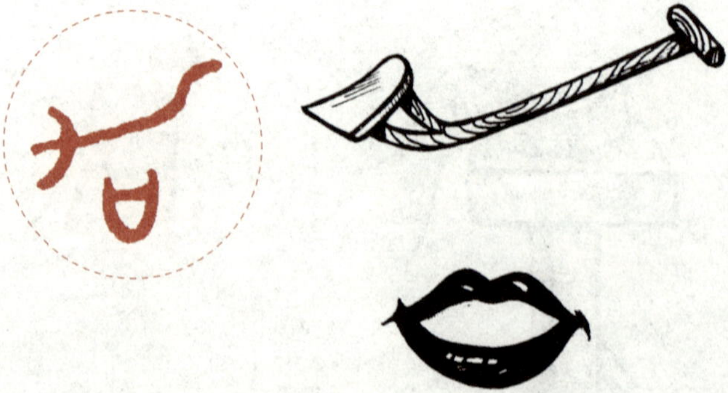

加

jiā

 金文字形从力、从口，会强以谎言相诬之意。 本义是“诬枉、夸大”，《左传·庄公十年》：“牺牲玉帛，弗敢加也，必以信。”引申为“更、越发”，《孟子·梁惠王上》：“邻国之民不加少，寡人之民不加多。”也指把原来没有的添上去。还常指把两个或两个以上的东西或数目合在一起（与“减”相对）。

夹：会意字。《说文解字》：「夹，持也。」

夹(夾)

jiā

古字形像两个小人搀扶着中间的大人。本义是辅佐，如《左传·僖公二十六年》："昔周公、大公股肱周室，夹辅成王。"引申为"从两旁用力固定使不动"，如《左传·定公八年》："虞人以铍、盾夹之。"处在两者中间也称"夹"。

家：会意字。《说文》："家，居也。"

家

jiā

古字形以屋内养猪来表示。上古人们的牧业是从养猪开始的，养猪是定居的人家。本义是家庭，如《孟子·梁惠王上》："数口之家可以无饥矣。"也指"住所"，如《诗·大雅·绵》："古公亶父，陶复陶穴，未有家室。"

嘉：会意兼形声字。《说文》：嘉，美也。

甲 金 篆 隶 楷

嘉

jiā

甲骨文左为“壴”（zhù，鼓乐），右为“力”，会尽情娱乐之意。金文下加“口”，以突出欢笑义。本义是“尽情娱乐、欢乐”，《礼记·礼运》：“居与夫人交献，以嘉魂魄。”引申为“善、美好”。《礼记·学记》：“虽有嘉肴，弗食不知其旨（味美）也。”引申为“嘉许、表彰”，[唐]韩愈《师说》：“余嘉其能行古道，作《师说》以贻之。”

甲

jiǎ

古字形像古代武士所穿铠甲甲片之间的“十”字缝。

本义是铠甲，如《左传·成公二年》：“擐（huàn，穿）甲执兵。”引申为“动物身上起保护作用的硬壳”，如“龟甲”。一说“甲”的古字形像植物果实成熟时外壳的十字裂纹。

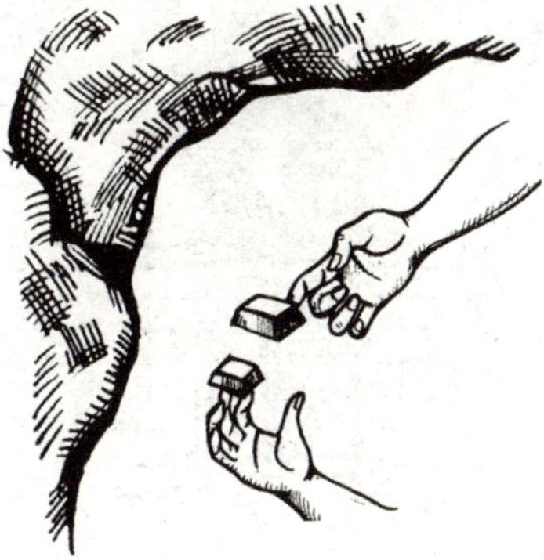

假：会意字。《说文解字》：『叚（假），借也；假，非真也。』

金 篆 隶 楷

假

jiǎ/jià

金文像在山崖下两手以物相付之形。本义是“借”，《左传·成公二年》：“唯器与名，不可以假人。”引申为“凭借、依靠”，《荀子·劝学》：“假舆马者，非利足也，而致千里；假舟楫者，非能水也，而绝江河。”也指“虚假、假冒”等义。

间：会意字。《说文解字》：“间，隙也。”

(間)间

jiān/jiàn

金 篆 隶 楷

古字形上部是一弯月亮，下部是两扇大门，表示月光从门缝而入。本义是“空隙”“缝隙”，如《庄子·养生主》：“彼节者有间，而刀刃者无厚，以无厚入有间，恢恢乎其于游刃必有余地矣。”用作名词，指“中间”，如《论语》：“千乘之国，摄乎大国之间。”

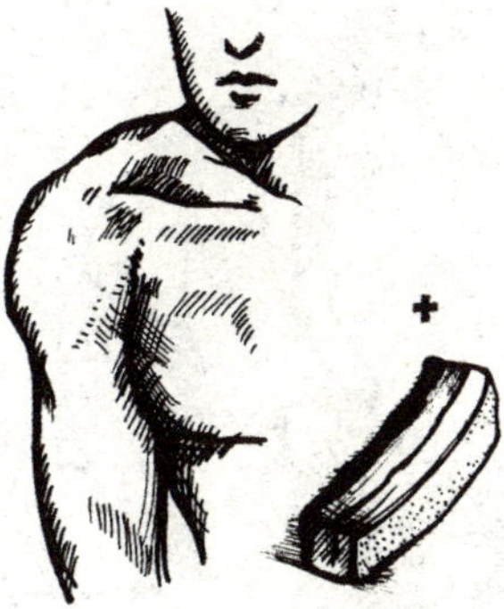

金 篆 隶 楷

肩

jiān

古字形像肩膀，上宽下连臂膊。本义是肩膀，上臂和躯干相连的部位，如《孟子·滕文公》：“胁肩谄笑，病于夏畦。”引申为“担负”，如陈白尘《大风歌》：“足下能肩此重任，真是社稷之福！”

肩：象形字。《说文解字》：「肩，髆（肩胛）也。」

监：会意字。《说文解字》：「监，临下也。」

(監)监

jiān

古字形左部像盛水的器皿，右部像一个人睁大眼睛对着器皿看自己的面容。 本义是“照影”，后来这个意义写作“鉴”，引申为“借鉴”。“监”用作“监视”“督察”，如《左传·庄公三十二年》：“国之将兴，明神降之，监其德也；将亡，神又降之，观其恶也。”

兼：会意字。《说文解字》：「兼，并也。」

金 篆 隶 楷

兼

jiān

古字形像一手持二禾。一手拿两禾就是“兼”，表示同时做几件事情或涉及几种事物，如《管子》：“明主者，兼听独断。”又如《孟子·告子上》：“鱼，我所欲也，熊掌，亦我所欲也，二者不可得兼。”

柬：会意字。《说文解字》：『柬，分别简（选）之也。』

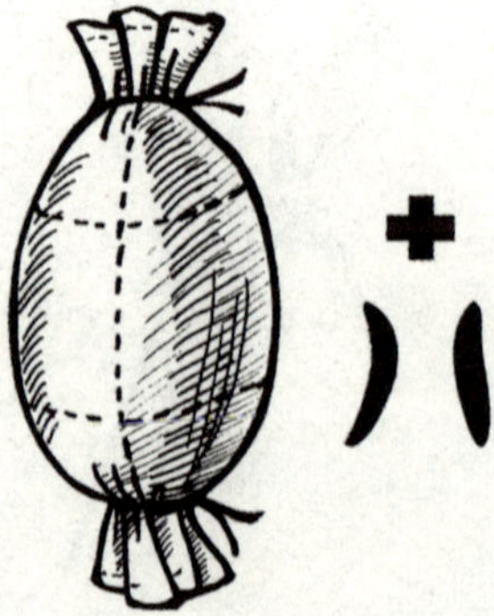

柬

jiǎn

金 篆 隶 楷

古字形由“束”和“八”构成，表示开束而分选之。

本义是挑选。后“柬”用作“信札、名片、请帖等的统称”，另造“揀”（拣）表示挑选之义。

见：象形字。《说文解字》：「见，视也。」

甲 金 篆 隶 楷

见（見）

jiàn

古字形下面是一个人，上面是一只眼睛，表示看见（东西）。 本义是“看见”“看到”，如《论语》：“见贤思齐焉，见不贤而内自省也。”引申为“会见”，如《诗·王风·采葛》：“一日不见，如三秋兮。”用作助动词，表被动，如“见笑于大方之家”。

建：会意字。《说文解字》：『建，立朝律也。』

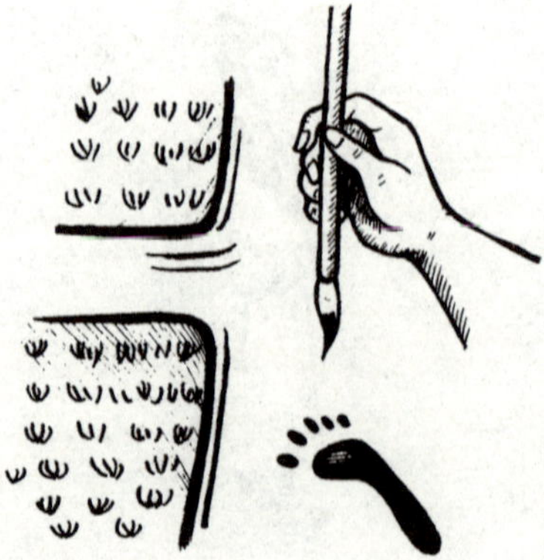

建

jiàn

 金  篆  隶  楷

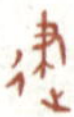古字形从“聿”（笔，指代法律、法度），从“廴”（表示行动）。 本义是建立国家法度，引申为“创立”“设立”，如《周礼》：“掌建邦之宫刑。”又引申为“建筑”“建造”，如［汉］张衡《东京赋》：“楚筑章华于前，赵建从台于后。”

 金  篆  隶  楷

荐（薦）

jiàn

原作“薦”，古字形从廌（传说中的独角神兽）在草中。 本义是兽畜吃的草，如《庄子·齐物论》：“麋鹿食荐。”引申为“草席”“草垫”。由上古野祭常将祭品放在草席上引申为“进献”，进而引申为“举荐”，如“毛遂自荐”。

荐：会意字。《说文解字》：「荐，薦（兽之所食草）席也。」

江：形声字。《说文解字》："江，水，出蜀湔氐徼外岷山，入海。"

江

jiāng

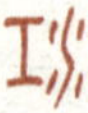古字形从水，工声。本义是长江，如《诗·小雅·四月》："滔滔江汉，南国之纪。"引申泛指"大河"，如老子《道德经》："譬道之在天下，犹川谷之于江海。"

甲 金 篆 隶 楷

姜

jiāng

古字形从女，羊声。上古母系社会有一些姓氏由图腾而来，传说“姜”是神农氏的姓，以“羊”为图腾。“姜”也是“薑”的简化字，“薑”的本义生姜。

姜：形声字。《说文解字》：「姜，神农居姜水，以为姓。」

缰：会意字。《说文解字》：『缰，马绁也。』

(韁)缰

jiāng

 甲  金  篆  楷

古字形像一只手拉着缰绳。本为会意字，后变为形声字，从糸畺声。本义是拴牲口的绳子，如［汉］班固《白虎通·诛伐》："人衔枚，马缰勒，昼伏夜行，为袭也。"

疆：会意字。《说文解字》：「疆，界也。」

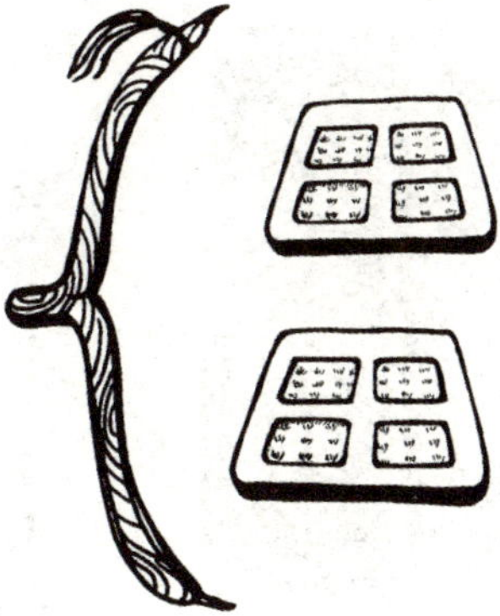

甲 金 篆 隶 楷

疆

jiāng

古字形左边是弓，右边是两块田地，表示用弓丈量田地。

本义是“田界”“边界”，如《国语》：“恪恭于农，修其疆畔。”引申为“极限”，如《诗经·豳风·七月》：“万寿无疆。”

匠：会意字。《说文解字》："匠，木工也。"

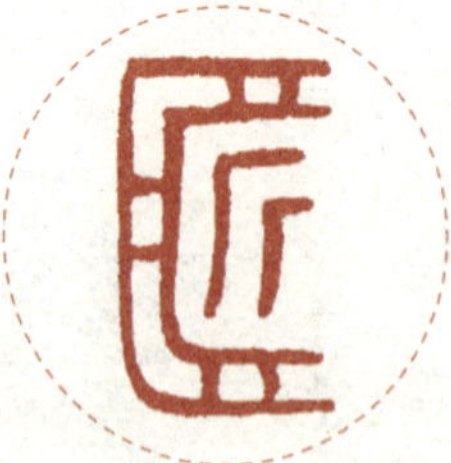

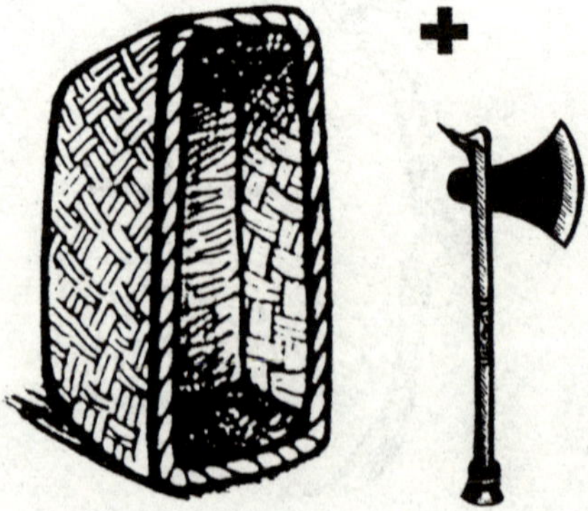

匠

jiàng

古字形外面是方口的盛物器，里面是木工用的斧子。本义是木工，如《孟子》："大匠不以拙工改废绳墨。"引申泛指"有专门技艺的人"，如《韩非子·定法》："夫匠者，手巧也。"

降：会意字。《说文解字》：“降，下也。”

降

jiàng

古字形左边是土山，右边像两只脚向下行，表示从土山上走下来。本义是从高处往下走，如《左传·僖公二十三年》：“公降一级（台阶）而辞焉。”引申为“降落”，如《荀子·议兵》：“若时雨之降，莫不说（悦）喜。”

交：象形字。《说文解字》：「交，交胫也。」

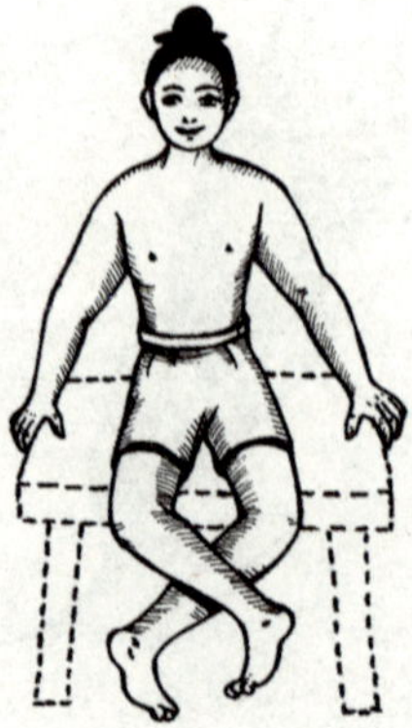

交

jiāo

古字形像人两腿交叉的样子。本义是“交叉”“交错”，如屈原《九歌·国殇》：“矢交坠兮士争先。”引申为“交往”，如《庄子》：“君子之交淡若水，小人之交甘若醴。”

焦：会意字。《说文解字》：「焦，火所伤也。」

 甲  金  篆  隶  楷

焦

jiāo

古字形像用火烤鸟。本义是烧伤，引申为“烧焦”，如《左传·哀公二年》：“卜战，龟焦。”引申为“黄黑色”，如陶弘景《真诰》：“心悲则面焦。”“心焦”指心情着急、烦躁，如［三国·魏］阮籍《咏怀》：“终身履薄冰，谁知我心焦？”

角：象形字。《说文解字》：「角，兽角也。」

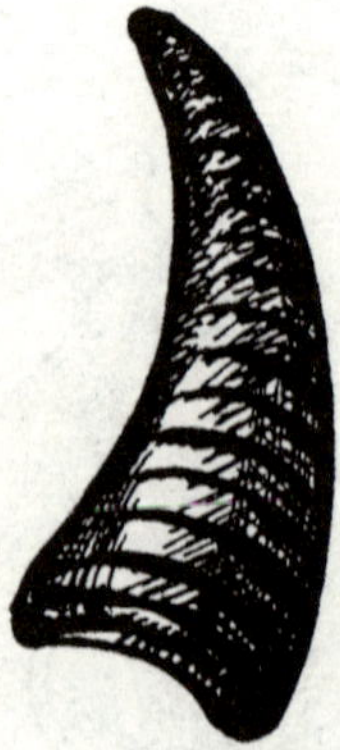

角

jiǎo

古字形像一只兽角，上面的曲线像纹理。本义是牛、羊、鹿等兽类头顶或鼻前长的犄角，如《周易》：“羝羊触藩，羸其角。”古代酒器和军中的乐器多用兽角制成。汉字中“角”部的字多与兽角、酒器有关，如“解”“触”“觥”“斛”等。

 甲  金  篆  隶  楷

教

jiào

古字形像手拿教鞭鞭打小孩子，两个叉表示被教鞭打的意思。本义是“教育”，如《孟子·滕文公上》：“饱食暖衣，逸居而无教，则近于禽兽。”

教：会意字。《说文解字》：“教，上所施下所效也。”

皆：会意字。《说文解字》：「皆，俱词也。」

皆

jiē

金 篆 隶 楷

古字形上面是两个人，下面是“曰”，表示人人都这么说。 本义是“都”，如屈原《渔父》：“举世皆浊我独清，众人皆醉我独醒。”引申为“一同”“一起”，如《韩非子》：“吾欲与子皆行。”此义后写作“偕”。

节：会意字。《说文解字》：「节，竹约也。」

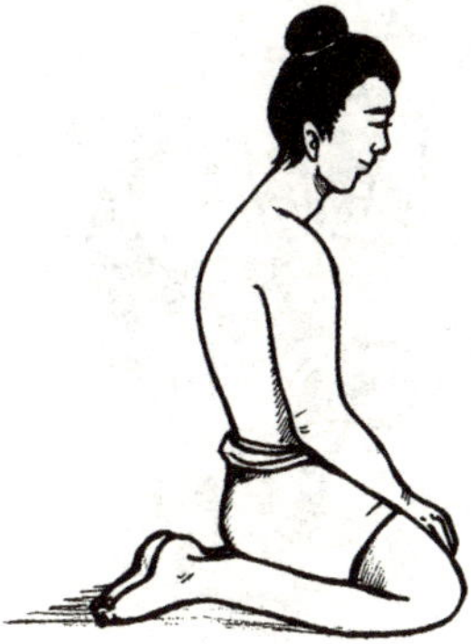

甲 金 篆 隶 楷

节（節）

jié

原作“卩”，古字形像人跪坐，突出其膝关节。本义是人的关节。后字形讹变为像半边的符节（证明身份的信物）的形状。再后加“竹”写作“節”，意为“竹节”，引申泛指草、禾茎上生叶的部位或植物枝干相连接的部位。

解：会意字。《说文解字》：「解，判也。」

解

jiě

古字形中间是一只牛角，两边是两只手，下面是牛头，表示用双手掰下牛角。本义是“判（割）牛角”“剖开牛或其他动物”，如《庄子·养生主》：“庖丁为文惠君解牛。”引申为“解开”“脱去”，如“解甲归田”。

 甲  金  篆  隶  楷

介

jiè

古字形像人身上披着几片皮革联缀而成的甲衣。本义是铠甲，如《礼记·曲礼上》：“介者不拜。”引申为“甲壳”，如《淮南子》：“介虫之动以固。”作量词，用于人，相当于“个”，如“一介书生”“一介武夫”。

戒：会意字。《说文解字》：『戒，警也。』

戒 jiè

甲 金 篆 隶 楷

戒 两只手拿着戈，表示“防备、警戒”的意思，《诗·小雅·采薇》：“岂不日戒，玁狁孔棘。”  引申为“戒除”，如戒烟、戒酒、斋戒等。

巾：象形字。《说文解字》：『巾，佩巾也。』

巾

jīn

古字形像下垂的布或手巾，本义是擦拭用的织物，似今之手巾。古人以巾裹头，后即演变成冠的一种。[明] 李时珍《本草纲目》："古以尺布里头为巾。"也指车子上的帷幕。陶潜《归去来辞》"或命巾车（有帷幕的车子），或棹（zhào）孤舟。"

斤：象形字。《说文解字》：「斤，斫木斧也。」

斤

jīn

甲 金 篆 隶 楷

古字形像曲柄的斧头，本义是“斧头”，砍伐树木的工具。《孟子 · 梁惠王上》：“斧斤以时入山林”。后假借为重量单位。《墨子 · 号令》：“赐酒日二升，肉二斤。”“斤斤”为明察的样子，引申为拘谨或过分计较细小利益或琐碎小事，如“斤斤计较”。

今：会意字。《说文解字》：「今，是时也。」

甲 金 篆 隶 楷

今

jīn

古字形上像倒口形，下横表示口中所含之物，是“含”的本字。后本义“含”已消失，假借为“现在”“当前”等。[唐]韩愈《感二鸟赋》：“读书著文，自七岁至今，凡二十二年。”

金：会意字。《说文解字》：『金，五色金也。』

金
jīn

金文左旁像两块金属锭，右边上为箭下为斧，会可制作箭和斧的金属之意。篆文则变成上声（“箭”变为“今”）下形（土中有两金属块）的形声字。本义是金属的总称，后专指黄金。[汉] 王褒《九怀·匡机》：“宝金兮委积，美玉兮盈堂。”比喻坚固。《韩非子·用人》：“不谨萧墙之患而固金城於远境。”

尽（盡儘）

jìn

古字形像手拿刷子清洗器皿，刷洗干净就是“尽”，本义是“完，没有”。《垓下之围》：“项王军壁垓下，兵少食尽，汉军及诸侯兵围之数重。”引申为“全部”“达到极点”“死”等义，《孟子·尽心》：“尽信书，则不如无书。”傅玄《马钧传》：“先生见诸葛亮连弩，曰：‘巧则巧矣，未尽善也’。”

尽：会意字。《说文解字》：『尽，器中空也。』

进：会意字。《说文解字》：『进，登也。』

(進)进

jìn

古字形上是一只鸟（隹zhuī），下是一只脚（止），会能飞善走之意。 本义是“前进”。《周礼·夏官·大司马》：“车徒皆作，遂鼓行，徒衔枚而进。”引申为“到朝廷做官”“推荐”“进献”“进入”等义，《孟子·公孙丑》：“治则进，乱则退，伯夷也。”

晋：会意字。《说文解字》：「晋，进也。」

甲 金 篆 隶 楷

晋

jìn

古字形像两只箭插在器物中，本义是“箭”。引申为“插、进”，《周礼·春官·典瑞》：“王晋大圭，执镇圭。”班固《幽通赋》：“盍（hé）孟晋以迨（dài）群兮。”又引申为“升级”，晋封。

京：象形字。《说文解字》："京，人所为绝高丘也。"

京

jīng

古字形像一座高城，上有瞭望塔，下有城墙，本义是"高冈"。《诗·大雅·公刘》："乃陟（zhì）南冈，乃觏（gòu）于京。"（登上南边的山脊，察看周围的高冈）。引申为"大"。《左传·庄公二十二年》："八世之后，莫之与京。"（没有人比他更大）。把国都称为京，即取其"大"义。

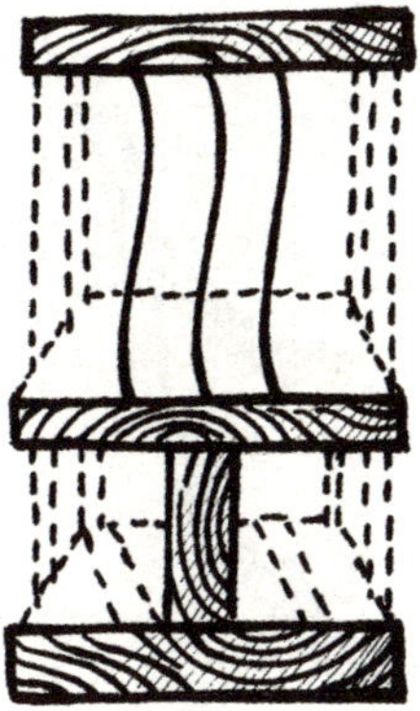

 金  篆  隶  楷

经(經)

jīng

古字形像织物上的纵线（与“纬”相对），是为本义。［南朝·梁］刘孝威《郡县遇见人织率尔寄妇》：“经稀疑杼涩，纬断恨丝轻。”  引申指南北向的道路或土地，现在指经度。另引申有“经常、经典、治理”等义。

荆：象形字。《说文解字》：「荆，楚，木也。」

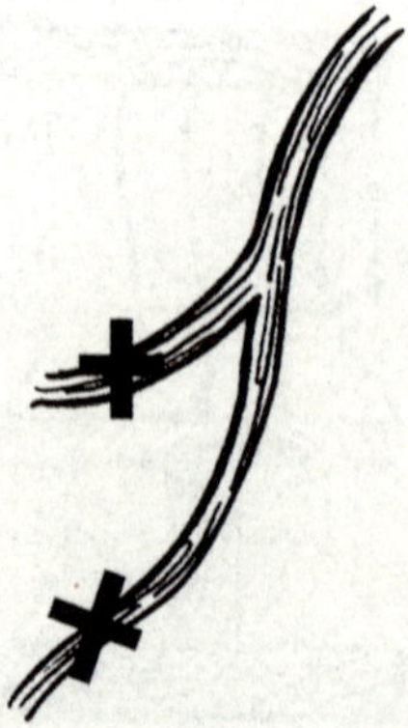

荆
jīng

古字形像荆条，本义指灌木名。[唐]元稹《红荆》：“庭中栽得红荆树，十月花开不待春。”荆条在古代可做刑杖，《史记·廉颇蔺相如列传》：“肉袒负荆。”对人称己妻的谦词为“拙荆”。春秋时楚国的别称为“荆楚”。

晶：会意字。《说文解字》：『晶，精光也。』

晶

jīng

古字形是三颗星星堆在一起，是“星”的本字，后分化出“星”和“晶”，“晶”专用于形容星光。本义是“明亮、光亮”。杜甫《前苦寒行》：“楚人四时皆麻衣，楚天万里无晶辉。”引申为晴朗，[唐]宋之问《明河篇》：“八月凉风天气晶，万里无云河汉明。”现指水晶或晶体。

兢：会意字。

兢

jīng

金 篆 隶 楷

古字形像两人头上顶着重物，故常戒惕，本义是“小心谨慎”。《诗·小雅·旻》：“战战兢兢，如监深渊，如履薄冰。”《诗·大雅·云汉》：“兢兢业业，如霆如雷。”（业业：危惧）又有“坚强”义，《诗·小雅·无羊》：“尔羊来思，矜矜兢兢。”

井：象形字。

井

jǐng

字形像一个方口水井，本义是“水井”。引申为形似水井的东西，如天井、矿井、盬井、藻井等。古代有井田，《周礼·考工记·匠人》：“九夫为井，井间广四尺。”比喻法度、条理，［汉］应劭《风俗通》：“井者，法也，节也，言法制居人，令节其饮食，无穷竭也。”

竞：会意字。《说文解字》："竞，逐也。"

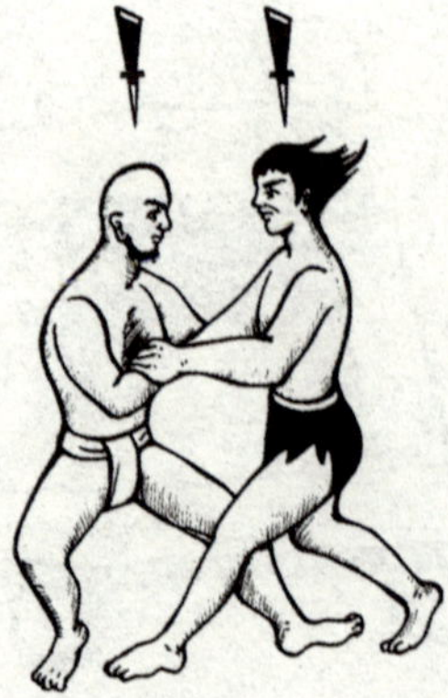

（競）竞

jìng

 甲  金  篆  隶  楷

古字形像两人头部上方都悬有刑刀，本义是“争逐”。《诗·商颂·长发》：“不竞不絿（qiú），不刚不柔。”（竞：逐；絿：急躁）引申为“竞争”，《庄子·齐物论》：“有竞有争。”郭象注：“并逐曰竞，对辩曰争。”

竟：会意字。《说文解字》：「竟，乐曲尽为竟。」

甲 金 篆 隶 楷

竟

jìng

古字形像一个被捆绑住的人头上悬着刑刀，表示他的生命要终结了，本义是“终了，完结”。《史记·项羽本纪》：“于是项梁乃教籍兵法，籍大喜，略知其意，又不肯竟学。”引申为“终究、究竟”。

纠：象形字。《说文解字》：『丩，相纠缭也；纠，绳三合也。』

(糾)纠

jiū

甲　金　篆　隶　楷

古字形像两根绳索互相绞合在一起，“丩”“纠”为古今字，本义是“缠绕、纠缠”。《楚辞·淮南小山》：“树轮相纠兮，林木茷骫。”引申为“纠正、矫正”。

九：象形字。

九

jiǔ

古字形像人的肘形，丁山《数名古谊》：“九，本肘字，像臂节形。”本义是“肘”。后本义消亡，假借为表示数词。［唐］刘知几《史通·六家》：“因为《九州春秋》，州为一篇，合为九卷。”泛指多数。［北魏］郦道元《水经注》：“昆仑，九流分逝。”

久：象形字。《说文解字》：「久，从后灸之，像人两胫后有距也。」

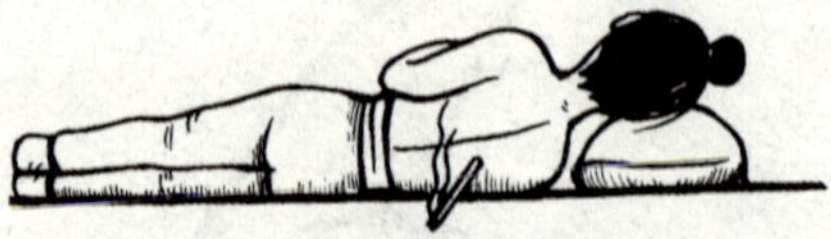

久

jiǔ

是“灸”的古字，古字形像一个侧躺之人，背部用艾条熏灼治病，这个意义后来写作“灸”。 杨树达《积微居小学述林·释久》：“古人治病，燃艾灼体谓之灸，久即灸之初字也。”假借为时间长，《诗·邶风·旄丘》：“何其久也，必有以也。”

灸：形声字。《说文解字》：「灸，灼也。」

灸

jiǔ

中医的一种疗法，用燃烧的艾绒熏灼人体的穴位，原为“久”字。《史记·扁鹊仓公列传》：“齐太医先诊山跗（fū）病，灸其足少阳脉口。”（跗：脚背）

酒：会意兼形声字。《说文解字》：『酒，从水，从酉，酉亦声。』

酒

jiǔ

甲 金 篆 隶 楷

甲骨文字形中间是一个酒瓶，两边是溢出的酒，金文用一个酒瓶（酉）代替“酒”，可见，“酉、酒”二字古能通用，小篆后才分开。本义即喝的酒。《书·五子之歌》：“甘酒嗜音，峻宇彫墙，有一于此，未或不亡。”引申指“酒席、酒筵”。

旧：象形字。《说文解字》：「旧，鴟旧，旧留也。」

甲 金 篆 隶 楷

旧（舊）

jiù

古字形像一只猫头鹰站蹲巢里，本义是猫头鹰，后本义消失，假借为与“新”相对的“旧”，表示古老的、陈旧的，《诗·大雅·文王》：“周虽旧邦，其命维新。”引申为“依旧”。

臼：象形字。《说文解字》：『臼，春也。』

臼
jiù

金 篆 隶 楷

古字形像中间凹下的春米器具，多用木石制成，《易·繫辞下》：“断木为杵，掘地为臼。”泛称捣物的臼状容器。引申指像臼的东西，如“臼齿”。

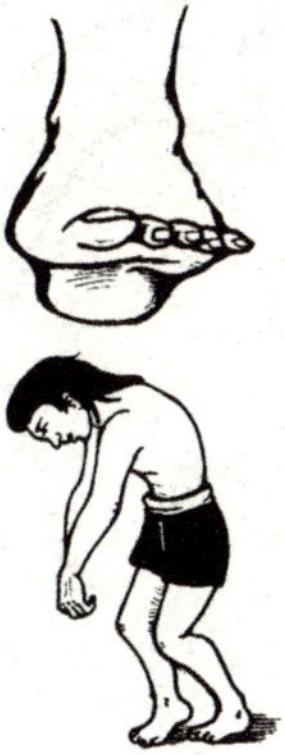

甲 金 篆 隶 楷

咎

jiù

古字形像一只脚踩向一个人，会和人的意愿相违的灾祸之意。本义是灾殃、凶祸。《左传·昭公八年》：“诸侯必叛，君必有咎。”引申为“罪过、过失”，《后汉书·钟离意传》：“汤引六事，咎在一人。”再引申为“责怪、追究罪责”，《论语·八佾》：“遂事不谏，既往不咎。”

咎：会意字。《说文解字》：『咎，灾也。从人、从各，各者相违也。』

掬：会意字。《说文解字》：「匊（掬），在手曰匊，从勹、米。」

掬

jū

金 篆 隶 楷

 古字形像抓取散碎之物，“匊、掬”为古今字， 本义是“抓取”。[宋] 赵汝适《诸番志 · 真腊》：“取杂肉羹与饭相和，用右手掬而食之。”也指两手相合捧物，[唐] 于良史《春山夜月》：“掬水月在手，弄花香满衣。”形容表露很明显、鲜明，如笑容可掬、憨态可掬。

局：象形字。《说文解字》：“局，博，所以行棋。”

 金  篆  隶  楷

局

jú

古字形像一枚棋子，“口”是底座。本义是“棋盘”。后借指“拘束、限制”“情势、局面”等，［隋］薛道衡《隋高祖颂》：“而元功畅洽，不局于形器。”也指“官署、机构”。

巨：会意字。《说文解字》：『巨，规巨也。』

巨

jù

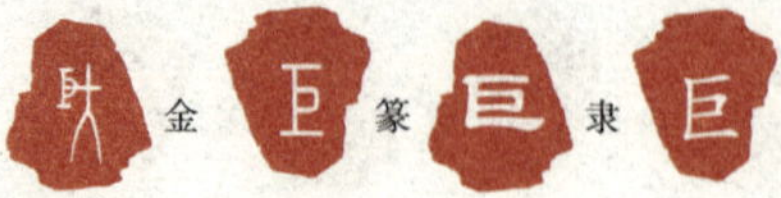

金 篆 隶 楷

金文字形像一个人举着测量工具，是“矩”的本字，后来“矩”字产生，字义分化，保留了从测量引申出来的“巨大”义，《公羊传·哀公六年》：“于是使力士举巨囊，而至于中霤。”

句：会意字。《说文解字》：「句，曲也。」

甲 金 篆 隶 楷

句

jù

古字形像两绳纠结在一起，中间“口”似方钉。本义是“弯曲”。[清]姚鼐《答翁学士书》：“（善射者）腰以上直，腰以下反句磬折。”古代也作数学名词“句股”。引申为“勾销”“勾画”。古同“勾、钩”。

具：会意字。《说文解字》：「具，共置也。」

具

jù

甲 金 篆 隶 楷

古字形是双手捧着鼎的样子，本义是“准备饭食”。《史记·孔子世家》：“古者诸侯出疆，必具官以从。请具左右司马。”也指“器具、用具”。

惧：会意字。《说文解字》：「惧，恐也。」

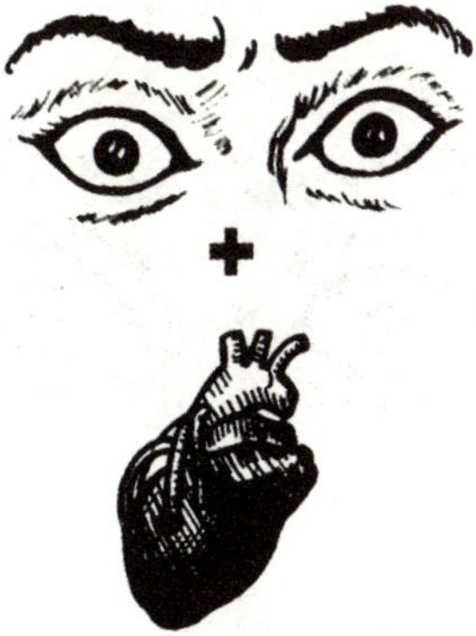

金 篆 隶 楷

惧(懼)

jù

古字形上部像两只惊恐的眼睛，下部像一颗心脏，表示“恐惧、害怕”，《诗·小雅·谷风》：“将恐将惧，维予与女。”也指“恐吓、威胁”，《老子》：“民不畏死，奈何以死惧之。”

瞿：会意字。《说文解字》：「瞿，鹰隼之视也。」

瞿

jù/qú

金 篆 隶 楷

古字形像两只惊恐的眼睛，形容受惊的样子，本义是“惊视的样子”。《礼记 · 杂记下》：“免丧之外，行于道路，见似目瞿，闻名心瞿。”也指“惊惧”。又作姓氏用字，读qú。

绝：会意字。《说文解字》：『绝，断丝也。』

 甲  金  篆  隶  楷

绝(絶)

jué

 古字形像用刀切断丝的样子， 本义就是“断绝”。《荀子·修身》：“其折骨绝筋，终身不可以相及也。”引申为“极”，如绝色、绝妙。

爵：象形字。《说文解字》：『爵，礼器也。像爵之形。』

爵

jué

爵是古代一种盛酒的礼器，也用做饮酒器，本义就是“酒器”。《礼记·礼器》：“宗庙之器，贵者贤以爵。”引申为“爵位、官位”，［清］袁枚《随园随笔》：“爵者，公侯伯子男也。”

军(軍)

jūn

古字形像兵车周围环绕着军营的样子，本义是“军队”。《孙子·谋攻》：“凡用兵之法……全军为上，破军次之。”现也指兵种，如陆军、海军、空军。

军：会意字。《说文解字》：「军，圜围也。四千人为军。」

均：会意兼形声字。《说文解字》：『均，平、遍也。』

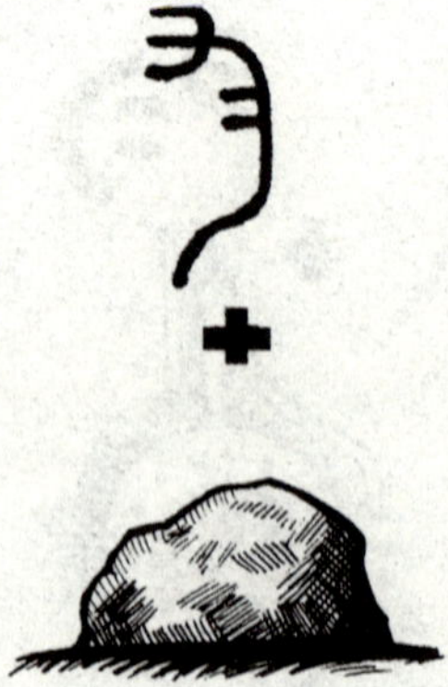

均

jūn

字形从“土”、从“匀”（有“平均”义），“匀”亦表声，本义是“均匀”。[宋] 曾巩《赋税》：“周世宗尝患赋税之不均，诏长吏重定。”引申为“调和、相同、都”等义。《荀子·礼论》：“笙竽具而不和，琴瑟张而不均。”

君

jūn

古字形上部像一只手拿着权杖，下部的口表示发号施令，是古代大夫以上、据有土地的各级统治者的通称，本义是"君主"。《仪礼·丧服》："君，至尊也。"后引申指对对方的尊称。

君：会意字。《说文解字》："君，尊也。从尹；发号，故从口。"

钧：形声字。《说文解字》：「钧，三十斤也。从金，匀声。」

(鈞)钧
jūn

 金文作“匀”，后加“金”作“鈞”。“钧”是古代重量单位之一，如千钧之力。 引申指制陶器的转轮，《淮南子·原道》：“钧旋毂（gǔ）转。”也指衡量轻重、数量，[南朝·宋]颜延之《陶徵士诔》：“度量难钧，进退可限。”

 金  篆  隶  楷

开（開）

kāi

 古字形像用手拉开门闩， 本义是“打开”。《诗·周颂·良耜》：“以开百室，百室盈止，妇子宁止。”引申为“张开、展开、开辟、开创”等义。

开：会意字。《说文解字》：「开，张也。」

刊：形声字。《说文解字》："刊，剟也。从刀，干声。"

刊

kān

篆 隶 楷

古字形像用工具砍伐树木，本义是“砍、削除”。引申为“雕刻”，［汉］班固《封燕然山铭》：“封山刊石，昭铭盛德。”再引申为“印行、刊登、刊物、杂志”等义。

看：会意字。《说文解字》：「看，睎也。从手下目。」

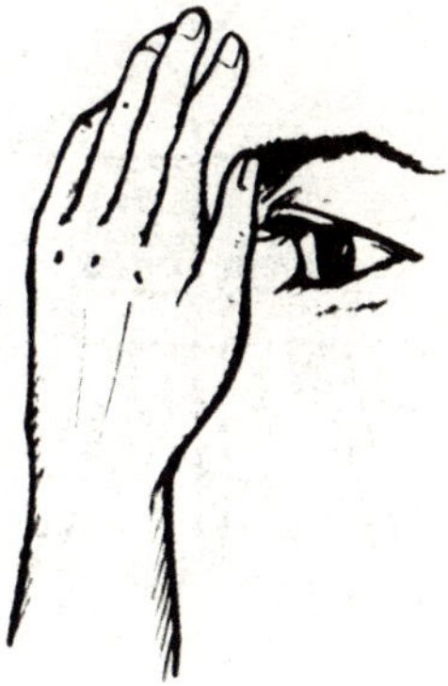

篆 隶 楷

看

kàn/kān

古字形像一只手搭在眼睛上看远方，本义就是“远望”。引申为“探望、问候”，《韩非子·外储说左下》：“梁车为邺令，其姊往看之。”也指“照料、料理”。又作“守护”义，读kān。

康：象形字。《说文解字》：『康，穅或省；穅，谷皮也。』

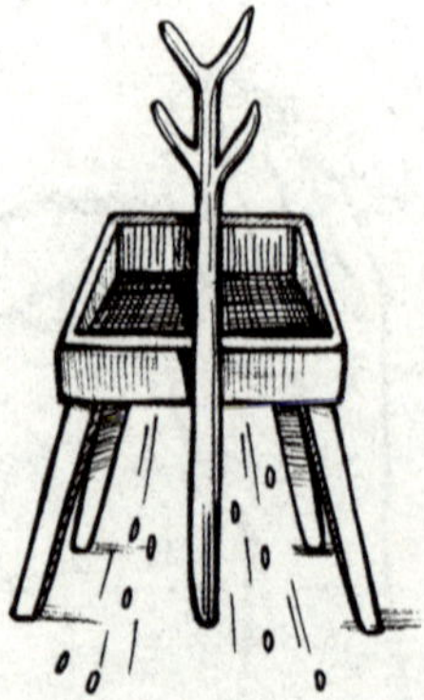

康
kāng

甲 金 篆 隶 楷

古字形像用簸箕筛米糠，本义是“米糠”。后来“糠”字出现，分化了“米糠”义，“康”字假借为“安乐、安宁”，《诗·大雅·民劳》：“民亦劳止，汔可小康。”也指健康。

考：象形字。《说文解字》：「考，老也。」

考

kǎo

古字形像长发拄杖的老人，本义是“老”，《诗·大雅·棫樸》：“周王寿考，遐不作人。”引申指对去世父亲的称呼。

科：会意字。《说文解字》：「科，程也。从禾，从斗。」

科

kē

 篆 科 隶 科 楷

古字形左像一棵庄稼，右似一个斗，会以斗量禾之意，以分出“品类、等级”，即为本义。引申指课程或业务的分类，《孟子·尽心下》：“夫子之设科也，往者不追，来者不距。”也指参加科举考试。

可：会意字。《说文解字》：「可，肯也。」

甲 金 篆 隶 楷

可
kě

 古字形像一把斧子和一张口，会唱歌以助劳之意。 本义是“歌以助劳”，是“歌”的本字。引申指“准许、许可”。《史记·秦始皇本纪》：“制曰：‘可。’”再引申为“可以、能够”，汉王充《论衡·率性》：“人之性，善可变为恶，恶可变为善。”

克

kè

古字形像一把斧头向一头张口的猛兽砸去，会能战胜、攻破之意。 本义是“战胜、攻取”。《易·既济》：“高宗伐鬼方，三年克之。”引申为能够胜任，［唐］刘禹锡《为杜司徒谢追赠表》：“常惧不克负荷，以忝前人。”后假借为公制中质量和重量计量单位。

肯：会意字。《说文解字》：『肎（肯），骨间肉，肎肎箸（着）也。』

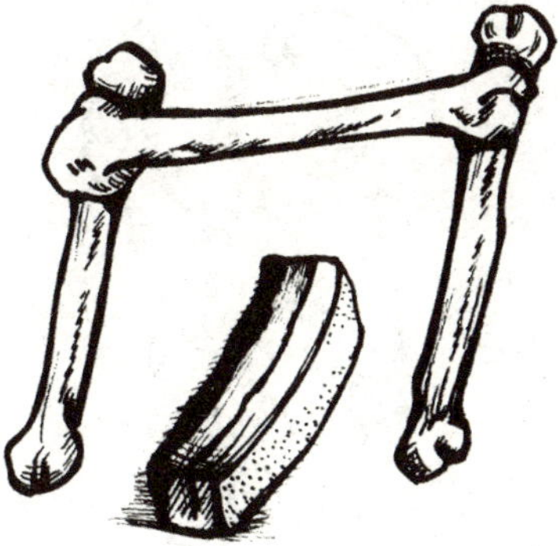

肯

kěn

本义是附着在骨头上的肉，如肯綮。假借为“同意”，《诗·邶风·终风》：“终风且霾，惠然肯来。”引申表示愿意，[汉] 班固《汉武故事》：“谈语世事，而不肯言鬼神，肃然便去。”

孔：会意字。《说文解字》："孔，通也。"

孔

kǒng

金 篆 隶 楷

古字形像婴儿哺乳，本义是“乳穴”。泛指小洞，［汉］班固《白虎通·情性》：“山亦有金石累积，亦有孔穴。”引申指通达，［汉］扬雄《太玄经》：“孔道之夷，何不遵也。”再引申指“美好、大、甚”等义。

恐

kǒng

古字形下是心，上像刀斧之类，心上悬着刀斧，令人畏惧，是为本义。［汉］司马迁《报任少卿书》：“猛虎在深山，百兽震恐。”引申为“担心”，［唐］杜甫《后出塞》诗之二：“借问大将谁？恐是霍嫖姚。”

恐：形声字。《说文解字》：「恐，惧也。从心，巩声。」

口：象形字。《说文解字》：「口，人所以言食也。象形。」

口

kǒu

甲 金 篆 隶 楷

字形像人的嘴，本义就是“嘴”。《孟子·梁惠王上》：“百亩之田，勿夺其时，数口之家可以无饥矣。”引申指物体内外相通的地方。茅盾《创造》：“两朵半开的红玫瑰从书桌右角的淡青色小瓷瓶口边探出来。”

寇：会意字。《说文解字》：『寇，暴也。』

甲 金 篆 隶 楷

寇

kòu

字形外面是一座房子，里面站着一个人，右面是一只手拿着棍子打人，本义是侵犯、劫掠或施暴。《汉书·晁错传》：“是时匈奴强，数寇边，上发兵以御之。”又指“盗匪、侵略者”，《资治通鉴·汉献帝建安十三年》：“今寇众我寡，难与持久。”

哭：会意字。《说文解字》：「哭，哀声也。」

哭

kū

甲 金 篆 隶 楷

古字形中间像一个披发之人，两旁各有一口（双口作“吅”，义同“喧”），会人在号哭之意。本义就是“哭泣”。《论语·述而》：“子于是日哭则不歌。”也借指鸟兽悲鸣。引申指“诉说”，周立波《山乡巨变》：“你有牛、有猪，鸡鸭成群，还哭什么穷？”

金　篆　隶　楷

库(庫)

kù

字形像依山建造的房屋，里面收藏战车、兵器，本义是储藏战车、兵甲的处所。《墨子·七患》："库无备兵。"后泛指贮物的屋舍或处所，如粮库、金库、书库、水库等。

库：会意字。《说文解字》："库，兵车藏也。从车，在广下。"

块：会意字。《说文解字》：『本作『凷』。凷，墣也。塊为凷的异体。』

(塊)块

kuài

凷字形像土块装在筐里， 本义是“土块”。[汉] 桓宽《盐铁论》：“雨不破块，风不鸣条。”引申指成疙瘩或成团的东西。也用作量词，用于块状、片状的东西。

狂：形声字。《说文解字》：「狂，狾（狂犬）犬也。从犬，㞷（即「往」字）声。」

甲 金 篆 隶 楷

狂

kuáng

“犬”表义，“王”表声， 本义是“疯狗”，《晋书·五行志中》：“旱岁犬多狂死”。引申指失却常态，狂乱，《老子》：“驰骋田猎，令人心发狂。”

昆：会意字。《说文解字》：「昆，同也。」

昆

kūn

金 篆 隶 楷

字形像两个人并肩在太阳下散步，本义是“共同”。引申为“众、诸多”，《大戴礼记·夏小正》：“昆小虫，抵蚳。昆者，众也。”也指“兄长”。

甲 金 篆 隶 楷

困

kùn

字形像一棵树困在院子里无法自由生长，本义是“包围”。《晏子春秋》：“和氏之璧，井里之困也。良工修之则为存国之宝。”引申为“阻碍、窘迫、困难”等义。

困：会意字。《说文解字》：『困，故庐（因衰败而倒塌的房屋）也。从木在口中。』

来：象形字。

（來）来

lái

甲 金 篆 隶 楷

古字形像一棵成熟了的小麦，本义是“小麦”。［明］宋应星《天工开物》：“今天下育民人者，稻居什七，而来、牟、黍、稷居什三。”假借为“来去”的“来”。

牢

láo

古字形像把牛关在围栏里，本义是“关养牲畜的栏圈”。《诗·大雅·公刘》：“执豕于牢，酌之用匏（páo）。”引申指“监狱”，《汉书·司马迁传》：“故士有画地为牢，势不入，削木为吏，议不对，定计于鲜也。”

牢：会意字。《说文解字》：「牢，闲也，养牛马圈也。」

老：象形字。《说文解字》：『老，考也。七十曰老。』

老

lǎo

甲 金 篆 隶 楷

古字形像一个拄着拐杖的老人，本义指年岁大。《论语·述而》："其为人也，发愤忘食，乐以忘忧，不知老之将至云而。"敬词，多不表示年岁，如：郭老。引申为"娴熟、老练"，［宋］欧阳修《为君难论》："其父奢，赵之名将，老于用兵者也。"

 甲  金  篆  隶  楷

乐(樂)

lè/yuè

古字形像古琴，本义是“乐器”。引申为“音乐、奏乐”，《韩非子 · 解老》：“竽也者，五声之长者也。故竽先则钟瑟皆随，竽唱则诸乐皆和。”音乐使人愉悦，故又引申为快乐，《左传 · 隐公元年》：“其乐也融融。”

乐：象形字。《说文解字》：“乐，五声八音总名。”

雷：会意字。《说文解字》：「靁（雷），阴阳薄动靁雨，生物者也。」

雷

léi

甲骨文字形中间是一道闪电，左右的圆块表示响声，金文将两圆块变成四个圆轮形，并在上加了“雨”，表义更突出。本义是雨天的雷电。引申出如雷般震响、宏大如雷的声音，［唐］李白《蜀道难》：“飞湍瀑流争喧豗，砯崖转石万壑雷。”也指军事上用的爆炸武器，如地雷、水雷。

 甲  金  篆  隶  楷

厘

lí

 古字形像手拿工具打麦脱粒， 本义是“整理、制定”。假借为数量单位，钱币十分之一为一厘，长度百分之一米是一厘米。

离：会意字。

(離)离

lí

古字形上部是一只鸟，下部是一个捕鸟的网，会捕鸟之意，本义是“捕猎、捕获”。从另一角度说，就是被捕获，遭受，遭遇。假借为“离开、分开”，《墨子·辞过》：“男子离其耕稼而修刻缕，故民饥。”后作为鸟名，即黄鹂，又叫黄莺。

礼(禮)

lǐ

字左边的“示”字表示祭祀，右边是器皿上放着丰收的供品。本义是“敬神。”［唐］杜甫《往在》诗：“前春礼郊庙，祀事亲圣躬。”后指社会生活中由于风俗习惯而形成的行为准则、道德规范和各种礼节。《论语·子罕》：“博我以文，约我以礼。”也指“礼物”。

礼：会意字。《说文解字》：“履也。所以事神致福也。”

里：会意字。《说文解字》：“里，居也。”

里

lǐ

古字形上部是“田”，下部是“土”，会居民聚居之地意，是为本义。［晋］张协《杂诗》：“里无曲突烟，路无行轮声。”现在的巷弄也称“里”，引申为“邻里”，又可作为长度单位。

里：形声字。《说文解字》：「里（裏），衣内也。」

金 篆 隶 楷

里(裏)

lǐ

字形外“衣”表义，内“里”表声，本义是衣服的内层。《诗·邶风·绿衣》：“绿兮衣兮，绿衣黄里。”引申为里面（与“外”相对）。今简化字把“裏”合并为“里”，但在简繁对应时则应分别清楚。

力：象形字。

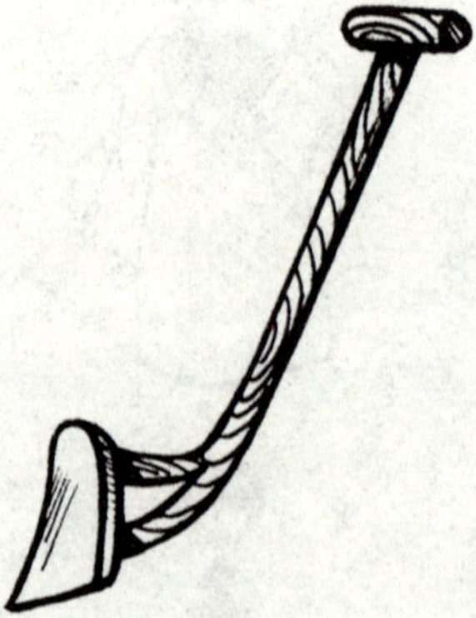

力

lì

古字形像耕田用的犁。耕田要用力，故引申为“力量”，《诗·邶风·简兮》：“有力如虎，执辔如组。”再引申为“能力”，如“财力、物力、生命力、理解力、战斗力”等。

历：会意字。《说文解字》：「历（歷），过也。」

历（厤歷）

lì

古字形像一只脚在林中走过。两“木”也作两“禾”，表示一只脚从庄稼中走过。本义是“经过”，指空间上的，［唐］韩愈《和裴仆射相公假山十一韵》：“犹嫌山在眼，不得著脚历。”也指时间上的，曹植《杂诗》：“妾身守空闺，良人从军行。自期三年归，今已历九春。”

立：象形字。

立

lì

字形像一个站立的人，本义是“站立”。《史记·项羽本纪》：“哙遂入，披帷西向立。”引申为“竖起、建立、订立、确定”等义。

丽：会意字。

 甲  金  篆  隶  楷

丽（麗）

lì

古字形像一只鹿头上长着一对美丽的角，本义是“美丽”。《楚辞·招魂》：“被衣服织，丽而不奇些。”假借为“两”，表示“成双、成对”之意，刘勰《文心雕龙·丽辞》：“丽句与深采并流，偶意共逸韵俱发。”（丽句：对偶的句子；偶意：并立的意思）引申为“附着”，《易·离》：“日月丽乎天。”（日月附着天）。

利：会意字。《说文解字》：『利，铦（锋利）也，从刀。』

利

lì

甲 金 篆 隶 楷

古字形左边像成熟的庄稼，右边像一把刀，会用刀割庄稼之意。本义是“锋利、锐利”，《易·系辞上》：“二人同心，其利断金。”引申为“利益、好处”，《红楼梦》：“幸于始者怠于终，善其辞者嗜其利。”

鬲：象形字。《说文解字》：「鬲，鼎属。」

甲 金 篆 隶 楷

鬲

lì

是古代一种炊具，口圆，似鼎，三足中空而曲，陶制或青铜制。《汉书·郊祀志》：“禹收九牧之金，铸九鼎，其空足曰鬲。”古又读gé，通“隔”，有阻隔义，《汉书·五行志》：“鬲闭门户”。

栗：象形字。《说文解字》：「栗，木也。」

栗

lì

古字形像一棵栗子树，树上长有带刺的栗子，本义是“栗子”。《诗·鄘风·定之方中》：“树之榛栗，椅桐梓漆，爰伐琴瑟。”引申为“坚实”，《礼记·聘义》：“缜密以栗，知也。”假借为畏惧发抖，《汉书·杨恽传》：“众毁所归，不寒而栗。”此义后写作“慄”，今作为异体字不用，仍用“栗”。

怜：会意字。《说文解字》：『怜，哀也。』

 金  篆  隶  楷

怜（憐）

lián

古字形下从心（忄），表示心中产生同情，上从粦（“磷”的本字），指战场的鬼火，会见了鬼火心里哀伤之意。 本义是“哀怜”，《史记·项羽本纪》：“纵江东父兄怜而王我，我何面目见之？”也指“喜爱”，［唐］白居易《题半开花赠皇甫郎中》：“人怜全盛日，我爱半开时。”

良：象形字。《说文解字》：『良，善也。』

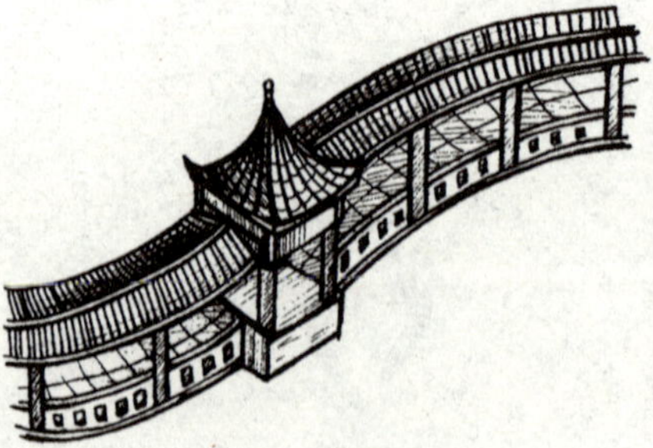

良

liáng

甲 金 篆 隶 楷

古字形像屋室两侧有走廊，是“廊”的本字。本义是“走廊”。引申指“美好”，［南朝·梁］刘勰《文心雕龙·知音》：“良书盈箧，妙鉴乃订。”又用于“善良、贤良、良好、精良”等。还可做副词，相当于“的确、很”，《文选·古诗十九首之七》：“良无磐石固，虚名复何益。”成语有“用心良苦”。

梁：会意字。《说文解字》：「梁，水桥也。」

金 篆 隶 楷

梁

liáng

 古字形像水上搭着木头， 本义是“桥”。《诗·大雅·大明》：“造舟为梁，不显其光。”泛指横向的长条形承重构件，《尔雅·释宫》：“楣谓之梁。”物体或人体上拱起或成弧形的部分，如“鼻梁”。

量：会意字。《说文解字》：「量，称轻重也。」

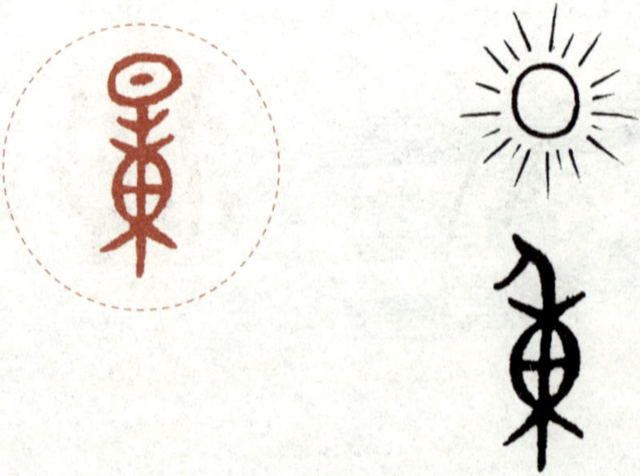

量

liáng/liàng

古字形像上“日”下“東（东）”，会露天从事量度之意，本义是“用量器称轻重、度长短”，《左传·襄公九年》：“备水器，量轻重。”《礼记·王制》：“量地远近，兴事任力”。引申为“估量、思量”等。又，在“度量衡、容量、气量”等义中读liàng。

两：会意字。《说文解字》：「两，二十四铢为一两。」

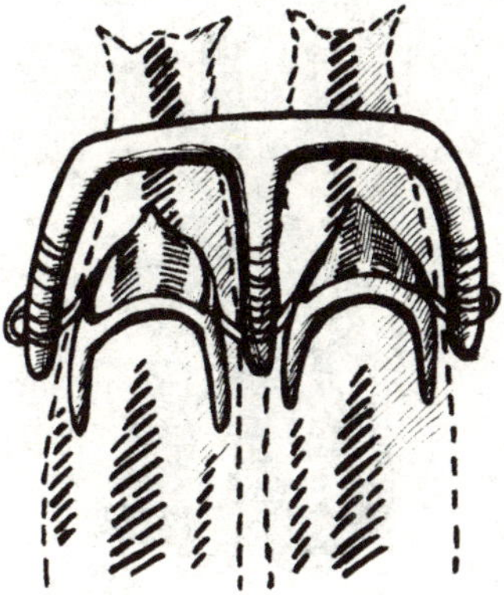

 金  篆  隶  楷

两

liǎng

 两个铲形钱放在一起的重量就是古代的重量单位，古制二十四铢为一两，十六两为一斤。 “两”现仍是货币单位，因为是两个，又有“再”义，常用于成对的人或事物以及同时出现的双方。《论语·八佾》：“邦君为两君之好。”

燎：会意字。《说文解字》："燎，放火也。"

燎

liáo

甲

金

篆

隶

楷

 古字形下是“火”，上是“木”，点状物表示火星， 本义是“放火烧草木”，《诗·小雅·正月》：“燎之方扬，宁或灭之。”引申为“烘烤”，《后汉书·冯异传》：“光武对灶燎衣。”此“燎”应读liǎo。

料：会意字。《说文解字》：「料，量也。」

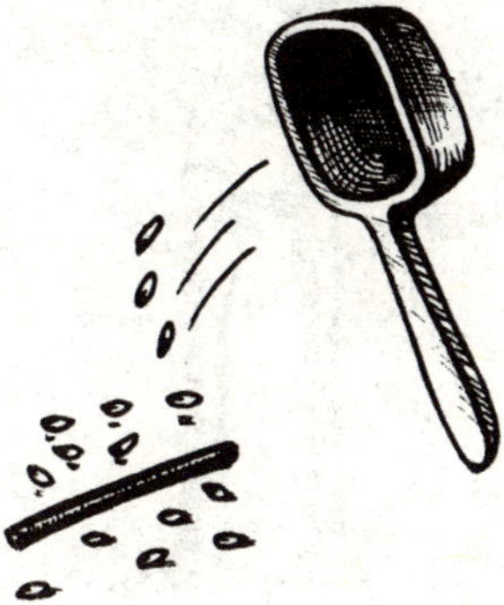

金　篆　隶　楷

料

liào

古字形像用斗量米，本义是“量米”。引申为“计算”，《国语·楚语上》：“谓乐书曰：‘楚师可料也，在中军王族而已。’”又引申为“估量、忖度”，如“预料”。又用于“材料、饲料、资料”等。

林：会意字。《说文解字》：“林，平土有丛木曰林。”

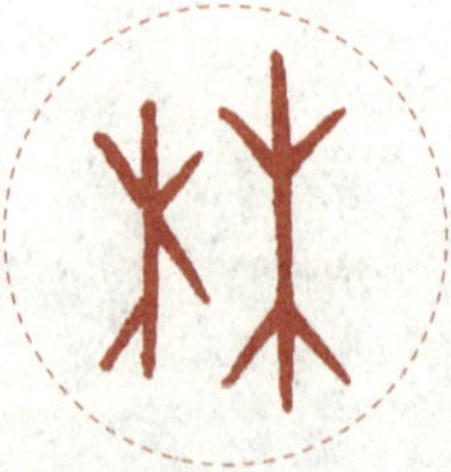

林

lín

甲 金 篆 隶 楷

两棵树并列表示树木众多，本义是“树林”。《诗·邶风·击鼓》：“于以求之，于林之下。”引申为会聚如林的同类的人或事物，如“儒林、艺林、石林”等。也指“众多的”。

临（臨）

lín

金 篆 隶 楷

古字形像一个人睁大眼睛向下看地上的物品，本义是“居上视下”。《荀子·劝学》：“不临深溪，不知地之厚也。”引申为“来到、到达”，曹操《步出夏门行》：“东临碣石，以观沧海。”又引申为“面对、当着”义，［唐］王昌龄《悲哉行》：“北上太行山，临风阅吹万。”

临：会意字。《说文解字》：『临，监临也。』

霖：会意兼形声字。《说文解字》：『霖，雨三日已往。从雨，林声。』

霖

lín

甲 篆 隶 楷

古字形上为“雨”，下为“林”，林中有雨点。“雨”和“林”均表义，“林”也表声。本义是“雨落山林”。引申为“久雨”，曹植《赠丁仪》：“朝云不归山，霖雨成川泽。”又比喻“恩泽”。［五代］王定保《慈恩寺题名游赏赋咏杂记》：“新有受恩江海客，坐听朝夕继为霖。”

金 篆 隶 楷

磷

lín

本义是“磷火”，俗称“鬼火”。古字形上为“炎”，下是一双脚，意为磷火在夜间飘移不定，似能行走。“磷”能发光，故引申为“减损”，《论语·阳货》：“不曰坚乎？磨而不磷。”借指一种非金属元素。

磷：会意字。《说文解字》：『粦（磷），兵死及牛马之血为粦。粦，鬼火也。』

灵：会意兼形声字。《说文解字》：「𤫊（灵），靈巫，以玉事神。靈，𤫊或从巫。」

(靈)灵
líng

 古字形下部有多体，从示（祭桌）、从巫（巫师）或从王（玉），上部从霝（降雨）兼表声（读líng），整体表示祭神求雨。 本义指“神灵”，《诗·大雅·生民》：“不坼不副，无灾无害，以赫厥灵。”引申为“精神、感情”，也形容“聪明、通晓事理”，《庄子·天地》：“大惑者终身不解，大愚者终身不灵。”

陵：会意字。《说文解字》：「陵，大阜也。」

陵

líng

古字形像一个人沿着石阶登上大土山，本义是“登山”。《左传 · 成公二年》：“齐侯亲鼓，士陵城。三日，取龙。”引申指“大土山”，《诗 · 小雅 · 天保》：“如山如阜，如冈如陵。”又引申指“坟墓”，如黄帝陵、中山陵、十三陵、烈士陵园等。

零：会意字。《说文解字》："零，徐雨也。"

零

líng

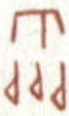古字形像天下雨的情景，本义是“徐徐而下之雨”。泛指雨雪霜露等落下，《古诗十九首·迢迢牵牛星》：“终日不成章，泣涕零如雨。”引申指零碎、零头、草木凋落等。

令

lìng

古字形像一个跪坐的人在大屋下发布命令，本义是“命令”。[晋] 陆机《辩亡论上》：“挟天子以令诸侯，清天步而归旧物。”引申为“使”义，《史记·孙子吴起列传》：“君弟重射，臣能令君胜。”又指官名，如县令、尚书令等。

令：会意字。《说文解字》：「令，发号也。」

六：象形字。

六

liù

甲　金　篆　隶　楷

古字形像一间房舍，即古之所谓“庐”，本义是“房舍”。“庐”“六”古音近，故假借为数词，五加一所得，《书·尧典》：“期三百有六旬有六日，以闰月定四时，成岁。”

龙：象形字。《说文解字》：「龙，鳞虫之长。」

龙（龍）

lóng

甲　金　篆　隶　楷

古字形像传说中头有角、身有鳞、大口长身的神奇动物。《易·乾》：“云从龙，风从虎，圣人作而万物睹。”因龙为神物，故用以象征皇帝和皇帝所用的东西，如龙颜、龙体、龙床、龙舆等。后也称像龙的动物，如恐龙、飞龙等。

卢：会意兼形声字。《说文解字》："卢，饭器也。"

（盧）卢 lú

甲　金　篆　隶　楷

甲骨文下像炉形，上为“虍”（虎头，hū，兼表声），是“炉”的本字。本义是“火炉”。因火炉常被烟火熏黑，故又有“黑色”义。［汉］扬雄《太玄·守》：“上九。与荼（tú）有守，辞于卢首不殆。”范望注：“荼，白也；卢，黑也。”从卢取义的字均与炉灶、黑色有关。金文下加“皿”，于是又假借为“盛饭器”。

篆 隶 楷

卤（滷）

lǔ

古字形外像装盐的容器，内像咸盐。本义是“咸盐”，《史记·货殖列传》：“山东食海盐，山西食盐卤。”现也指用盐水加五香或用酱油对食品进行煮制，如卤鸡、卤肉。引申为盐碱地。

卤：会意字。《说文解字》：『卤，西方咸地也。从西省，像盐形。』

鲁：会意字。《说文解字》：『鲁，钝词也。』

（魯）鲁
lǔ

甲 金 篆 隶 楷

古字形上是“鱼”，下是“口”，会吃到了美味佳肴之意。 本义是“美、嘉”。后假借为“粗鲁、愚钝”，［宋］周羽翀《三楚新录》：“形短而腰长，语鲁而且丑，不觉绝倒而笑之。”

鹿：象形字。《说文解字》："鹿，兽也。像头角四足之形。"

甲 金 篆 隶 楷

鹿

lù

古字形像一只形象逼真的梅花鹿，《诗·召南·野有死麕》："林有朴樕，野有死鹿。"比喻政权或爵位，《史记·淮阴侯列传》："秦失其鹿，天下共逐之。"古常以"逐鹿"比喻争夺天下，今也常以"鹿死谁手"喻指谁能获胜。

禄：会意字。《说文解字》：「禄，福也。」

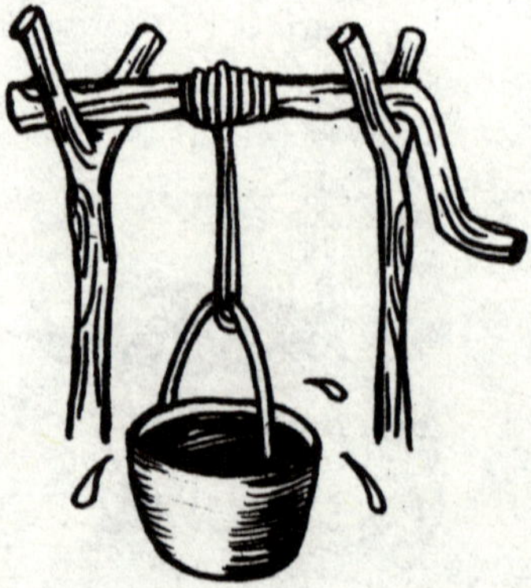

禄

lù

甲 金 篆 隶 楷

古字形上像桔槔，下像汲水器，小点儿像水滴，会辘轳汲水之意。 汲水灌溉可保丰收，遂有“福”义。《仪礼·少牢馈食礼》：“使女受禄于天。”郑玄注：“古文禄为福。”古代专指俸禄，《史记·孔子世家》：“卫灵公问孔子：‘居鲁得禄几何？’对曰：‘奉粟六万。’”

麓：会意字。《说文解字》：“麓，林属于山为麓。”

麓

lù

古字形像一只鹿跑向山脚下的树林之中，本义是“鹿奔林中”。引申为“山脚”，[唐] 杜甫《课伐木》：“人肩四根已，亭午下山麓。”

吕：象形字。《说文解字》：『吕，脊骨也。』

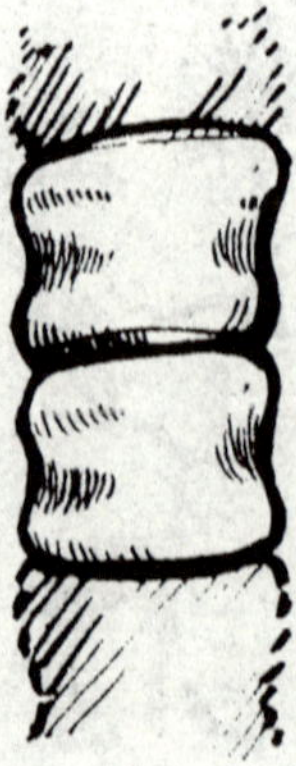

吕

lǚ

古字形像节节相连的脊骨，本义是“脊骨”。《急就篇》：“尻髋脊膂腰背吕。”假借为我国古代音乐十二律中的阴律，总称六吕。后来本义不存，于是另造一个“膂”（下形上声）字表“脊骨”义。

旅

lǚ

古字形像两人（代表众兵）站在飘扬的大旗下，会卫兵在保卫军旗之意。本义是“保卫战旗”，引申为军队的编制单位，《左传·哀公元年》：“有众一旅。”又引申为“旅舍、旅行”等义。

旅：会意字。《说文解字》：「旅，军之五百人为旅。」

履：会意字。《说文解字》：「履，足所依也。」

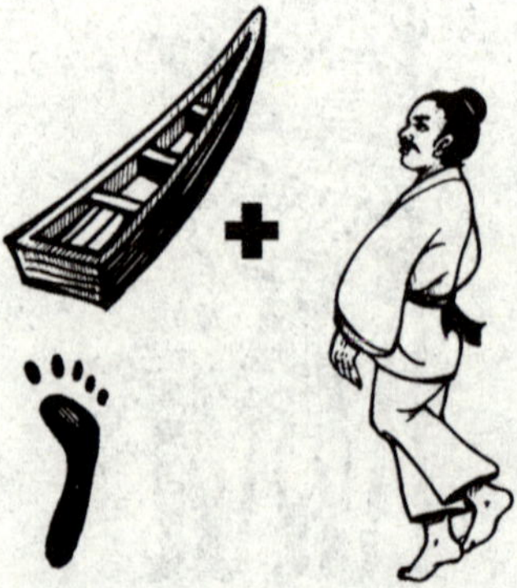

履

lǚ

金　篆　隶　楷

金文右是“页”（头，代表人），左上是“舟”（表前进），左下是“正”（“止”的变体，即“趾”，即脚），会人穿着鞋前行之意。小篆变成从尸、从彳、从夊（suī）、从舟，表义与金文大同。本义是“踩、行走”，《易·坤》：“履霜坚冰，阴始凝也。”也指“鞋”。引申为“执行、施行”，《国语·吴语》：“夫谋必素见成事焉，而后履之，不可以授命。”

卵：象形字。《说文解字》：「卵，凡物无乳者卵生。」

 金  篆  隶  楷

卵
luǎn

 字形像鱼卵形，外像薄膜，内像被包着的卵块。泛指一切卵生的卵。 本义就是“蛋”。[晋] 木华《海赋》：“毛翼产觳（kòu），剖卵成禽。”引申为“抚育”，[清] 纳兰性德《渌水亭杂识》：“知古微时，臣卵而翼之。”又常指动植物的雌性生殖细胞“卵子”。

乱：会意字。《说文解字》：『乱，治也。』

（亂）乱

luàn

 金  篆  隶  楷

古字形像两手理乱丝，本义是“混乱”，《逸周书·武称》：“岠崄伐夷，并小夺乱。”引申为“治”，《左传·襄公二十八年》：“武王有乱臣十人。”（乱臣：善于治国的能臣）又引申为“无秩序、社会动荡”等义。

罗：会意字。《说文解字》：「罗，以丝罟鸟也。」

甲 金 篆 隶 楷

罗（羅）

luó

古字形上“网”下“隹”（zhuī，鸟），表示网捉住鸟；后加“糸（丝）”，表示网是丝织的。本义是“捕鸟的网”，《诗·王风·兔爰》：“有兔爰爰，雉离于罗。”（离，遭遇）引申为“包罗”，《庄子·天下》：“万物毕罗，莫足以归。”又引申为轻软的丝织品。

麻：会意字。

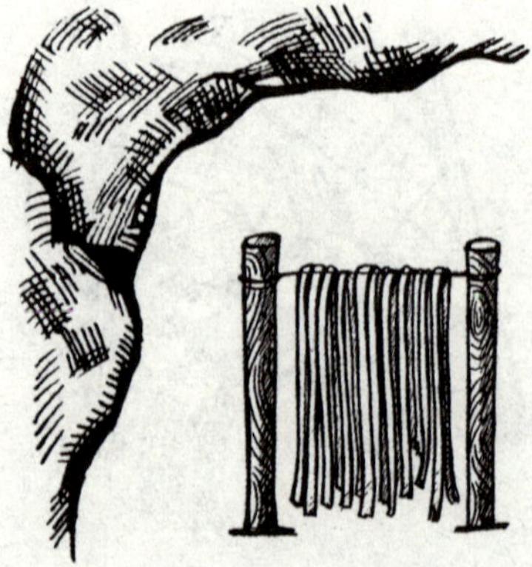

麻

má

金 篆 隶 楷

古字形左上是山崖（厂，金文）或屋檐（广，篆文），右下是晒着的一缕一缕的麻。本义是“大麻”，《诗·陈风·东门之池》：“东门之池，可以沤麻。”比喻众多、纷乱，如“刀剑如麻”。

 甲  金  篆  隶  楷

马（馬）

mǎ

古字形像一匹形象的马。 本义即指“马”，《易·屯》：“屯如邅如，乘马班如。”

马：象形字。《说文解字》：『马，像马头髦（鬃毛）尾四足之形。』

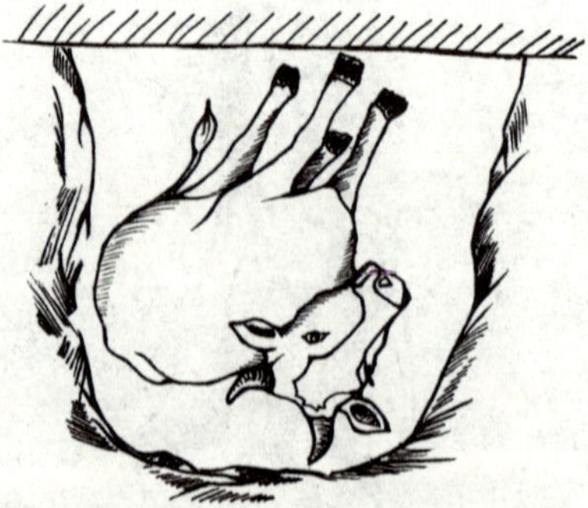

埋

máí

甲骨文字形像一头牛埋于地下，后篆文上变为“草”，下变为“貍（狸）”，表示用草藏物。《玉篇》：“埋，瘗（yì，掩埋、埋藏）也。”《说文》：“薶（狸），瘗也。”本义是“藏在土中”，《左传 · 昭公十三年》：“既乃与巴姬密埋璧于大史之庭。”引申为“下葬死人”，《释名 · 释丧制》：“葬不如礼曰埋。”（埋葬时不依礼制）再引申为“隐藏”。

 甲  金  篆  隶  楷

买(買)

mǎi

 古字形从“网”（网罗利润）、从“贝”（与钱财相关）。 本义是“用网取贝”。引申为“以钱购物”（与“卖”相对），《左传·昭公二十六年》：“鲁人买之，百两一布。”

买：会意字。《说文解字》：『买，市（购进）也。』

麦：象形字。《说文解字》：『麦，芒谷，秋种厚薶（埋），故谓之麦。』

(麥)麦 mài

古字形像一棵麦子。下端本是根状，但在古字形中早就混同于人足，以致字义难解。本义应是“麦子”，《诗·豳风·七月》：“九月筑场圃，十月纳禾稼，黍稷重穋，禾麻菽麦。”

曼：会意字。《说文解字》：「曼，引（引长）也。」

甲 金 篆 隶 楷

曼

màn

甲骨文字形像双手张目，金文加“曰”（帽，后变为“曰”）表声。本义是“展开”，《楚辞·九章·哀郢》：“曼余目以流观兮，冀一反之何时。”引申为“拉长、延长”，《离骚》：“路曼曼其修远兮，吾将上下而求索。”又引申为“柔美”，如轻歌曼舞、曼妙等。

莽：会意字。《说文解字》：『莽，……犬善逐兔草中为莽。从犬、从茻（草丛）。』

莽

mǎng

金 篆 隶 楷

古字形是犬在草中。本义是犬在草中突然奔出。引申为鲁莽，[元] 陈栎《勤有堂随录》：“朱子以为非，且谓其读书疏莽。”又有“草丛”义，《易·同人》：“伏戎（军队）于莽。”由草丛又引申为“无边无际”，杜甫《秦州杂诗》：“莽莽万重山，孤城山谷间。”

金 篆 隶 楷

毛

máo

古字形像一根羽毛。本义指人体和动植物表皮上所生的丝状物及鸟禽类的羽毛，《逸周书·程典》：“如毛在躬，拔之痛，无不省。”引申指“粗略”，如毛重、毛利。

毛：象形字。《说文解字》：「毛，眉发之属及兽毛也。」

矛：象形字。《说文解字》：『矛，酋矛（长矛）也。建于兵车，长二丈。』

矛

máo

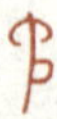古字形像矛，“矛”是我国古代的主要兵器，在长柄上装以矛头，用于刺杀，《诗 · 秦风 · 无衣》：“王于兴师，修我戈矛。”《韩非子 · 难一》：“吾矛之利，于物无不陷也。”

卯：会意字。

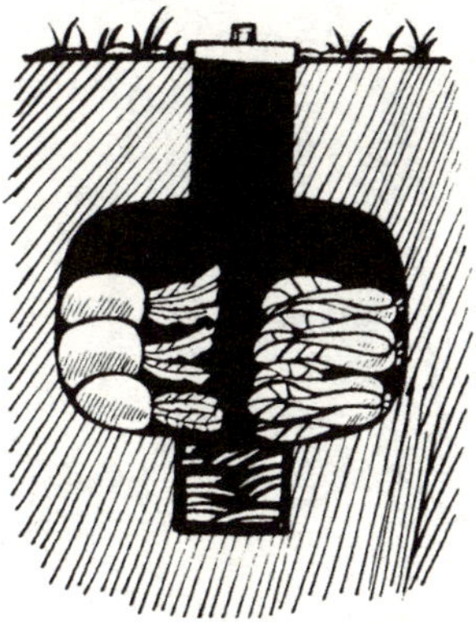

甲 金 篆 隶 楷

卯

mǎo

古字形像一个地窖。后假借为地支的第四位，也指十二时辰之一（早五时至七时）。旧时官署办公从卯时始，故点名称点卯，签到应名为画卯、应卯，《水浒传》：“叔叔，画了卯，早些个归来吃饭。”

冒：会意字。《说文解字》：「冒，冡（蒙）而前也。从冃，从目。」

冒

mào

金 篆 隶 楷

古字形上像帽子形，会头戴帽子之意。本义是“帽子”，是“帽”的本字。“帽子”这个意思后来由加“巾”旁的“帽”字来承担，“冒”的意思就发生了变化。《汉书·隽不疑传》：“有一男子，衣黄襜褕（chānyú，古代一种短便衣），着黄冒。”帽子戴在头上，故引申指“覆盖、顶着、冒充、冒失”等义。

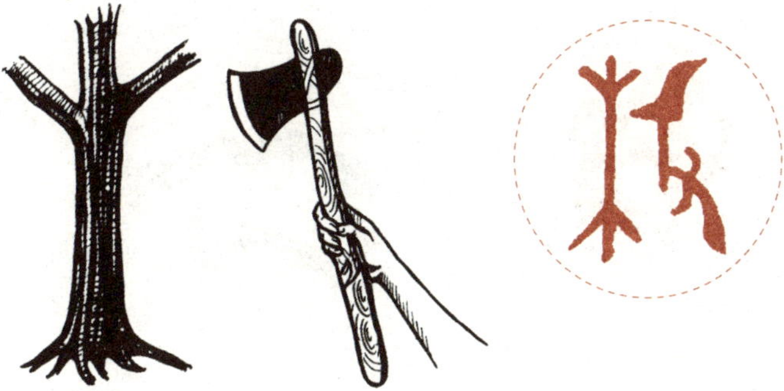

枚

méi

古字形是右手执斧砍树干。 本义是“砍树干”。引申指“树干”，《诗·周南·汝坟》：“遵彼汝坟，伐其条枚。”又引申指“木片”，古代行军时士卒衔于口用以禁止喧哗的器具，形如箸，叫“横枚”。也用为量词。

枚：会意字。《说文解字》：『枚，干（树干）也。可为杖也。从木，从攴。』

眉：象形字。《说文解字》："眉，目上毛也。"

眉

méi

甲 金 篆 隶 楷

古字形像眼睛上方长着眉毛，《左传·昭公二十六年》："有君子白皙，鬒（zhěn，毛发黑而稠）须眉。"引申为"题额、眉批"等。也借指美女，［宋］苏轼《苏州闾丘江君二家雨中饮酒》："五纪归来鬓未霜，十眉环列坐生光。"

每

mĕi

古字形像一个胸前有双乳、头戴饰物的女人。本义是“母亲”。但本义早亡，后常假借为“逐个”义，《书·胤征》：“每岁孟春，遒人以木铎徇于路。”又引申为“每逢、常常”等义。

美：会意字。《说文解字》：『美，甘也……美与善同意。』

美

měi

古字形像一个头戴羽毛之类装饰物的人，很好看，本义是“美丽”，《诗·邶风·静女》：“彤管有炜，说怿女美。”引申为“味道好”，《孟子·尽心下》：“脍炙与羊枣（果名）孰美？”好的、善的也称为美，《老子》第二章：“天下皆知美之为美，斯恶矣。”

妹

mèi

“女弟”就是“妹妹”，《诗 · 卫风 · 硕人》：“东宫之妹，刑侯之姨。”引申为“少女、女子”。也指女人在面对同辈时的谦称。[清] 秋瑾《致湖南第一女学堂》：“君居乡闾，妹游海国。”

妹：形声字。《说文解字》：「妹，女弟也。从女，未声。」

媚：会意字。《说文解字》：「媚，说（喜爱）也。」

媚

mèi

甲 金 篆 隶 楷

古字形特意突出女人的大眼睛，表示很好看。本义是“美好”，[唐] 白居易《长恨歌》：“回眸一笑百媚生，六宫粉黛无颜色。”引申为“喜爱”，《诗·大雅·下武》：“媚兹一人”。再引申为“逢迎取悦”，是后来的常用义。

门：象形字。

 甲  金  篆  隶  楷

门（門）

mén

字形就像两扇门，本义就是“门户”，［唐］杜甫《望岳》：“车箱入谷无归路，箭栝通天有一门。”引申有“门径、窍门”，杨朔《三千里江山》：“他们……乍上战场，样样事都不摸门。”也指“门第、宗教或学术上的派别、师门”等。

盟：会意兼形声字。《说文解字》：『盟（盟），周礼曰：「国有疑则盟」。』

盟

méng

 甲骨文从“囧”（jiǒng，窗明）、从“皿”，金文以后上部变成了“明”，表声。“盟”是古代诸侯为释疑取信而对神立誓缔约、昭告神明的一种仪礼，一般会杀牲歃血。 本义就是“结盟”，《春秋·隐公元年》：“三月，公及邾仪父盟于蔑。”泛指发誓、起誓。

黾：象形字。《说文解字》：『黾，蛙黾也。』

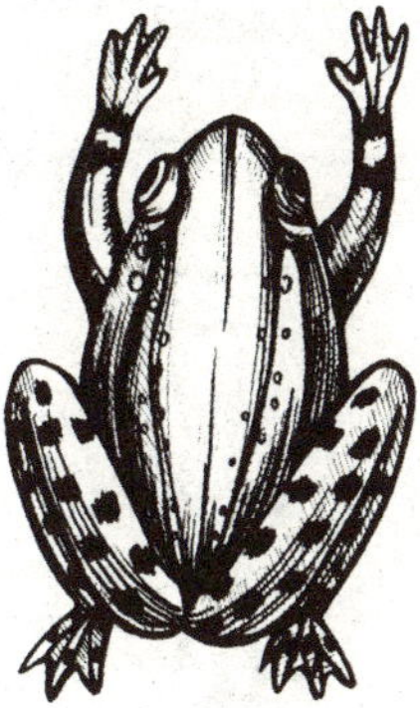

黾（黽）

měng/mǐn/miǎn

甲骨文像一只蛙。《尔雅·释鱼》："在水者黾。"是蛙的一种，即指金钱蛙，此义读měng，今罕用。[唐]白居易《东南行一百韵》："黾名泉窟室，蜃结气浮图。"还常用于"黾勉"一词中，《诗·小雅·十月之安》："黾勉从事，不敢告劳。"此义读mǐn。另同"渑"，用于地名"渑池"，此义读miǎn。

孟：会意字。《说文解字》：『孟，长也。』

孟

mèng

金 篆 隶 楷

古字形下为一器皿，上为一小孩儿，表示给刚出生的孩子洗澡。本义是“始、首先”。引申为兄弟姊妹中排行居长的，也指四季中每季的第一个月，《逸周书·周月》：“岁有春夏秋冬，各有孟仲季，以名十有二月。”

梦：会意字。《说文解字》：『梦，不明也。』

 甲  金  篆  隶  楷

梦（夢）

mèng

古字形像一个人躺在床上做梦，金文以下加了个“夕”，表示做梦常在夜晚。本义是“做梦”，［唐］杜甫《梦李白》：“故人入我梦，明我长相忆。”引申为“昏乱不明、虚幻”等义，［宋］苏轼《赠清凉寺和长老》：“老去山林徒梦想，雨余钟鼓更清新。”

麋：象形字。《说文解字》：「麋，鹿属。」

麋

mí

甲骨文像一只麋鹿，金文以下变为上“鹿”下“米”的形声字。麋鹿是一种珍稀动物，毛淡褐色，雄的有角，角像鹿，尾像驴，蹄像牛，颈像骆驼，俗称“四不像”，《楚辞·九歌·湘夫人》：“麋何食兮庭中，蛟何为兮水裔？”

米：象形字。《说文解字》：「米，粟食（米粟的籽实）也。」

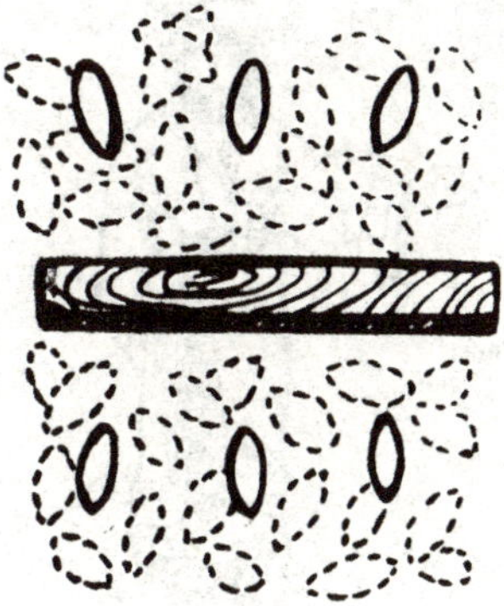

米 mǐ

甲骨文中的六个点像米粒，中间的一横像筛形。金文以下，筛形变成“十”字形。本义是“米”，粮食作物的籽实，《晋书·隐逸传·陶潜》：“吾不能为五斗米折腰。”又做长度单位，一米是一百厘米，大概三尺多。

冕：会意字。《说文解字》："冕，大夫以上冠也。"

冕
miǎn

古字形像一个人戴着大帽子。本义指古代大夫以上的贵族戴的礼帽，《左传·桓公二年》："衮、冕、黻、珽。"后专指"帝王的礼帽"，如"加冕、冠冕"。喻指竞赛中冠军的荣誉地位，如"卫冕"。还指像冕的事物，如"日冕"。

面：象形字。《说文解字》：「面，颜前也。」

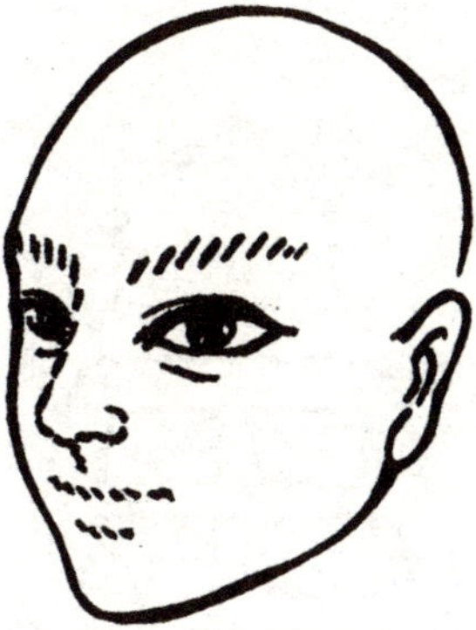

面

miàn

 字形就是人脸的样子。 本义是“脸”，《孟子·公孙丑下》：“谏于其君而不受，则怒，悻悻然见于其面。”引申为“容颜、相貌”，［前蜀］韦庄《女冠子》：“依旧桃花面，频低柳叶眉。”也有“当面、对着、平面、方面”等义。汉字简化把“麵”也写作“面”。

苗：会意字。《说文解字》：『苗，草生于田者。从艸，从田。』

苗

miáo

字形像田地中生长着两颗小苗，指尚未开花结实的禾类植物，《诗·王风·黍离》："彼黍离离，彼稷之苗。"引申为初生待养的动物，如"鱼苗、猪苗"，也指事物的因由、苗头。

蔑
miè

古字形重点突出了眼睛，下面是戈砍人形。本义是“消灭、杀伐”，《国语·周语》：“今将大泯其宗祊（bēng），而蔑杀其民人。”引申为轻视，［晋］左思《咏史》：“亲戚还相蔑，朋友日夜疎。”又引申为“涂污、污染”，如污蔑、诬蔑。此义后加“血”作“衊”，今简化仍为“蔑”。

蔑：会意字。《说文解字》：『蔑，劳目无精也；衊，污血也。』

民

mín

 金文字形像一把尖刀刺进左眼强迫为奴。奴隶社会里，奴隶主用残酷的手段强迫奴隶劳动， 本义是“奴隶”。后来泛指平民、百姓、人民。《易·系辞下》：“上古结绳而治，后世圣人易之以书契，百官以治，万民以察，盖取诸夬。”

皿：象形字。《说文解字》：「皿，饭食之用器也。」

 甲  金  篆  隶  楷

皿

mǐn

 字形像一个圆足大口容器， 是盘盂碗盏一类饮食盛器的总称，［唐］韩愈《钱重物轻状》：“禁人无得以铜为器皿。”凡由“皿”做部件构成的字多与“器皿”有关。

名：会意字。《说文解字》：『名，自命也。从口，从夕。』

名

míng

甲 金 篆 隶 楷

字形由“口、夕”构成，“夕”是夜晚。夜晚彼此看不见，故靠喊名字来识辨，本义是“名字”，《左传·隐公元年》：“庄公寤生，惊姜氏，故名曰寤生。”也指事物的名称。引申有“功名、问明”等义。

明：会意字。《说文解字》：『朙（明），照也。』

甲 金 篆 隶 楷

明

míng

字形从日、月，没有什么比太阳和月亮更明亮的了。本义是“光明”，《史记·历书》：“日月成，故明也。”引申为“明艳、鲜艳”，［唐］李白《忆旧游寄谯郡元参军》：“一溪初入千花明，万壑度尽松风声。”又有“明白、明显、证明、表明”等义。

鸣：会意字。《说文解字》：“鸣，鸟声也。从鸟，从口。”

鸣

míng

上古时鸡叫为“鸣”，后来也指鸟兽昆虫叫，《易·中孚》：“鹤鸣在阴，其子和之。”引申为“著称，闻名”，[唐]高適《双六头赋送李参军》诗：“朝影入平川，川长复垂柳。明年有一掷兮，君不先鸣谁先鸣！”

命：会意字。《说文解字》：「命，使也。」

甲　金　篆　隶　楷

命

mìng

甲骨文中“命、令”本一字（参见“令”字），金文始在“令”字左下加“口”就是“命”。本义是“命令”。引申为“天命、命运”，《易·乾》：“乾道变化，各正性命。”又指“生命、寿命”，《论语·雍也》：“有颜回者好学，不迁怒，不二过，不幸短命死矣。”

末：指事字。《说文解字》：『末，木上曰末。从木，一在其上。』

末

mò

字形重点突出了树梢的部位。本义是“树梢”，《楚辞·九歌·湘君》：“采薜荔兮水中，搴芙蓉兮木末。”泛指物的端、尾，事情的后果、终局。也指非根本的、次要的事，多与“本”对言。

莫：会意字。《说文解字》：『莫，日且冥也。从日在茻（草）中。』

 甲  金  篆  隶  楷

莫

mò

古字形像太阳隐没草中。本义是“日落时”，［宋］晏几道《蝶恋花》：“朝落莫开空自许，竟无人解知心苦。”假借为否定代词“没有谁、没有什么”，《荀子·天论》：“在天者，莫明于日月。”也做否定副词“不”。后假借义行，表示本义只好在“莫”下加个“日”写作“暮”。

牟：象形字。《说文解字》：『牟，牛鸣也。』

牟

móu/mù

古字形下为“牛”，上方的符号表示牛叫时发出的声气。

 本义是“牛鸣声”，[明] 李时珍《本草纲目》：“（牛）其声曰牟。”假借为“取”，如牟取私利。用作地名时读mù，如山东牟平县。

某：会意字。《说文解字》：「某，酸果也。」

 金  篆  隶  楷

某

mǒu

古字形像树上结果的样子。“梅”的本字。本义为“酸梅子”。后假借指一定或不定的不明说的人或事物，《礼记·少仪》：“问道艺，曰：‘子习于某乎，子善于某乎？’”也做自称之词，指代“我”或本名（旧时谦虚的用法）。后假借义通行，表本义便另加“木”作“楳”或用“梅”表示。

母：会意字。

母

mǔ

古字形像一个朝左跪着的女人，两点像乳房。本义是“母亲”，《诗·小雅·蓼莪》：“无父何怙？无母何恃？”引申指女性长辈，如“祖母、姨母、舅母”等。也指雌性动物，如“母鸡、母猪、母狗”等。

牡：会意字。《说文解字》：「牡，畜父也。」

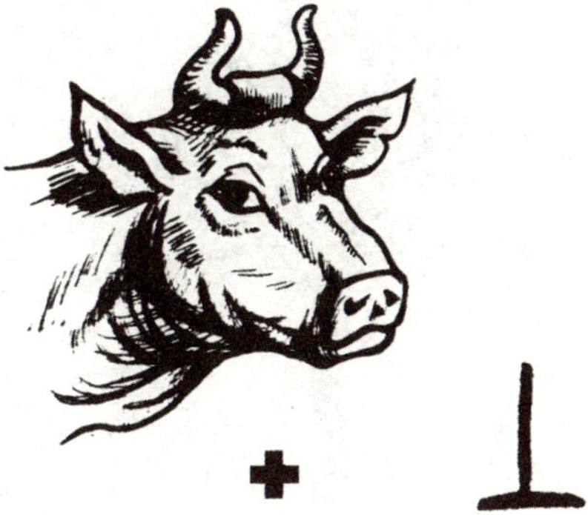

牡

mǔ

甲骨文字形左边是“牛”，右边是一个表示雄性的符号。金文以下，雄性符号变为“土”而表声，遂成为形声字。本义是“鸟兽的雄性”（与“牝”pìn相对），《史记·封禅书》：“用一青牡马。”“牡丹”的“牡”字是假借字。

木：象形字。《说文解字》：『木，从屮（草木初生的样子），下像其根。』

木
mù

字形像树木的样子。本义就是“树”，《孟子·梁惠王上》：“以若所为求若所欲，犹缘木而求鱼也。”引申指“木材”。也指“质朴、朴实”，形容人敦厚的样子，《论语·子路》：“刚、毅、木、讷，近仁。”

目：象形字。《说文解字》：『目，人眼。』

 甲  金  篆  隶  楷

目

mù

 字形就是眼睛的样子。 本义是“眼睛”，《易·鼎》：“巽而耳目聪明。”引申指“目光、眼力、观看、注视、标题、首领、头目”等义。

牧：会意字。《说文解字》：『牧，养牛人也。』

牧

mù

字形像手拿鞭子驱赶牛。本义是“放牧”，《孟子·公孙丑下》：“今有受人之牛羊而为之牧之者。”引申指“放牧的人”，《文选》：“狐兔成穴，童牧哀歌。”还引申指“管理、统治”，《逸周书·命训》：“古之明王，奉此六者以牧万民。”

穆：象形字。《说文解字》：「穆，禾也。」

 甲  金  篆  隶  楷

穆

mù

本义是“成熟了的庄稼”，字形像一棵禾（庄稼），下面三撇儿表示谷粒成熟纷纷下落的样子。引申为“美好、壮美”，《诗·周颂·清庙》：“于穆清庙，肃雝显相。”又引申为“肃穆、和睦”等义。

内：会意字。《说文解字》："内，入也。"

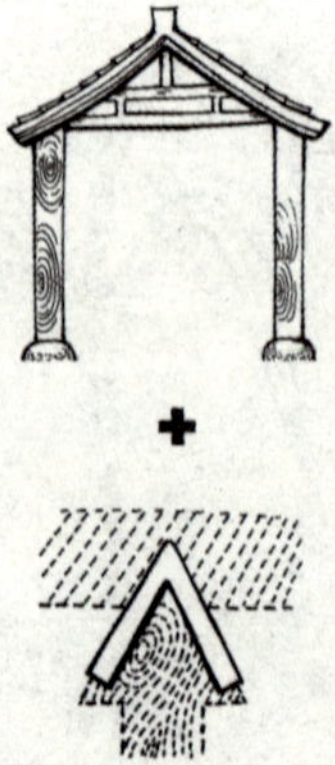

内

nèi

甲、金文均上为“屋”，下为“入”，入屋为内。本义是“纳”。引申为“里面，里头”（与“外”相对），《左传·定公八年》：“公敛处父帅成人自上东门入，与阳氏战于南门之内。”古代也指帝王所居之处，大内。也泛称妻妾，后专称妻，如贱内、惧内。

乃：象形字。

 甲  金  篆  隶  楷

乃

nǎi

 古字形像一条绳子。 假借为代词“你的、他的”，《红楼梦》：“令其读书，较之乃兄，竟高十倍。”也做副词“就是、才是”，［清］秋瑾《〈中国女报〉发刊辞》：“危险而不知危险，是乃真危险。”

耐：会意字。《说文解字》：『耏，罪不至髡（剃发）也。耐，或从寸。』

耐

nài

 古字形左为“而（颊须）”，右为“彡（shān，象征毛）”或“寸（同“又”，即手）”，会手执工具剃去毛须之意。 本义是“剃去颊须的轻刑”，《汉书·高帝纪下》“春，令郎中有罪耐以上，请之。”引申为“禁得起”，杜甫《兵车行》：“况复秦兵耐苦战。”

男：会意字。《说文解字》：“男，丈夫也。”

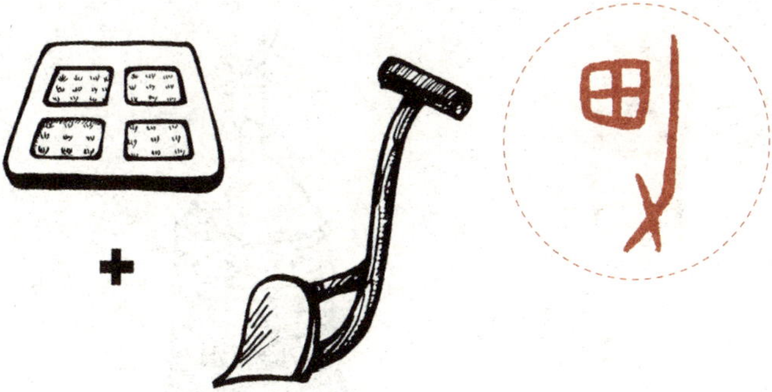

甲 金 篆 隶 楷

男

nán

甲骨文左为“田”，右为“耒（lěi，耕地的工具）”，耕田是由男人担当的。小篆以后“耒”变为“力”。本义是能在田中劳动的壮年男子，［汉］班固《东都赋》：“女修织纫，男务耕耘。”特指“儿子”，《红楼梦》第十四回：“镇国公诰命生了长男，预备贺礼。”古代爵位名，公、侯、伯、子、男五等爵的第五等。

南：象形字。

南

nán

古字形像打击乐器，引申指乐舞名，［汉］班固《白虎通·礼乐》：“故东夷之乐曰朝离，南夷之乐曰南。”假借为方位名（与“北”相对），《诗·周南·樛木》：“南有樛（jiū）木，葛藟（léi）累之。”

能：象形字。《说文解字》：「能，熊属。」

甲 金 篆 隶 楷

能

néng

“能”就是“熊”，古字形像一只熊，《国语·晋语八》：“今梦黄能入于寝门，不知人杀乎，抑厉鬼邪？”由熊是野兽中的强者引申为“才能、能力、胜任”等义，后另造“熊”表示本义。

尼：会意字。《说文解字》：『尼，从后近之。』

尼

ní

古字形是两个人紧靠的样子，表示亲近，是“昵”的本字。《尸子》：“悦尼而来远。”（喜欢亲近的人，就能使远方的人来到这里）。后多指佛教中出家修行的女子，即尼姑。

逆

nì

古字形像一个倒着的人形。本义是“倒着、反向”。引申为“不顺”，如逆境。又引申为“迎着”（与“送”相对），《左传·成公五年》：“晋荀首如齐逆女。”（“如齐”，到齐国去）又指“方向相反、叛逆”等义。

逆：象形字。《说文解字》：「逆，迎也。」

年：会意字。《说文解字》：『年，谷熟也。』

年

nián

古字形像一个人背着成熟的庄稼回家，表示丰收。本义指“谷物成熟”，《谷梁传·桓公三年》：“五谷皆熟，为有年也。”引申指“一年的收成”，《诗·周颂·丰年》：“丰年多黍多稌（tú，稻子）。”由庄稼一年一熟转指十二月为一年，再引申指“年龄、年代”等。

 金 篆 隶 楷

辇（輦）

niǎn

辇：会意字。《说文解字》：「辇，輓（挽，牵引）车也。」

古字形像两人牵引一辆车。 本义是“人拉的车”，《竹书纪年》卷上：“迁于河南，初作辇。”秦汉后专指帝王后妃所乘的车，［晋］潘岳《藉田赋》：“天子乃御玉辇，荫华盖。”

廿：会意字。《说文解字》：『廿，二十并也。』

廿

niàn

甲 金 篆 隶 楷

古字形是两个丨（十）连在一起。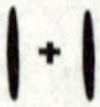数词，二十。［唐］李贺《公无出门》诗：“鲍焦一世披草眠，颜回廿九鬓毛斑。”田汉《长衡道上》：“廿载未知离别苦，乡关回首暮云遮。”

鸟：象形字。《说文解字》：「鸟，长尾禽总名也。」

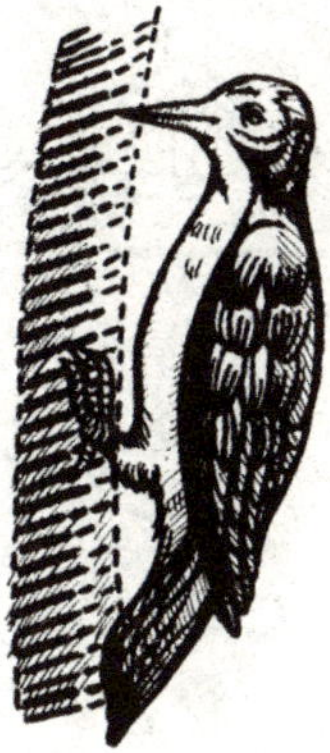

鸟（鳥）

niǎo

字形像一只飞鸟。本义就是“鸟”，［唐］韩愈《郓州溪堂诗》：“流有跳鱼，岸有集鸟。”“鸟瞰”即指像鸟一样从高处俯视地面的景物。

宁：会意字。《说文解字》：「寍，安也。寧（宁），愿（宁愿）词也。」

(寧)宁

níng/nìng

本义是“安宁”。甲骨文字形上像房子，下似盛满食物的器皿，表示丰足、安定；金文以下加“心”，表示“安心”。《书·大禹谟》：“野无遗贤，万邦咸宁。”以上读níng。读nìng，用作副词，“宁可、难道”，《左传·定公十三年》：“与其害于民，宁我独死。”《史记·陈涉世家》：“王侯将相宁有种乎？”

牛

niú

字形从正面看是牛头的形象，头部有一对向上弯的角。

本义就是反刍类哺乳动物“牛”。《诗·王风·君子于役》：“日之夕矣，羊牛下来。”牛，性倔强，因以比喻人性格执拗，如“牛脾气”。

牛：象形字。《说文解字》：『牛，大牲也。』

农：会意字。《说文解字》：「农，耕也。」

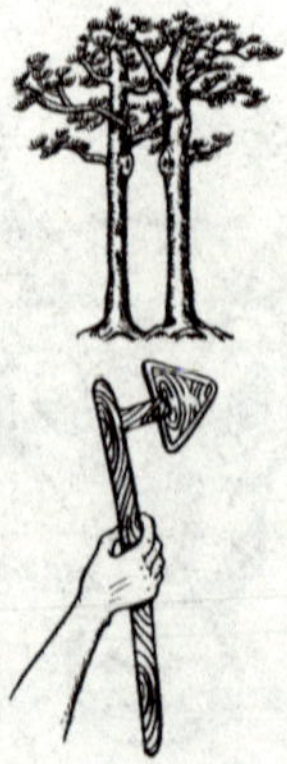

（農）农
nóng

甲 金 篆 隶 楷

甲骨文上为“林”，下为“手执辰（农具）”，表示以农具垦植即为农作之事；金文“林”变为“田”；篆文又变为“囟”；隶楷再变为“曲”。今简化为“农”，成了一个记号字。 本义是“耕种”，［唐］陆龟蒙《自遣》：“南岸春田手自农，往来横截半江风。”指“农业”、“农民”。

弄：会意字。《说文解字》：“弄，玩也。”

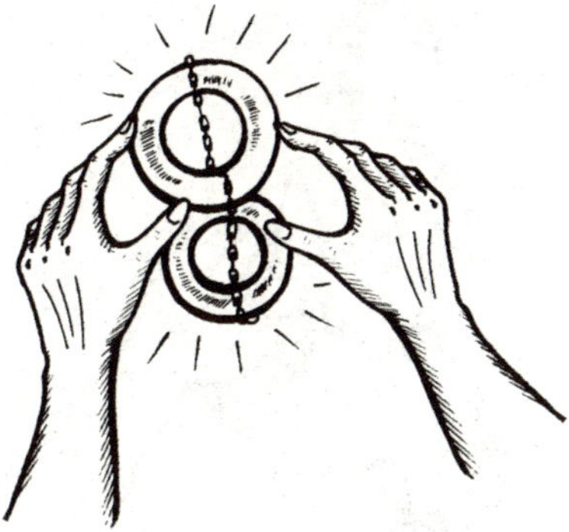

甲 金 篆 隶 楷

弄

nòng

字形是双手把玩玉器。本义是“用手把玩、舞弄”，《诗·小雅·斯干》：“载衣之裳，载弄之璋。”引申为“欺骗、戏弄、卖弄”。也指“做、搞”，《儿女英雄传》：“舅太太又掉着样儿弄两样可吃的家常菜给他吃。”

奴：会意字。《说文解字》：『奴，奴、婢皆古之罪人也。』

奴

nú

 甲  金  篆  隶  楷

古字形像一只手抓住了一个女人。本义是“奴隶”，《周礼·秋官·司厉》：“其奴，男子入于罪隶，女子入于舂槁。”引申指“仆人、奴役”。后也指女子表示自卑的称呼。

怒：形声字。《说文解字》："怒，恚（愤恨，发怒）也。"

金

篆

隶

楷

怒
nù

"心"表义，"奴"表声。指"气愤、愤怒"，《诗·邶风·柏舟》："薄言往愬，逢彼之怒。"引申为"奋发、奋起"，《庄子·逍遥游》："（鹏）怒而飞，其翼若垂天之云。"

女：象形字。《说文解字》：『女，妇人也。』

女

nǔ

字形是一个女人的形象，面朝左，上身直立跪坐在地上，双手交叉在胸前。　本义是“女人”，《易·家人》：“女正位乎内，男正位乎外。”也指“女儿”，《木兰诗》：“不闻爷娘唤女声。”

虐：会意字。《说文解字》：「虐，残也。」

虐

nüè

古字形上为虎头，左下为虎爪，右下像一个人正被老虎欺凌。 本义是“残害、欺凌”，《左传·文公十五年》：“君子之不虐幼贱，畏于天命也。”

偶：会意字。《说文解字》：『偶，桐人（桐木雕的人像）也。』

偶

ǒu

金 篆 隶 楷

字形从“人”，从“禺”（yú，一种长尾猴，其貌像人）。

本义指泥塑或木雕的人像，《南史·鲍泉传》：“面如冠玉，还疑木偶。”引申为“配偶”，《魏书·刘昞传》：“瑀有女始笄，妙选良偶，有心于昞。”也指“双数”。

旁：形声字。《说文解字》：“旁，溥（广大）也。”

甲 金 篆 隶 楷

旁

páng

 古字形上为“四方之形”，下为“方（似耒、刀）”表声，义为广于四方。 本义指“广且多”，《史记·五帝本纪》：“旁罗日月星晨。”引申指“旁边”，［唐］韩愈《李花》：“旁有一株李，颜色惨惨似含嗟。”也指“别的、其他的”。

佩：会意字。《说文解字》：『佩，大带佩也。佩必有巾，巾谓之饰。』

佩

pèi

金 篆 隶 楷

本义是“古人系在衣带上的装饰品”，《诗·秦风·渭阳》：“我送舅氏，悠悠我思。何以赠之，琼瑰玉佩。” 引申为“佩带、佩服”等义。

甲 金 篆 隶 楷

配

pèi

古字形像一个跪坐之人在酒坛旁调配酒料。本义是“调配”。引申为“婚配”，[唐] 冯待徵《虞姬怨》：“年华灼灼艳桃李，结发簪花配君子。”又引申为“配合、分配、发配”等义。

配：会意字。《说文解字》：『配，酒色也。』

朋：象形字。

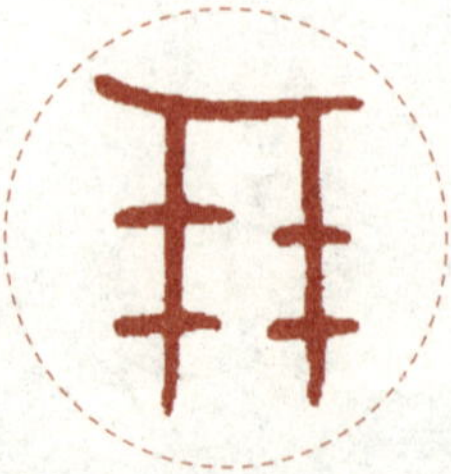

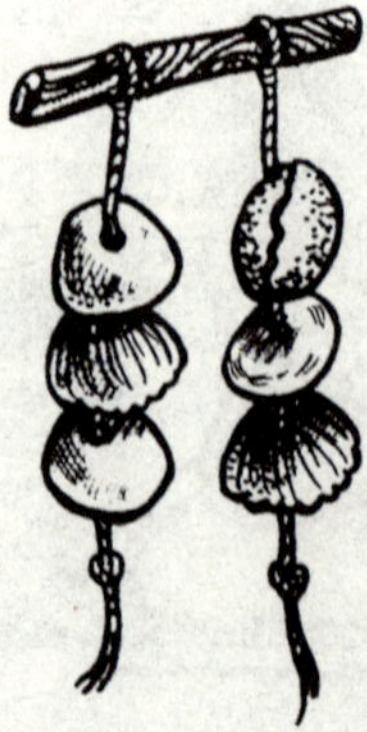

朋

péng

甲 金 篆 隶 楷

古字形像两串贝（或玉）连在一起，古以贝或玉做货币。

本义就是货币单位，五贝为一串，两串为一朋，《诗·小雅·菁菁者莪》：“既见君子，赐我百朋。”引申为“朋友、朋党”。

彭：会意字。《说文解字》：「彭，鼓声也。」

彭

péng

本义是“鼓声”。字形左为鼓，右三撇是鼓声的示意。

引申为“水流急湍”，《汉书·司马相如传》：“汹涌彭湃。”（此“彭”也写作“澎”）。“彭彭”有“强壮有力、盛多”义，《诗经》中有“四牡彭彭”“行人彭彭”句。今主要用作姓。

皮：会意字。《说文解字》：『皮，剥取兽革者谓之皮。』

皮

pí

金文像一只手剥取兽皮，字形中突出了死兽张大的嘴和凸起的皮。本义是“兽皮”，《诗·鄘风·相鼠》：“相鼠有皮，人而无仪。”引申指“东西的表面”，也指“某些薄片状的东西”，如铜皮、铅皮、豆腐皮。

匹：会意字。《说文解字》：「匹，四丈也。」

匹

pǐ

金文像柜子里折叠保存的一匹布形。本义是布帛等织物的长度单位，古代四丈为一匹，《史记·刘敬叔孙通列传》：“迺赐叔孙通帛二十匹，衣一袭，拜为博士。”也是马驴骡等动物的计量单位。引申义“匹敌、对手”等义。

辟：会意字。《说文解字》：「闢（辟），开也。」

(闢)辟 pì

金 篆 隶 楷

古字形像双手开门。本义是“打开”，《左传·宣公二年》：“寝门辟矣。”引申为“开拓”，司马相如《上林赋》：“地可垦辟。”又引申为“透彻、驳斥”等义，如“精辟、辟谣”。

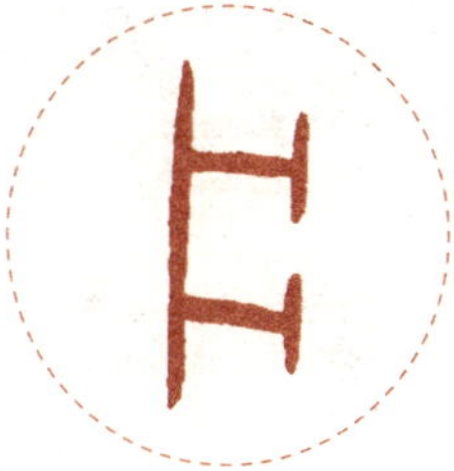

 甲  金  篆  隶  楷

片

piàn

古字形像树木被劈成两半。本义是“剖开的木片”。引申指“扁而薄的东西”。［唐］杜甫《寄杨五桂州谭》：“梅花万里外，雪片一冬深。”引申指“不全面、片面”。做动词指用刀将物斜削成扁薄形状。也做量词。

片：会意字。《说文解字》：“片，判（分剖）木也。从半木。”

品：会意字。《说文解字》：『品，众庶也。』

品

pǐn

品字形用三个器皿（“口”）表示事物或物品多。本义是“众多”。引申为“品种、等级”，如清代的几品官员。再引申指“物件、品格、评价、品尝”等义。

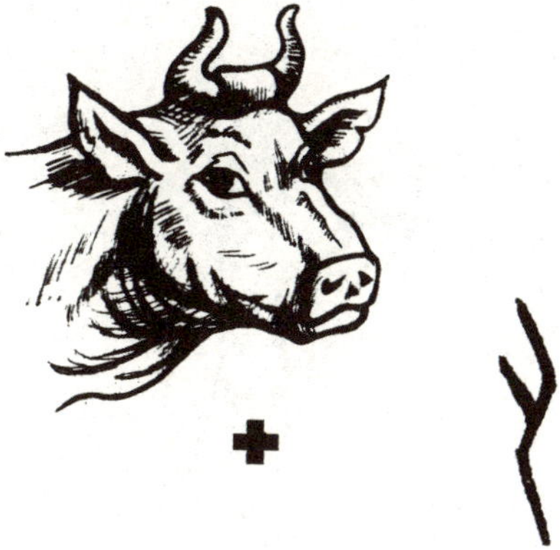

甲 篆 隶 楷

牝

pìn

牝：会意字。《说文解字》：『牝，畜母也。』

甲骨文字形左边是“牛”，右边是一个表示雌性的符号，小篆以下雌性符号变为“匕”而表声，成为形声字。，本义是“鸟兽的雌性”（与“牡”相对），[清] 和邦额《夜谭随录》：“翌日，驱车入市，往覘之，果有怀驹牝驴。”《尚书·牧誓》：“牝鸡无晨。”与此相反，用“牝鸡司晨”比喻妇人篡权。

仆：会意字。《说文解字》：『僕，给事者（供役使的人）。仆，顿（以头叩地）也。』

（僕）仆 pú/pū

甲骨文像一个身着尾饰的人，手捧盛土的簸箕，头上还有奴隶的标记（刑刀），表示奴仆从事贱役。本义就是“奴隶”，引申为“仆人”。以上读pú。另读pū，本义是“以头叩地”，引申指“向前跌倒”，《史记·项羽本纪》：“卫士仆地。”泛指“倒地”。小篆分为二字，今简化字把“僕（pú）”与“仆（pū）”合并为“仆”。

甲 金 篆 隶 楷

七

qī

 本义是“切”。甲金文于横画中加一竖，表切断义。小篆竖画下弯，以与“十”相别。 假借为数词。后假借义行，遂加“刀”写作“切”表本义。“七”也是文体的一种，亦称七体，这是赋的另一形式，由西汉枚乘《七发》发端。

妻：会意字。《说文解字》：「妻，妇与夫齐者也。」

妻

qī

甲 金 篆 隶 楷

古字形是一只手抓住了一个女子束的长发，会掠夺女子为配偶之意，这与古代的抢婚风俗有关。本义是男子的嫡配，《诗·齐风·南山》：“取（娶）妻如之何，必告父母。”今泛指男子的合法配偶。

漆：象形字。《说文解字》：『桼，木汁可以髹（漆饰）物，象形。桼如水滴而下。漆，水（漆水河）。』

金 篆 隶 楷

漆

qī

字形像一棵有汁液滴下的漆树。本作“桼”，《汉书·货殖传》：“陈、夏千亩桼。”小篆加“水（氵）”作“漆”。《诗·鄘风·定之方中》：“树之榛栗，椅桐梓漆。”也指用漆树汁制成的涂料，今泛指各种人造的黏液状涂料。“漆”本指水名，渭水支流，在今陕西。后“漆”取代“桼”而通行。

齐：会意字。《说文解字》：『齐，禾麦吐穗上平也。』

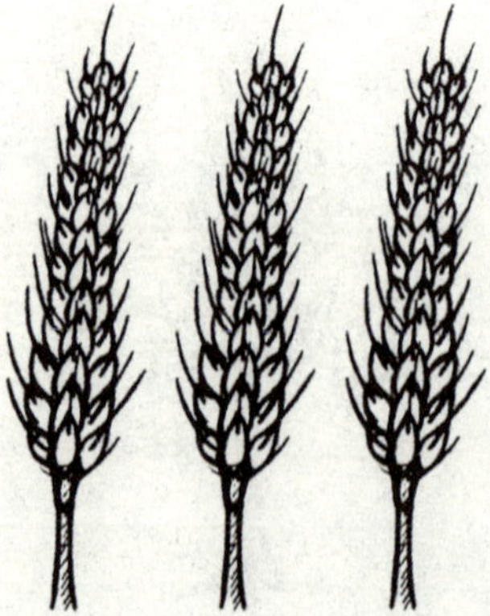

(齊)齐
qí

甲 金 篆 隶 楷

古字形像是三棵整齐生长的麦穗，本义是“整齐、平齐”，［汉］班固《白虎通》：“行列得正焉，进退得齐焉。”喻指思想或行动一致，齐心协力，《荀子·议兵》：“民齐者强，民不齐者弱。”

其：会意字。《说文解字》：「其，簸也。」

甲 金 篆 隶 楷

其

qí

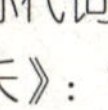古字形像簸箕。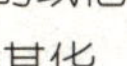 本义是“簸箕”。假借为第三人称代词“他（她、它）的或他（她、它）们的”，《诗·周南·桃夭》：“桃之夭夭，灼灼其华，之子于归，宜其室家。”也表近指或远指，“这些，那些”。后假借义行，遂另造“箕”表本义。

祈：会意字。《说文解字》：『祈，求福也。』

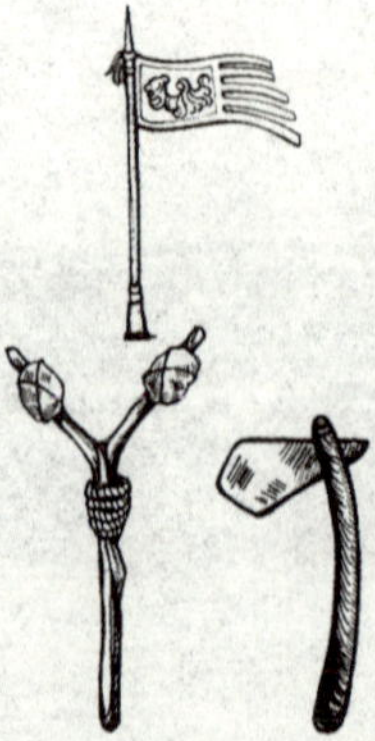

祈

qí

甲 金 篆 隶 楷

金文字形像军队出发在军旗下举着武器祷告。本义是向天或神求祷，《诗·小雅·甫田》：“琴瑟击鼓，以御田祖，以祈甘雨，以介我稷黍。”引申为“请求、希望”。

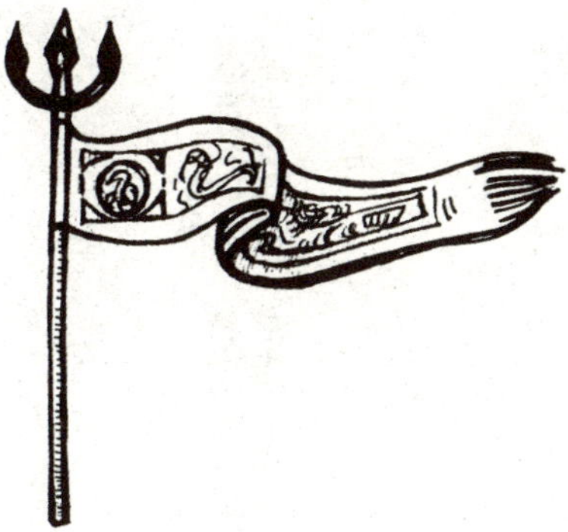

甲 金 篆 隶 楷

旗

qí

古字形像古代画有图腾的旗，《周礼·春官·司常》："熊虎为旗。"引申为"标志"，《左传·闵公二年》："佩，衷之旗也。"又指清代以旗帜的名色作为区别的兵民一体的组织，即八旗。

旗：形声字。《说文解字》：『旗，熊旗五游，以象罚星，士卒以为期。从㫃，其声。』

企：象形字。《说文解字》：『企，举踵（脚后跟）也。』

企
qǐ

字形像一个站立的人，下面突出了他的大脚。本义是“踮起脚跟”，《汉书·高帝纪上》：“日夜企而望归。”引申为“盼望、希望”，《三国志·吴志·周鲂传》：“不胜翘企，万里讬命。”

甲

金

篆

隶

楷

启(啓)

qǐ

古字形像用手开门。 本义是“打开”，[唐]韩愈《感春》：“宫门一锁不复启，虽有九陌无尘埃。”引申为“启始、启发”。又有“陈述”义，如“启事”。小篆分二字，今将其合并简化为“启”。

启：会意字。《说文解字》：「启，开也；啓，教也。」

气：象形字。《说文解字》：『气，云气也，象形。氣，馈客刍米也，从米，气声。』

（氣）气

qì

 甲  金 篆 隶 楷

 甲骨文的三条横线像空气中浮游的云气，金文上下横渐变为曲线，与“三”相别。 本义就是“云气”，［唐］杜甫《秋兴》诗之五：“西望瑶池降王母，东来紫气满函关。”引申为“空气、天气、气候”等义。楷繁下加“米”，变成从米气声的形声字，表馈赠义，实为“餼”（饩，xì）的本字。今“氣”又简化为“气”。

弃：会意字。《说文解字》：『棄，捐也。弃，古文棄字。』

甲 金 篆 隶 楷

弃(棄)

qì

古字形是双手执箕将婴儿抛掉。 本义是“抛弃”，《诗·小雅·谷风》：“将安将乐，棄我如遗。”引申指“厌弃、废弃、背弃”等义，《书·西伯戡黎》：“惟王淫戏用自绝，故天弃我。”今“棄”为繁体，“弃”为正体简化字。

契：会意字。《说文解字》：『契，大约（邦国之间的契约）也。』

契

qì

本义是“刻”，甲金文右为刀，左为刻的线条或齿，用刀契刻之形，后加“大”。《吕氏春秋·察今》：“楚人有涉江者，其剑自舟中坠于水，遽契其舟，曰：‘是吾剑之所从坠。’”引申为“凭证、字据等信物”，老舍《蜕》：“有房的把房契揣好，跑向乡间。”

器

qì

字形为周围有四“口”，中间有一“犬”。人喧哗为“嚣”，犬吠为“器”，当为“狺（yín）”的初文，故本义应是“犬吠声”。后本义不存，假借为“用具、器具”，《易·系辞上》：“备物致用，立成器以为天下利。”引申为“人的能力、器量、器官”等义。

器：会意字。《说文解字》：『器，皿也。象器之口，犬所以守之。』

千：指事字。《说文解字》：「千，十百也。」

千

qiān

甲 金 篆 隶 楷

字形中间是一个人，下面的短横是个指事符号，区别于“人”字，表示数词，十个百。《书·泰誓上》：“予有臣三千，惟一心。”也表示多，如千军万马、千篇一律、千言万语等。

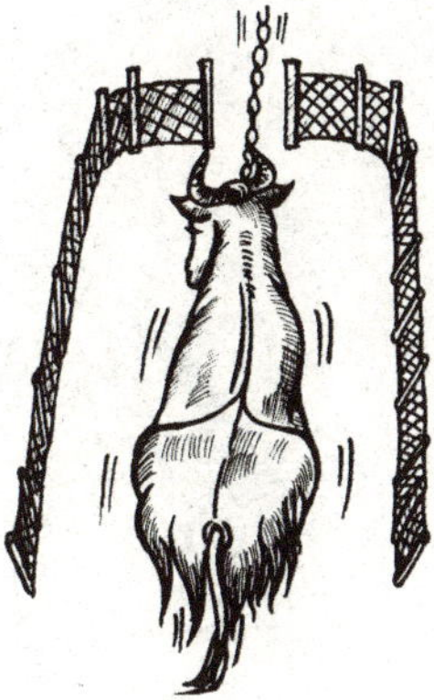

牵（牽）

qiān

篆文从牛，从玄（绳索），从冂（牛栏），表示用绳子把牛从栏中拉出来，本义是“拉、挽”，《书·酒诰》：“肇牵车牛，远服贾，用孝养厥父母。”引申为“牵连、牵制”。

牵：会意字。《说文解字》：『牵，引前也。从牛，像引牛之縻（牛鼻绳）也，玄声。』

前：会意字。《说文解字》：『前，不行而进谓之前。从止（足）在舟上。』

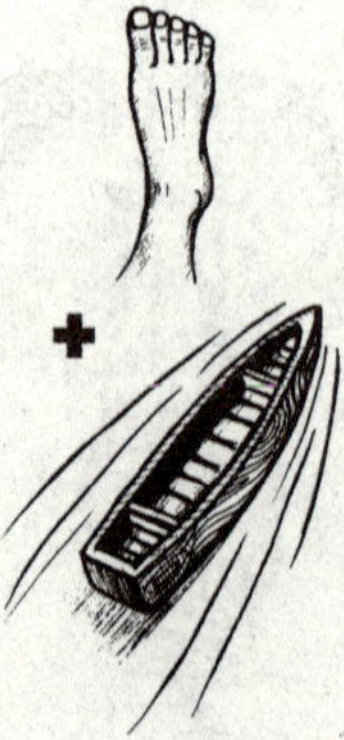

前

qián

甲 金 篆 隶 楷

本义是“前进”。古字形下部是一只小船，上部是一只脚（止），表示前进，本作“歬”。后“舟”误成为“月”，“止”变为“䒑”，又加刀（刂）而成为“前”（“剪”的本字）。《史记·魏其武安侯列传》：“及出壁门，莫敢前。”引申为面向的一方（与“后”相对）。

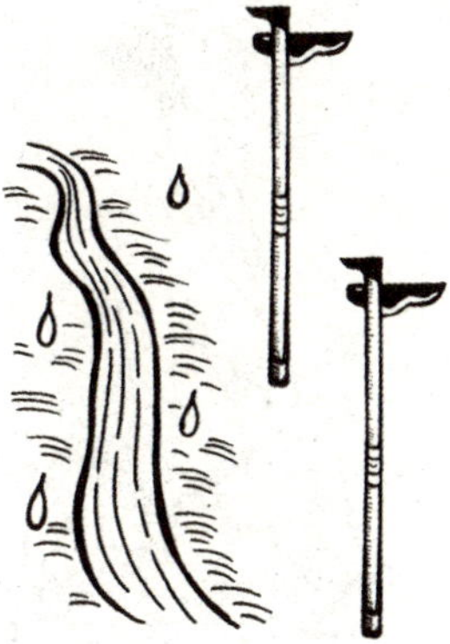

金 篆 隶 楷

浅（淺）

qiǎn

浅：形声字。《说文解字》：『浅，不深也。从水，戋声。』

字形左为“水”，像河流，右为“戋”，本像两把戈，表“相残”，但在此只表声（“戋戋”也有小、少义）。本义是“水不深”。《古诗十九首·迢迢牵牛星》：“河汉清且浅，相去复几许？”泛指从上到下或从外到内距离小。引申指“内容、学问、见识、感情、颜色等不深”。

欠：象形字。《说文解字》：『欠，张口气悟也。』

欠

qiàn

字形像一个人张着大嘴打呵欠。 本义就是“打呵欠”，《灵枢经》：“脾主吞，肾主欠。”打呵欠往往张臂伸腰，故可引申为“欠身”。又假借为“亏欠、欠债”。

羌：象形字。《说文解字》：「羌，西戎牧羊人也。」

羌

qiāng

字形上是一对羊角（部族以牧羊为生的特征），下是一个人，表明这就是一个羌族人的形象。羌族是我国少数民族，主要分布在甘肃、青海、四川一带，秦汉时，部落众多，以游牧为主。

墙：会意字。《说文解字》：『墙，垣蔽（墙垣蔽障）也。从啬，爿声。』

（墙）［牆］ 墙 qiáng

甲 金 篆 隶 楷

古字形从“啬”（sè，古“穑”字，收获谷物），从“爿”（qiáng，古“墙”字），会筑起外围屏障保护谷物之意。

本义就是“房屋、院落等的围墙”，《墨子·耕柱》：“譬若筑墙，能筑者筑，能实壤者实壤，能欣者欣，然后墙成也。”

乔：指事字。《说文解字》：「乔，高而曲也。从夭，从高省。」

甲 金 篆 隶 楷

乔(喬)
qiáo

本义是“高”。古字形在高楼上部加了一个指事符号，重点突出“高”义。常指树木高大，《书·禹贡》：“厥草惟夭，厥木惟乔。”引申有“乔装、乔迁”义。

且：象形字。《说文解字》：『且，荐（垫放物体的器具）也。』

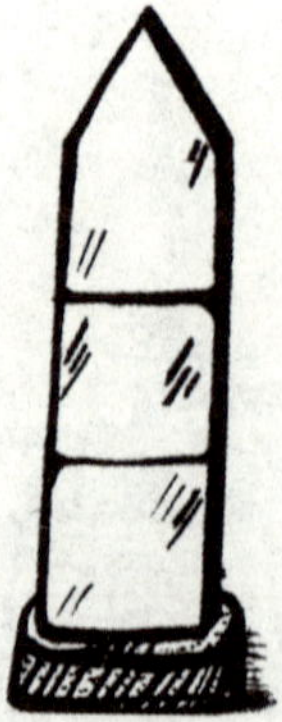

且

qiě

字形像古代祭祀时放置祭品的礼器，也作切肉的砧板。借用为连词“而且、并且”、副词“姑且”和助词（用在句首，犹“夫”，无实义）。《诗·小雅·鱼丽》：“君子有酒，旨且多。”《史记·项羽本纪》：“臣死且不避，卮（zhī）酒安足辞？”

 甲  金  篆  隶  楷

妾

qiè

古字形是一个跪坐着的女人头上悬着刑刀（“辛”）。用受过刑的女子会有罪的女子之意。 本义是“女奴”，《国语·晋语七》：“郑伯嘉来纳女、工、妾三十人。”旧时男子在妻以外娶的女子叫妾。

妾：会意字。《说文解字》：“妾，有罪女子，给事之得接于君者。”

钦：会意字。

(欽)钦

qīn

古字形左为一金属容器，右为一“欠”（张口喘气），表示人搬动容器很累，令人敬服。常用义为“敬仰、钦佩”，［唐］韩愈《韶州留别张端公使君》：“久钦江总文才妙，自叹虞翻骨相屯。”古代还指皇帝亲自（做），如钦定、钦赐、钦差大臣。

侵

qīn

本义是“打扫”。甲骨文像一只手拿着扫帚给牛清扫，表示“渐进”义，［唐］杜甫《寄赞上人》诗：“年侵腰脚衰，未便阴崖秋。”引申为“进犯、侵略”，《资治通鉴·周赧王元年》：“秦入侵义渠，得二十五城。”

侵：会意字。《说文解字》：『侵，渐进也。从人又（手）持帚，若埽（打扫）之进。』

秦：会意字。《说文解字》：『秦，伯益之后所封国，地宜禾。从禾、春省。一曰：秦，禾名。』

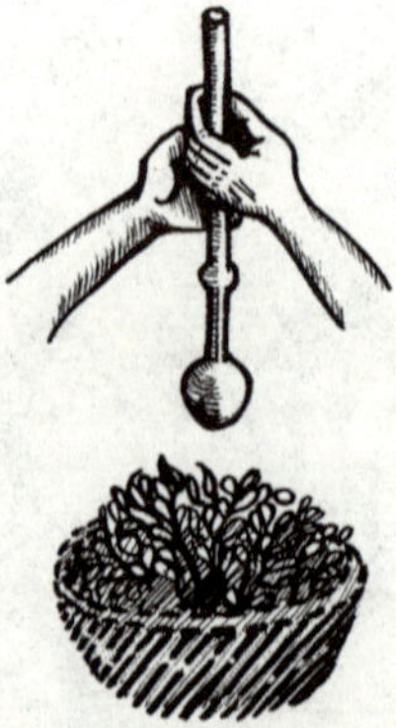

秦
qín

古字形像双手举杵（chǔ）春（chōng）禾，会用杵舂捣粮食之意，本义是“粮食”。秦国因盛产粮食而得名，即指地方和诸侯国名。

琴：形声字。《说文解字》：『琴，禁也。神农所做，象形。』

金 篆 隶 楷

琴

qín

本义指“古琴”，一种拨弦乐器，传为神农创制。本为象形字，后加“今”表声。古人把琴当作雅乐，《诗·小雅·鹿鸣》：“我有嘉宾，鼓瑟鼓琴。”泛指某些乐器，如钢琴、风琴、提琴、扬琴、胡琴等。

禽：象形字。《说文解字》：『禽，走兽总名。』

禽

qín

甲骨文上是网，下是网具的柄。本义指“捕捉鸟兽的工具”。金文加“今”表声，成为形声字。引申为“鸟兽的总名”，也可专指鸟类，《庄子·马蹄》：“禽兽成群，草木遂长。”也是“擒”的古字，《吕氏春秋·顺民》：“禽夫差，戮吴相。”

寝：会意字。《说文解字》：「寑（寝），卧也。」

 甲  金  篆  隶  楷

寝（寑）
qǐn

古字形像房间里有一把扫帚，表示扫净卧室就寝。本义是“卧、就寝”，《诗·小雅·斯干》：“乃寝乃兴，乃占我梦。”引申指“寝室、卧室”，也指“陵寝”，帝王陵墓是死后“卧息”的地方。古也作“寑”，为其异体字。

青：会意字。

青

qīng

古字形为下“丹”（朱砂，表颜色）、上“生”（植物初生），用植物初生之色会绿色之意。本义指“春天植物萌发的绿色”，［宋］苏轼《雨》：“青秧发广亩，白水涵孤城。”又指蓝色，《逍遥游》：“负青天，然后图南。”还指靛青，一种从蓝草中提炼的染料，《荀子·劝学》：“青，取之于蓝而青于蓝。”

顷

qǐng

顷：会意字。《说文解字》：「顷，头不正也。」

金、篆文从匕（bǐ，人歪头）、从页（头），会人歪头之意。 本义是“头歪斜”，是“倾”的本字。引申泛指倾斜，《诗·周南·卷耳》：“采采卷耳，不盈顷筐。”假借为土地面积的单位，百亩为顷，［唐］杜甫《杜鹃》：“有竹一顷余，乔木上参天。”又指“短时间”，《墨子·非儒下》：“有顷，闻齐将伐鲁。”

庆：会意字。《说文解字》：「庆，行贺人也。」

（慶）庆 qìng

甲 金 篆 隶 楷

本义是“祝贺”。古字形像是得到了一只身有花纹很美的鹿皮，心里很高兴，古人在祝贺别人时常送鹿皮以表心意。《周礼·春官·大宗伯》：“以贺庆之礼，亲异姓之国。”引申为“庆幸”，［唐］韩愈《寒食日出游》诗：“岂料生还得一处，引袖拭泪悲且庆。”又有“善、福”等义。

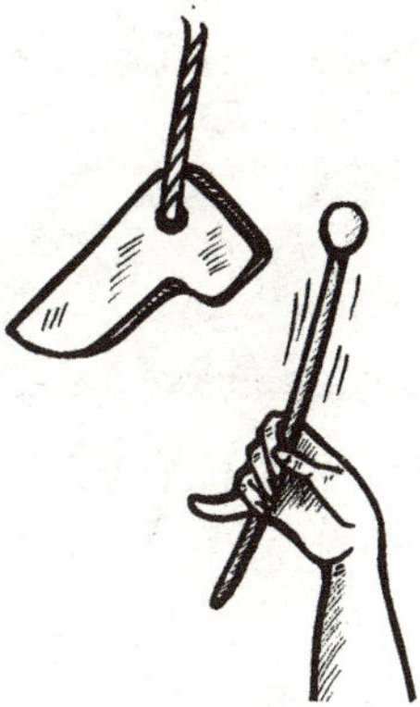

磬

qìng

甲骨文左上像悬挂的乐器，右下像以手持锤敲击（即“殳”），篆文后加“石”（多为玉石制成）作“磬”。 本义是石制乐器，《诗·商颂·那》：“既和且平，依我磬声。”

磬：会意字。《说文解字》：「磬，乐石也。」

丘：会意字。《说文解字》：『土之高也，非人所为也。』

丘

qiū

甲骨文像两座小山。本义是“小土山”，［唐］韩愈《送杨少尹序》：“某水某丘，吾童子时所钓游也。”从山丘的形象引申为“废墟”，［唐］元结《闵荒》：“不知新都城，已为征战丘。”也指“坟墓”，《红楼梦》：“天尽头何处有香丘？未若锦囊收艳骨，一抔净土掩风流。”

 甲  金  篆  隶  楷

囚

qiú

 字形像把人关进监牢。 本义是“囚犯”，［唐］白居易《歌舞》：“岂知阌乡狱，中有冻死囚！”引申为“拘禁”，《书·蔡仲之命》：“囚蔡叔于郭邻。”

囚：会意字。《说文解字》：『囚，系（拘系）也。从人在口中。』

求：会意字。《说文解字》：「求，古文裘。裘，皮衣也。」

求

qiú

甲　金　篆　隶　楷

甲、金文像一件皮衣，是“裘”的本字。假借为“寻找”，《诗·小雅·伐木》：“嘤其鸣矣，求其友声。”引申为“探索”，《论语·述而》：“我非生而知之者，好古敏以求之者也。”后假借义行，另造“裘”（形声字）表本义。

酋

qiú

古字形下像酒坛，上面的小点儿表示酒香四溢。本义是“陈酒”。引申指掌酒之官，《礼记 · 月令》：“乃命大酋。”再引申指部落的首领，酋长。

酋：会意字。《说文解字》：『酋，绎酒（久酿的酒）也。』

区：会意字。《说文解字》：「区，藏匿也。瓯，小盆也。」

(區)区

qū

本义是“隐匿”。古字形像在一个架子上放置很多容器，是“瓯”（ōu）的本字。 引申为“区别、区域”。《论语·子张》：“譬诸草木，区以别矣。”“区域”义，如解放区、工业区、风景区等。后引申义行，另造“瓯”表本义。

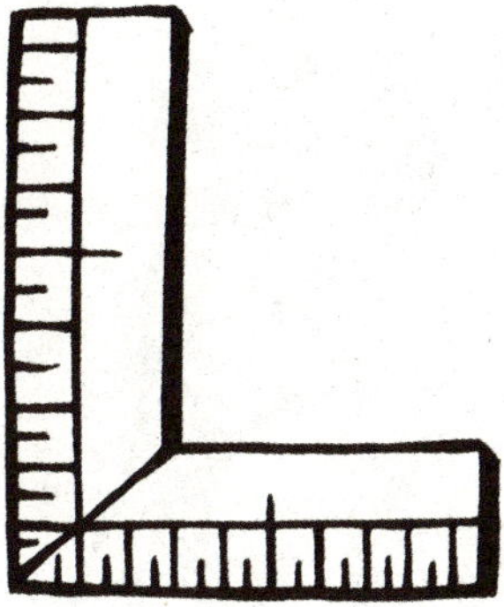

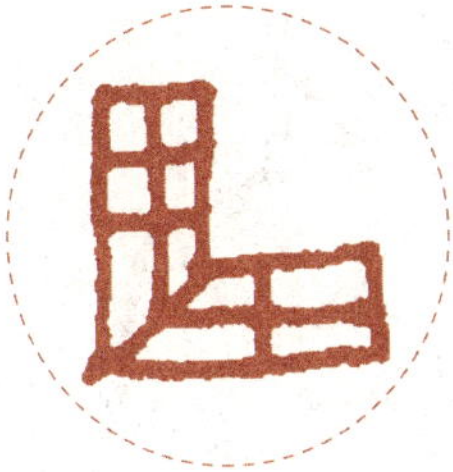

曲

qū/qǔ

甲、金文均像一把曲尺。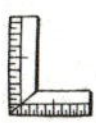本义是“弯曲”，［唐］韩愈《独钓》：“曲树行藤角，平池散芡盘。”引申为“理亏”，《史记·廉颇蔺相如列传》：“秦以城求璧而赵不许，曲在赵。以上读qū。又有“歌曲、乐曲”义，读qǔ，由曲折义引申而来。“酒曲”义原作“麯”，今合并简化为“曲”。

曲：象形字。《说文解字》：「曲，象器曲受物之形也。」

取：会意字。《说文解字》：『取，捕取也。从又，从耳。』

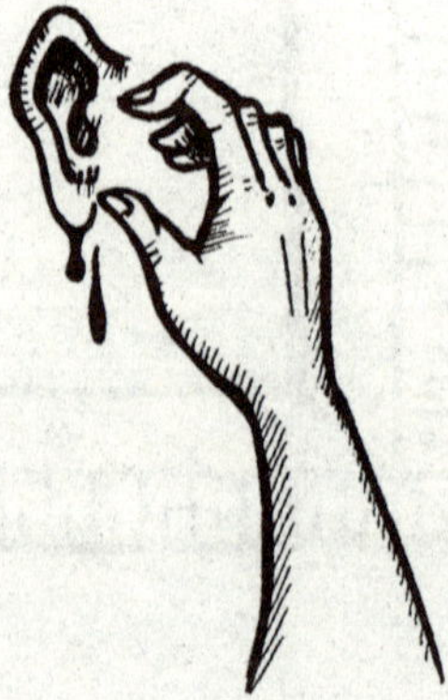

取

qǔ

甲 金 篆 隶 楷

甲骨文左为“耳”，右为“手”（又），会割下左耳之意，古时抓到野兽或战俘时，要割下左耳，用以记功。《周礼·夏官·大司马》：“大兽公之，小禽私之，获者取左耳。”引申为“拿、取得、攻下”等义。

去：会意字。《说文解字》：「去，人相违也。」

 甲  金  篆  隶  楷

去

qù

字形上为一人，下为一洞口，会出门离开之意。本义是“离开”，[唐]韩愈《剥啄行》：“剥剥啄啄，有客至门。我不出应，客去而嗔。”引申为“过去、去除”等义。做“前往”讲是后起义，并为现代所常用。

泉：象形字。《说文解字》：「泉，水原（源）也。像水流出成川形。」

泉

quán

甲 金 篆 隶 楷

本义是“泉水”。古字形像泉水从山石间的泉眼中流出。晋潘岳《射雉赋》：“天泱泱以垂云，泉涓涓而吐溜。”引申为古代钱币的名称，《金史·食货志三》：“钱之为泉也，贵流通而不可塞。”

犬：象形字。《说文解字》：『犬，狗之有县（悬）蹄者也。象形。』

 甲  金  篆  隶  楷

犬

quǎn

古字形像一条狗。本义是“狗”，《诗·小雅·巧言》：“躍躍毚兔，遇犬获之。”古书常用为自谦或鄙斥他人之词，是“犬”的比喻义，如犬子、犬马。

雀：象形字。《说文解字》：「雀，依人小鸟也。从小隹。」

雀

què

甲 金 篆 隶 楷

字形像一只小鸟，上面有一撮羽毛。本义是“麻雀”，《诗·召南·行露》：“谁谓雀无角，何以穿我屋。”泛指雀形的小鸟，［唐］韩愈《张君墓志铭》：“又多捕生鸟雀鱼鳖，可食与不可食，相买卖。”

然：会意字。《说文解字》：「然，烧也。」

金 篆 隶 楷

然

rán

本义是“以火烧犬肉”，是“燃”的本字。《孟子·公孙丑上》：“若火之始然，泉之始达。”假借为指示代词“如此、这样”，做副词表转折。假借义行，另造“燃”表本义。

冉：象形字。《说文解字》：『冉，毛冉冉（柔弱下垂）也。象形。』

冉

rǎn

甲 金 篆 隶 楷

 字形像两颊旁边下垂的胡须，是“髯”的本字。由胡须慢慢飘动引申为“渐进”，屈原《离骚》：“老冉冉其将至兮，恐修名之不立。”  后引申义行，遂加“髟”（biāo）为“髯”表本义。

人：象形字。《说文解字》：「人，天地之性最贵者也。」

人

rén

甲金文像一个侧立的人，上面是头，一撇是手臂，一捺是人体和腿。本义就是指自然形态之人，［唐］刘禹锡《天论》上：“人之所能者，治万物也。”引申为“别人、人家”，《书·大禹谟》：“舍己从人。”又引申为“人类、民众”等义。

仁：会意字。《说文解字》：「仁，亲也。从人从二。」

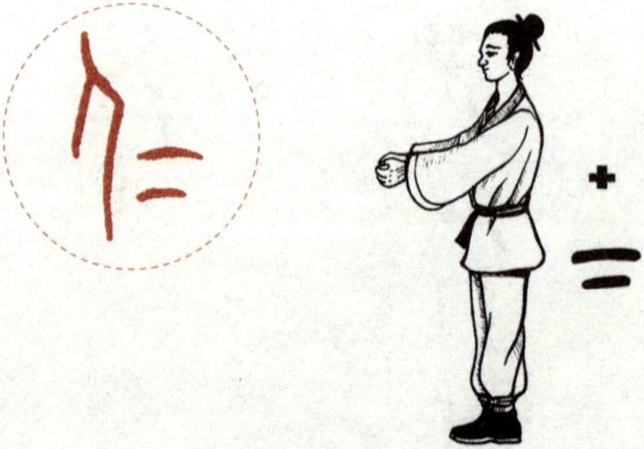

仁

rén

甲骨文左为一侧立之人，右为"二"。本义是"对人亲善"。"仁"是古代一种含义极广的道德观念，其核心指人与人相互亲爱，孔子以之作为最高的道德标准，《论语·颜渊》："樊迟问仁。子（孔子）曰：'爱人。'"

刃

rèn

字形是刀口上有一点，标指刀的锋利部分。本义是“刀口”，《书·费誓》：“砺乃锋刃。”引申泛指刀剑一类利器，《庄子·秋水》：“白刃交于前，视死若生者，烈士之勇也。”也可作为动词，用刀杀，《史记·廉颇蔺相如列传》：“左右欲刃相如。”

刃：指事字。《说文解字》：「刃，刀坚也。象刀有刃之形。」

日：象形字。《说文解字》：『日，实（光明盛实）也，太阳之精不亏。』

日

rì

古字形极像一轮太阳，中间的一点表示太阳是实心的物体。本义是“太阳”，《易·系辞下》：“日往则月来，月往则日来。”引申为“白天、一昼夜、每天”等。

 甲  金  篆  隶  楷

戎

róng

甲骨文右为“戈”，左“十”为盾牌的形象，小篆“十”变为“甲”（防护衣），可见，“戎”是一种兵器。《诗·大雅·常武》：“整我六师，以脩我戎。”  引申为“军队、士兵、战争”等义，《逸周书·世俘》：“戎殷于牧野。”又指戎族。

戎：会意字。《说文解字》：『戎，兵也。』

荣：象形字。

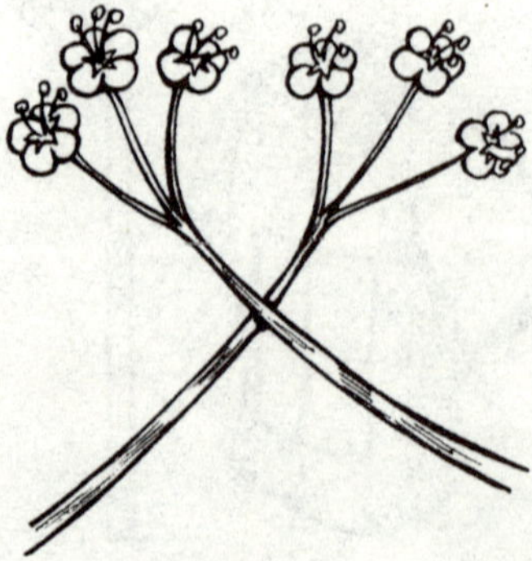

（榮）荣

róng

金文像两棵竞相开放的鲜花。本义是“草木开花”，《楚辞·九章·橘颂》：“绿叶素荣（白花），纷其可喜矣。”引申为“茂盛”，［晋］陶潜《归去来兮辞》：“木欣欣以向荣。”再引申为“显荣、富贵”，《红楼梦》：“四家皆连络有亲，一损俱损，一荣俱荣。”

容：会意字。《说文解字》：「容，盛也。」

甲 金 篆 隶 楷

容

róng

古字形像洞穴中放着一个容器。本义指“盛放、收藏”。引申指“容纳”，《墨子·备城门》：“令陶者为薄瓴，大容一斗以上至二斗。”又引申指“宽容、包容”，《书·君陈》：“必有忍，其乃有济；有容，德乃大。”

肉：象形字。《说文解字》：『肉，胾（切成大块的肉）肉。象形。』

肉

ròu

甲 金 篆 隶 楷

本义指动物“肌肉”。古字形像一块刀切下来的肉。《孟子·梁惠王上》：“七十者衣帛食肉。”又指人的肉，《素问·阴阳应象大论》：“在体为肉。”引申指瓜果的肉。

如：会意字。《说文解字》：「女，从随（依从）也。」

甲 金 篆 隶 楷

如

rú

字形为一个女人和一张发号施令的嘴，表示女子听话顺从。本义是“随顺、依照”，《公羊传·桓公元年》：“继弑君不言即位，此其言即位何，如其意也。”引申为“像、如同、比得上”等义。

乳：会意字。

乳

rǔ

古字形像一位母亲双手抱子于胸前喂奶。 本义是“喂奶”，《左传·宣公四年》：“邧夫人使弃诸梦中，虎乳之。”引申为“乳房”，[清]魏学洢《核舟记》：“袒胸露乳。”又引申为“幼小的”，如乳牙、乳猪等。也泛指“像奶汁的东西”，如乳胶、腐乳等。

入：指事字。《说文解字》：「入，内也。」

入

rù

古字形像一尖头的东西，因为尖头的东西容易进入。 本义是“由外至内”，《孟子·滕文公上》：“三过其门而不入。”引申为“侵入、渗入、列入、加入、收入”等义。

若：会意字。

若

ruò

本义是“顺”。古字形像一个跪坐的人举起双手梳理头发。《谷梁传·庄公元年》：“不若于道者，天绝之也。”假借为连词“如果、或”，［唐］李贺《金铜仙人辞汉歌》：“天若有情天亦老。”又假借为动词“如，好像”，《书·盘庚上》：“若火之燎于原，不可响迩。”

弱：会意字。《说文解字》：『弱，桡（柔曲）也。上像桡曲，彡像毛氂桡弱也。』

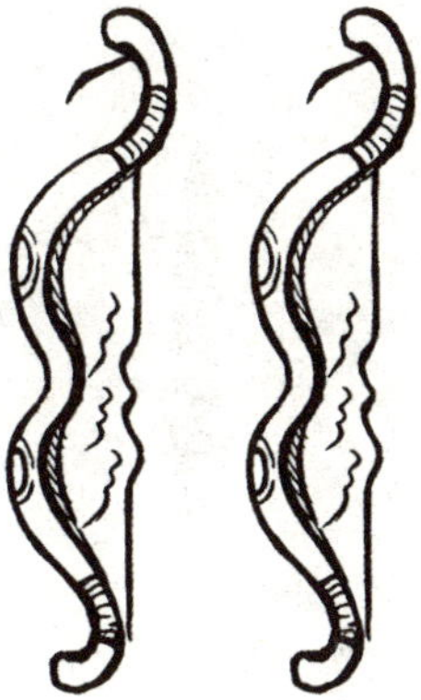

篆 隶 弱 楷

弱

ruò

篆文从二弓、二彡，弓形弯曲，彡似弓弦松散，均有“柔软”义。 本义是“柔软而易弯曲”，［宋］王安石《洪范传》：“施生以柔，化生以刚，故木桡而水弱，金坚而火悍。”引申指“削弱、衰败、不足、力量小”等义。

卅：会意字。《说文解字》：『卅，三十并也。』

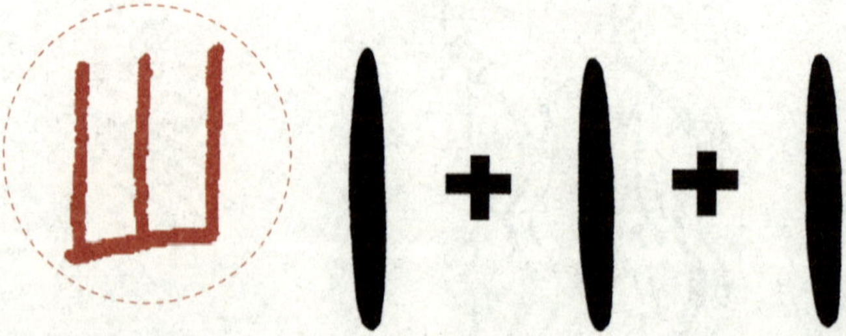

卅

sà

“卅”是数词“三十”。字形为三个十（甲骨文中“十”为一竖）连在一起，即为“卅”。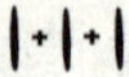马王堆汉墓帛书《战国纵横家书·须贾说穰侯章》：“以卅万之众，守七仞之城，臣以为汤武复生，弗易攻也。”现代史有“五卅运动。”

三：指事字。《说文解字》：『三，数名。』

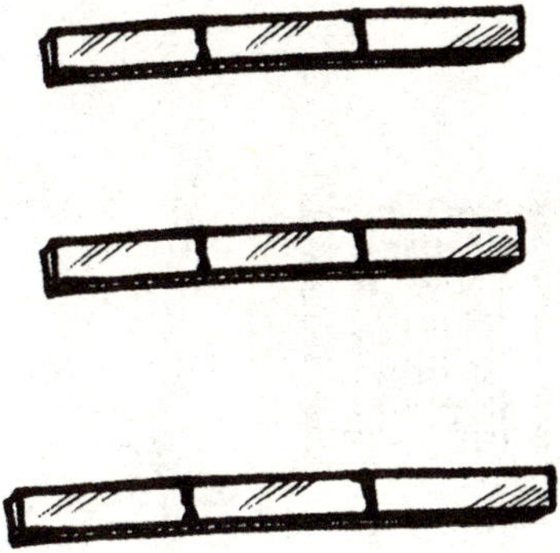

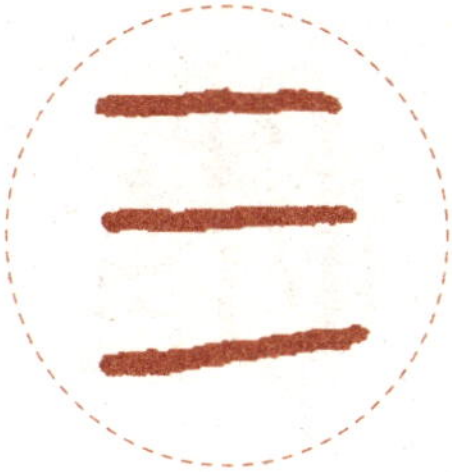

三

sān

字形像三根等长的算筹（计数竹签）平放在一起，表示数词“三”。《战国策·齐策四》：“狡兔有三窟，仅得免其死耳。”又表示“多次、再三”，《孟子·离娄下》：“禹稷当平时，三过其门而不入，孔子贤之。”

散：会意字。

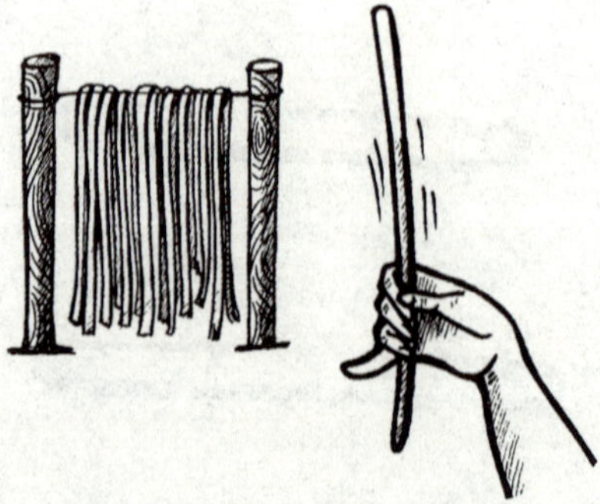

散

sǎn/sàn

古字形像以手持小棍轻击麻条，使松散。本义指“分离、分散”，《易·说卦》：“雷以动之，风以散之。”引申为“散布、分发”，《史记·平津侯主父列传》：“至齐，遍召昆弟宾客，散五百金予之。”又指粉末状的药物。

丧：会意字。《说文解字》：「丧，亡也。从哭从亡，会意，亡亦声。」

 甲  金  篆  隶  楷

丧（喪）

sàng/sāng

 古字形中间像桑树，周围有众“口”，会众口喧哭于桑枝之下意。 本义是“丧失、丧亡”，《左传·成公二年》：“綦毋张丧车。”引申为“死亡”，［晋］陶潜《归去来辞序》：“寻（不久）程氏妹丧于武昌。”以上读sàng。后泛指与人死亡有关的各种事情，读sāng，如丧礼、丧服、治丧、吊丧。

啬：会意字。《说文解字》：「啬，爱濇（不滑）也。」

（嗇）啬 sè

甲　金　篆　隶　楷

甲、金文上像几棵穗子下垂的小麦，下像田地，会田里的谷物成熟将要收割之意，是“穑”（sè）的本字。本义是“收获谷物”，《礼记·郊特牲》：“祭百种，以报啬也。”引申为“爱惜、节约、吝啬”等义。

瑟
sè

瑟：形声字。《说文解字》：『瑟，庖牺所作弦乐也。从珡，必声。』

“瑟”是一种拨弦乐器，形似古琴，有五十弦、二十五弦、十五弦等多种。金文字形中间“大”或“人”表琴身，横斜线表瑟弦；篆文加“必”表声。［唐］李商隐《锦瑟》：“锦瑟无端五十弦，一弦一柱思华年。”“瑟瑟”常形容轻微的声音或寒凉抖动的样子，如瑟瑟有声、瑟瑟发抖。

森：会意字。《说文解字》：“森，木多貌。从林，从木。”

森

sēn

甲　篆　隶　楷

字形从三“木”，会树木众多之意。本义是树木丛生茂密，［南朝·宋］谢灵运《庐陵王墓下作》：“徂谢易永久，松柏森已行。”引申为“众多、繁密”，《后汉书·张衡传》：“百神森其备从兮，屯骑罗而星布。”又引申指“阴沉幽暗”，如阴森。

甲 金 篆 隶 楷

杀（殺）

shā

杀：会意字。《说文解字》：「杀，戮也。」

甲骨文上像一头野兽头部中了利器，下像垂下来的尾巴，表示已被杀死。小篆以后加“殳”（shū兵器）旁，表义，成为形声字。 本义是“杀死”，《书·大禹谟》：“与其杀不辜，宁失不经。”引申为“攻杀、战斗”，[元] 郑廷玉《楚昭公》：“都一般武艺滑熟，管杀的惨迷离，神嚎鬼哭。”又有“衰败、制约”等义。

沙：会意字。《说文解字》：『沙，水散石也。』

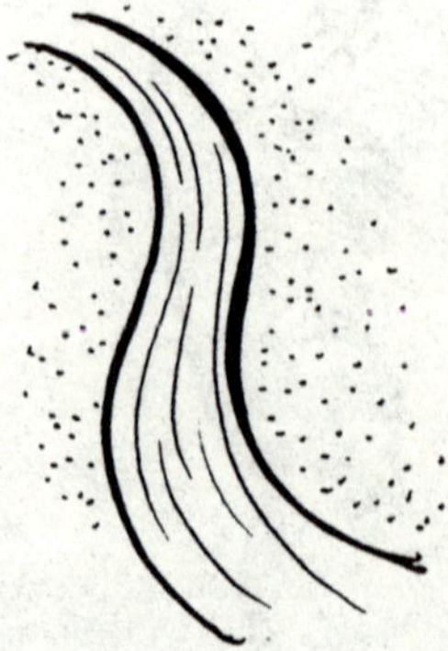

沙
shā

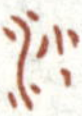甲骨文像很多沙粒，金文又加了弯曲的水形。所以水边或水底的细碎石粒称为“沙”。小篆把沙子变成了“少”（“少”即“小”）。《史记·淮阴侯列传》：“韩信乃夜令人为万余囊，满盛沙，壅水上流。”泛指“形状像沙的东西”，如豆沙、铁沙。沙多的地方就是“沙洲、沙漠”。

山：象形字。《说文解字》：『山，有石而高。象形。』

甲 金 篆 隶 楷

山

shān

字形像并排的山峰。本义是“大山”，《列子·汤问》：“太行、王屋二山，方七百里，高万仞。”古时特指五岳，《国语·周语中》：“以供上帝山川百神之祀。”引申指“形状象山的东西”，如冰山。

膻：形声字。《说文解字》：『羴（膻），羊臭也。』

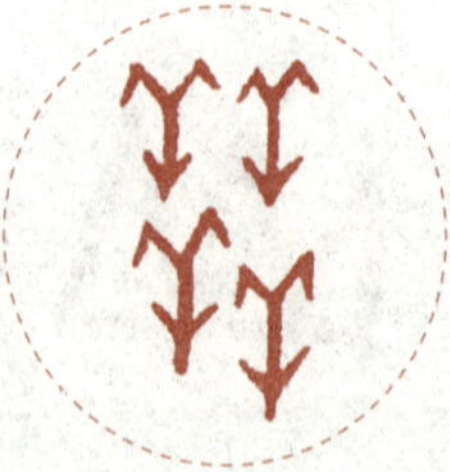

膻

shān

甲　篆　隶　楷

甲骨文由二至四只羊聚在一起，以突出气味之浓。本义指“羊的臊气”，《庄子·徐无鬼》：“蚁慕羊肉，羊肉膻也。”引申指“像羊臊气的气味”。字本作“羴”，后又造形声字“羶”，另有异体“膻”（原义为“袒露”）。今以“膻”为规范正体字，“羴、羶”为其异体。

善：会意字。《说文解字》：『善，吉也。』

善

shàn

甲骨文上“羊”（即祥），下“目”，会看来十分美好之意；金、篆文下为二“言”，会二人用吉祥的话交流之意。 本义为“吉祥、美好”，《礼记·中庸》：“祸福将至，善，必先知之。”引申为“善行、善人”，《史记·吴王濞列传》：“盖闻为善者，天报之以福。”又引申为“善于、通晓、熟练”等义。

商：会意字。《说文解字》：“商，从外知内也。”

商

shāng

甲 金 篆 隶 楷

甲骨文像一酒器放在底座上，表示此为赏赐之物，是“赏”的本字。《小子省卣（yǒu）》铭文：“子商小子省贝五朋。”假借为“经商”，《商君书·垦令》：“重关市之赋，则农恶商。”又指“商人、商量、五音（宫、商、角、徵、羽）之一、朝代名、数学名词”等。

上：指事字。《说文解字》：「上，高也。」

 甲  金  篆  隶  楷

上

shàng

 甲、金文用两横表示，下长横是地面，上短横是指事符号，标指为地面之上。 引申为“上天、君主、皇帝、等第高或品质良好”等义，[明] 李时珍《本草纲目·草三·牡丹》：“牡丹以色丹者为上。”

尚：会意字。《说文解字》：『尚，曾（增）也。』

尚
shàng

甲 金 篆 隶 楷

 甲骨文下像一建筑物，壁有窗，上两横为烟气上腾；金文下变为“向”（窗）。 本义是“烟气由窗上腾”。引申为“超过、高出”，《论语·里仁》：“好仁者无以尚之。”又引申为“尊崇、高尚”。

勺：象形字。《说文解字》：「勺，挹（舀）取也。象形，中有实。」

勺

sháo

甲骨文外像头朝上柄朝下的勺子，中间的一画像所盛的食物。“勺”是舀东西的用具，有柄，古代多用来舀酒，［宋］苏轼《次韵正辅同游白水山》：“山人劝酒不用勺，石上自有樽罍窪。”也做量词。

少：指事字。《说文解字》：「少，不多也。」

少

shǎo/shào

甲骨文用四个小竖点表示微小、不多。金文在“小”上再加一撇（指事符号），仍表示不多。 本义是“数量小、不多”，《诗·邶风·柏舟》：“觏闵既多，受侮不少。”引申为“稍微”，《庄子·徐无鬼》：“今予病少痊，予又且复游於六合之外。”以上读shǎo。读shào时指“年纪轻”（与“老”相对），孙过庭《书谱》：“老不如少。”

甲

金

篆

隶

楷

舌

shé

古字形下为“口”，上像伸出的舌头。本义就是“舌头”，[唐] 韩愈《赴江陵途中寄赠三学士》：“自从齿牙缺，始慕舌为柔。”转指言语，《警世通言》：“桂生平日惯听老婆舌的。”泛称舌状物，如帽舌、鞋舌、火舌。

舌：象形字。《说文解字》：『舌，在口所以言也，别味也。』

社：会意字。《说文解字》：『社，地主也。』

社

社 shè

社 甲骨文像地面上堆了一堆土，像原始的祭社形；金文加“示”，表示与鬼神祭祀有关。会祭祀土地神之意。 本义是“土地神”，《礼记·月令》：“（仲春之月）择元日，命民社。”引申指祭祀土地神的地方或日子。又，“社”是土地神，“稷”是谷神，古代帝王每年都祭祀二神，于是，“社稷”就成为“国家”的代称。

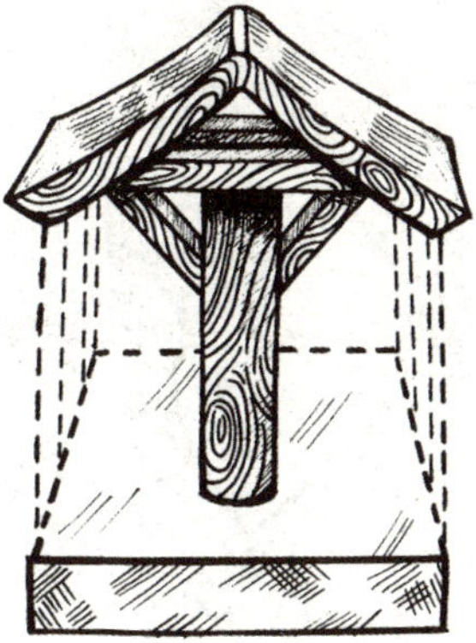

舍：象形字。《说文解字》：「舍，市居曰舍。」

 金  篆  隶  楷

舍（捨）

shè/shě

 金文上像两面坡的屋顶，中间“干”形像大柱和横梁，下“口”形为基石。 本义是“房屋”，［唐］韩愈《感春》：“平明出门暮归舍，酩酊马上知为谁。”引申为“旅馆、客舍”，《逸周书·大聚》：“二十里有舍。”以上读shè。后作“舍弃”讲时，加“扌（手）”作“捨”，读shě，今又简化为“舍”。

射：象形字。《说文解字》：『射，弓弩发于身而中于远也。』

射

shè

甲 金 篆 隶 楷

甲骨文像箭在弦上正要射出；金文又加了一只“手”（“又”）；篆文“弓”变为“身”，“又”变为“寸”。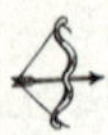本义是“射箭”，《易·解》：“公用射隼于高墉之上，获之，无不利。”引申为“照射、影射”，又转指“射击、喷射”。

涉：会意字。《说文解字》：“涉，徒行厉水也。”

 甲  金  篆  隶  楷

涉

shè

古字形像两只脚在河的两边，会淌水过河之意。本义是“徒步过河”，《诗·郑风·褰裳》：“子惠思我，褰裳涉溱。”引申为“跋涉、经历、涉及、牵连”等义。

申：象形字。

申

shēn

古字形像闪电舒张，本义是“闪电”。引申指“舒展”，［汉］桓宽《盐铁论 · 利议》：“乃安得鼓口舌，申颜眉。”又引申指“陈述、说明”，《楚辞 · 九章 · 抽思》：“道卓远而日忘兮，愿自申而不得。”还指地支第九位、十二生肖之一、上海的别称等。

身：象形字。《说文解字》：「身，船（身体）也，像人之身。」

 甲  金  篆  隶  楷

身

shēn

 古字形像一个怀孕的人， 本义是“怀孕”，《诗·大雅·大明》：“大任有身，此生文王。”引申泛指“人或动物的躯体”。又引申为“本身、自己”，［南朝·唐］李煜《浪淘沙》：“梦里不知身是客，一晌贪欢。”还指“身份、地位、毕生、终身”等。

沈：会意字。

沈

shěn

 甲  金  篆  隶  楷

“沈”就是“沉”。甲骨文像河水能淹没一头牛。本义是“沉没”，[南朝·宋]鲍照《观漏赋》：“注沈穴而海漏，射悬塗而电飞。”引申指“分量重、沉沦”等义。以上读chén。读shěn时原作“瀋”，今简化作“沈”。

金 篆 隶 楷

审（審）

shěn

 古字形像房间里（“宀”mián）有野兽的足迹（“釆”biàn），需要仔细查看，下面的“口”表示审问。 本义是“审察、细究”，《史记·淮阴侯列传》：“故知者决之断也，疑者事之害也，审豪氂之小计，遗天下之大数。”引申为“周密、慎重”。

审：会意字。《说文解字》：“审，悉也。知审谛也。”

甚：会意字。《说文解字》：『甚，尤安乐也。从甘，从匹耦也。』

甚

shèn

 金文上为“甘”（口含美味）、下为“匕”（匙），会用匙送美味入口之意。 本义是“异常安乐”，《老子》：“是以圣人去甚，去奢，去泰。”引申指“盛、大”，《左传·昭公十八年》：“戊寅，风甚。”又引申指“很、极”，《史记·孙子吴起列传》：“吴起为西河守，甚有声名。”

升

shēng

 甲骨文像一把长柄勺子，头朝上，口朝左，勺里的一画像盛的黍粒或酒滴。 本是一种容器，十合为一升，十升为一斗。《墨子·号令》："赐酒日二升，肉二斤。"假借为"上升"，《诗·小雅·天保》："如月之恒，如日之升。"

升：象形字。《说文解字》：「升，十龠（合）也。从斗，亦象形。」

生：象形字。《说文解字》：『生，进也。像草木生出土上。』

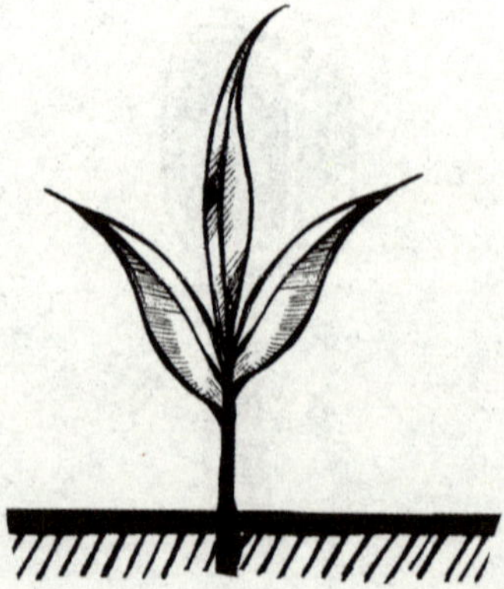

生

shēng

甲 金 篆 隶 楷

甲、金文下横表示土地，其上长出一棵草芽。本义是“草木生长”。引申指“生存、活着”（与“死”相对），《诗·邶风·击鼓》：“死生契阔，与子成说。”又引申为“未成熟的、新鲜的、生疏”等义。

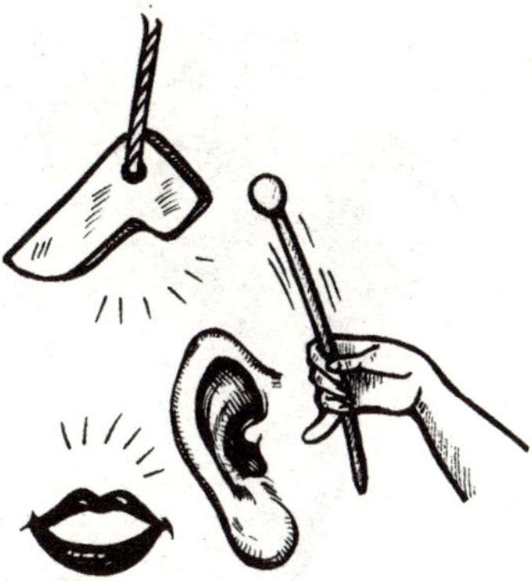

声(聲)

shēng

声：会意字。《说文解字》：『声，音也。』

甲骨文由五部分构成，左上为磬，右像手拿小槌敲打磬发出声响，中间有口和耳，表示“话音入耳”。本义是“声音”，《诗·齐风·鸡鸣》：“匪鸡则鸣，苍蝇之声。”引申为“名声、声势”。

牲：形声字。《说文解字》：『牲，牛完全（完整的牛）。从牛，生声。』

牲

shēng

 甲  金  篆  隶  楷

 甲骨文左像羊头，上为下弯的一对羊角，下为眼睛；金文变“羊”为“牛”。 本义是“供祭祀用的全牛”。泛指祭祀和食用的家畜，《周礼·地官·闾师》：“凡庶民不畜者，祭无牲。”现在指牛、马、驴、骡等牲口。

圣：会意字。《说文解字》：「圣，通（事理通达，无所不通）也。」

圣(聖)

shèng

甲骨文上为一大耳，左下为一口（嘴），右下为一侧立的人，会耳聪口敏之意。本义是“聪明非凡的人”，引申指才能超群的人为“圣贤”，才学出众的人为“诗圣”等。宋元后产生的“圣”字，本读kū，义同“掘”，是另一个字。今将“聖”简化为“圣”，跟读kū的“圣”是一对音义不同的同形字。

尸：象形字。《说文解字》：「尸，陈也。像卧之形。」

尸

shī

甲、金文像一个曲腰弯腿又伸出手臂而侧坐的人。本义是“古代祭祀时代表死者受祭的活人”，《仪礼·特牲馈食礼》：“主人再拜，尸答拜。”又表“尸体”，《易·师》：“六三，师或舆尸，凶。”

失：会意字。《说文解字》：「失，纵也。」

失

shī

金文从手，像有东西从手中滑落下来，会遗失之意。

本义是“失掉、丢失”，《论语·阳货》：“既得之，患失之。”引申指“没控制住”，如失声痛哭、失足、失态。又引申指“找不到”，《楚辞·九章·惜诵》：“欲横奔而失路兮。”

师：会意字。《说文解字》：『师，二千五百人为师。从帀，从𠂤。』

(師)师

shī

甲 金 篆 隶 楷

 字形从“𠂤”（小土山，堆聚）、从“帀”（环绕），均表众多义。  本义是“众多”。假借指军队的编制单位，《周礼·地官·小司徒》：“五人为伍，五伍为两，四两为卒，五卒为旅，五旅为师，五师为军。”引申泛指军队，《左传·庄公十年》：“齐师伐我。”也指乐师、老师等专精某种技艺的人。

湿：会意字。《说文解字》：“溼（湿），幽湿也。”

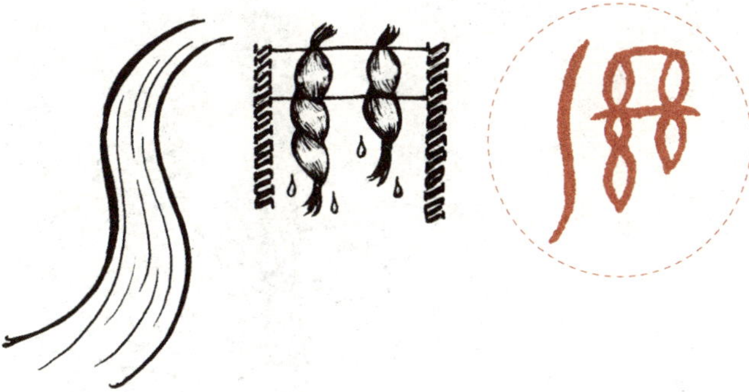

甲 金 篆 隶 楷

湿（濕）

shī

 本义是“潮湿”（与“干”相对）。 甲、金文左为水流，右为架上晒有两把丝，意为“丝经水浸过，必须晾晒。”篆文始加“土”成“溼”，隶楷后多作“濕”。《易·乾》：“水流湿，火就燥。”“濕”原是水名，读tà，与隶楷后“潮濕”的“濕”是一对音义不同的同形字。今“濕”简化为“湿”，“溼”为异体。

十：指事字。《说文解字》：『十，数之具（完备）也。』

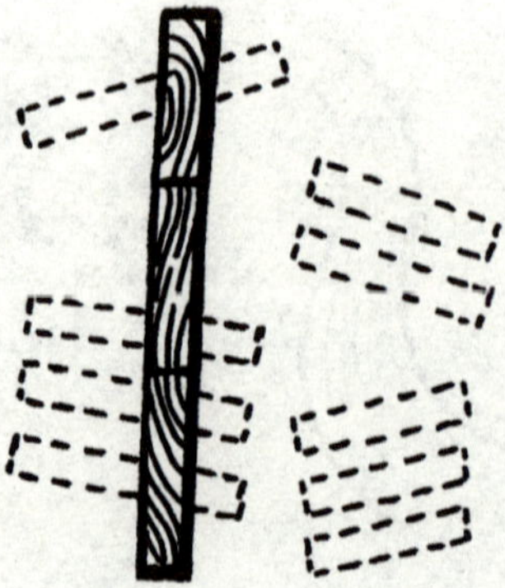

十

shí

甲骨文用一竖表示“十”，与一横的“一”相呼应。一至四都是横，到了10进位，就把“一”的一横竖起来，当是十进位的最初含义。金文在竖中间加圆点，篆文写成一横一竖的“十”字形。“十”是数词，九加一所得。《商君书·来民》：“王行此，十年之内，诸侯将无异民。”“十”是个完备的数字，由此引申为“完备”义，如十足、十分、十全十美等。

石：象形字。《说文解字》：「石，山石也。」

 甲  金  篆  隶  楷

石

shí

 古字形像山崖（“厂”hǎn）下有块石头（“口”）。 本义是“石头”，《左传·成公二年》：“齐高固入晋师，桀石以投人。”引申指“石刻”，《墨子·兼爱下》：“镂于金石，琢于盘盂。”

时：形声字。《说文解字》："时，四时也。从日，寺声。"

(時)**时**

shí

甲 金 篆 隶 楷

甲、金文下为"日"，上为"之"（前往），会日月运行以成四时之意，"之"也表声。石鼓文始变为"時"而成左右结构，从"日"，"寺"声。本义指"季节"，《书·尧典》："乃命羲和，钦若昊天，历象日月星辰，敬授民时。"泛指时间、光阴、岁月，［唐］韩愈《秋怀》："作者非今士，相去时已千。"又引申为"时机、时局"。

实：会意字。《说文解字》：“实，富也。从宀，从贯。”

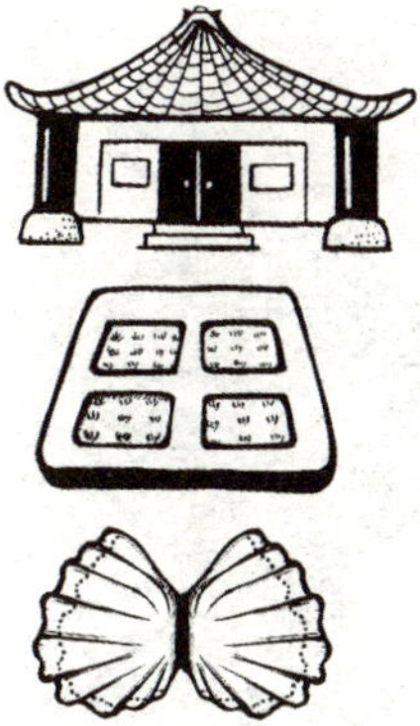

金 篆 隶 楷

实（實）

shí

金文由“宀”（mián，房屋）、“田”（田地）、“贝”（财富）构成，小篆变“田、贝”为“贯”。本义是“充满、富裕”，《国语·越语下》：“田野开阔，府仓实，民众殷。”引申为“果实、真实、确实”等义。

食：会意字。《说文解字》："食，一米（聚集的米）也。"

食 shí

甲　金　篆　隶　楷

 甲骨文下为装满食物的器具，上像器具的盖。 本义是“食品”，《论语·雍也》：“一箪食，一瓢饮。”引申指动词“吃（饭）”，《书·无逸》：“自朝至于日中昃，不遑暇食。”用作“拿食物给人吃”义时读sì，即通“饲”。

史：会意字。《说文解字》：「史，记事者也。」

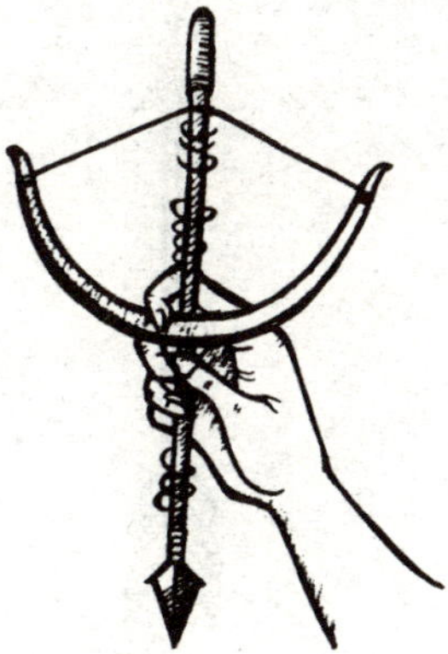

史

shǐ

 本义是指管理狩猎或记录猎物的人。 古字形下为“手”（又），上为手拿着狩猎的工具。后引申为“史官”（记录国家大事的人），《周礼·春官·占人》：“史占墨，卜人占坼。”又有“史册、历史”义，［唐］韩愈《长安交游者》诗：“陋室有文史，高门有笙竽。”

矢：象形字。《说文解字》：『矢，弓弩矢也。』

矢

shǐ

 古字形像一支箭，上是箭头，中是箭杆，下是有雕翎的箭尾。 本义是“箭”，《史记·鲁仲连邹阳列传》：“鲁连乃为书，约之矢，以射城中，遗燕将。”

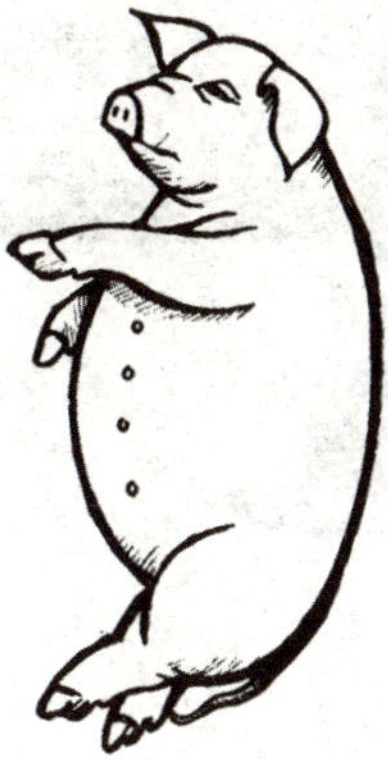

豕：象形字。《说文解字》：「豕，彘（猪）也。」

豕

shǐ

 本义是“猪”。 甲骨文像头朝上、尾朝下、大肚子朝左的猪。《书·召诰》：“越翼日戊午，乃社于新邑，牛一，羊一，豕一。”

士：象形字。《说文解字》：“士，事（会办事的人）也。”

士

shì

古字形像一把头朝下的斧头。本义是“斧子”。从事体力劳作的多是男子，故引申指“男子”，《易·归妹》：“女承筐，无实；士刲羊，无血。无攸利。”转指“士兵”，《楚辞·国殇》：“旌蔽日兮敌若云，矢交坠兮士争先。”还引申指“最低级的贵族阶层、刑官、具有某种技术或学识的人”等义。

氏：象形字。

氏

shì

 古字形像古代部落图腾，是宗族的标志。 本义指“宗族的称号”。我国上古时有姓有氏。姓是族号，不可变；氏是姓的分支，是对子孙繁衍的不同分支的称号，可以改变。如伏羲氏、许氏（许慎）、孔氏（孔丘）等。自汉以后姓氏合一，统称为姓。

示：象形字。《说文解字》：『示，无垂象，见吉凶，所以示（显示）人也。』

示

shì

甲 金 篆 隶 楷

古字形像祭台，用以供奉神主，遂成为神灵的象征。

本义是“祭台、神主”。引申指“把事物摆出来给人看”，《史记·廉颇蔺相如列传》：“相如奉璧奏秦王，秦王大喜，传以示美人及左右。”又有“显现、表示”义。

世：会意字。《说文解字》：『世，三十年为一世。』

世

shì

 金文像三片相连的树叶，是“枼（叶）”的本字。树叶飘零又萌生，犹如人生世代。一说小篆像三个“十”字相连，三十年为一世。 本义是“三十年”，［晋］陶潜《归田园居》诗之四：“一世异朝市，此语真不虚。”后父子相承为世，因以指一代，引申为“世世代代、继承”义。

视：会意兼形声字。《说文解字》：『视，瞻也。』

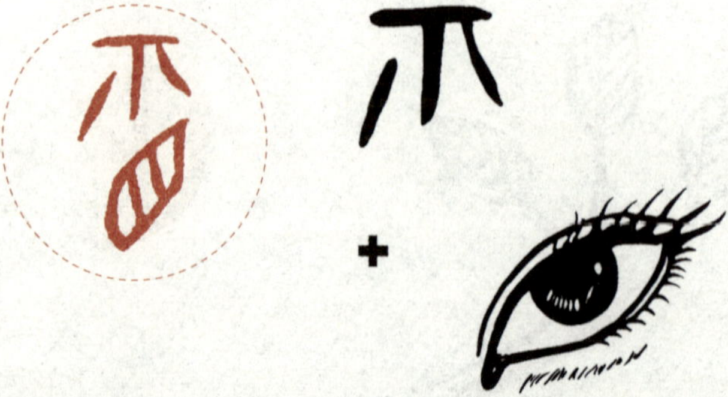

(視)视 shì

字形从“示”、从“见”，“示”兼表声。本义是“看”，《荀子·劝学》：“目不能两视而明，耳不能两听而聪。”引申为“看待、考察”等义。

是

shì

是：会意字。《说文解字》：“是，直也。从日、正。”

金文上像日晷，下是“止”（脚），小篆变为“正”，正对着日晷，表示循着正确的方向走。本义是“正、直”。假借为指示代词“这、这样”，《论语·述而》：“子于是日哭，则不歌。”还表示“对、正确”，《吕氏春秋·察今》：“是非之经，不可不分。”汉以后，常做判断动词，［唐］元稹《景申秋》：“眼前撩乱辈，无不是同乡。”

筮：会意字。《说文解字》："筮，易卦用蓍也。"

筮

shì

金 篆 隶 楷

 金文中间像巫师占卜用的竹制道具，上是“竹”，下是双手。 本义指“用蓍草占卜”，《诗·卫风·氓》：“尔卜尔筮，体无咎言。”（你去占卜，卦象的结果是没有不利的东西）

收：会意字。《说文解字》：“收，捕也。”

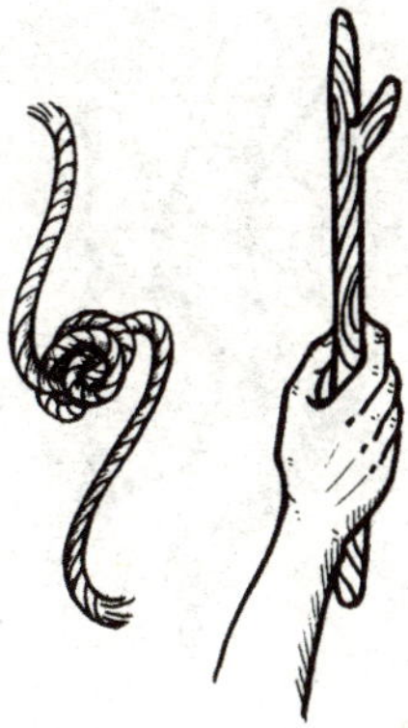

收

shōu

 古字形左像两根纠结在一起的绳子，右是手拿木棍击打（“攴”pū）。 本义是“拘捕”。引申为“收取、收获”，《墨子·七患》：“一谷不收谓之馑。”

手：象形字。《说文解字》：『手，拳也。』

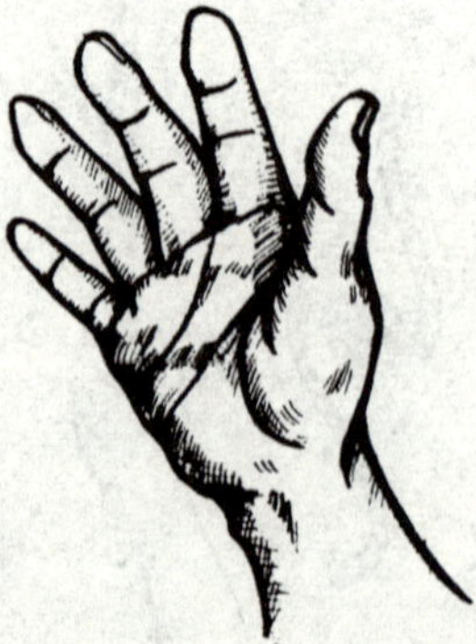

手

shǒu

 金、篆文字形像一只张开的手。《诗·邶风·简兮》："左手执籥，右手秉翟。"  指某些能代替手工作的工具，如扳手。也指在某种技术或工作中居某种地位的人，如能手、助手。

 金  篆  隶  楷

守

shǒu

 金、篆文外是房屋（“宀” mián），房内有一只大手（“寸”），会护卫之意。 本义是“守卫、把守”，《易·坎》：“王公设险，以守其国。”引申指“职责、保守、守候、依傍”等义。

守：会意字。《说文解字》：『守，守官（官吏的职守）也。从宀，从寸。』

首 shǒu

甲、金文像头的样子，上为毛发，下为面部，突出眼睛（甲文像兽头，金文像人头）。本义是"头"，《诗·邶风·静女》："爱而不见，搔首踟蹰。"引申指"首领"，《书·益稷》："股肱喜哉，元首起哉，百工熙哉。"又有"首要、开端"等义。

寿：会意字。《说文解字》：『寿，久也。』

金　篆　隶　楷

寿（壽）

shòu

本义指“年老，活得长久”，《论语·雍也》：“知者动，仁者静；知者乐，仁者寿。”引申指“年岁、生命”，《后汉书·华佗传》：“阿（人名）从其言，寿百余岁。”还引申指“长久、生日”等义。

受：会意字。《说文解字》：「受，相付也。」

受

shòu

甲　金　篆　隶　楷

古字形像上下两只手相互给予和接受一盘（盛器）之状。

本义是“给予”或“接受”。后来产生“授”字，专当“给予”讲，“受”字就专当“接受”讲了。

甲 金 篆 隶 楷

兽（獸）

shòu

 甲、金文左为捕兽工具，右为一只头朝上、尾朝下的猎犬，表明是打猎。 本义是“狩猎”。引申指打猎所获的野兽，[晋] 束皙《补亡诗》：“兽在于草，鱼躍顺流。”引申义行，后造“狩”表本义。

兽：会意字。《说文解字》：「兽，守备者（能守能备的野兽）。从嘼从犬。」

殳：会意字。

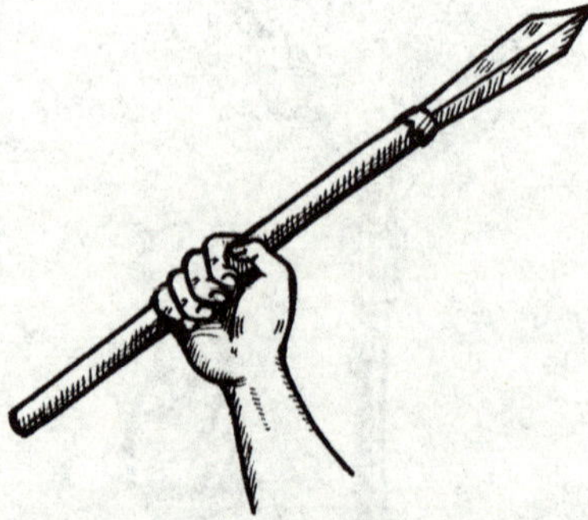

殳

shū

甲 金 篆 隶 楷

 甲骨文右为手，左像武器，意即“手拿武器”。 本义是一种兵器，竹木制成，长一丈二尺，一端尖而有棱，无刃。《诗·卫风·伯兮》：“伯也执殳，为王前驱。”《司马法·定爵》：“弓矢御，殳矛守。”

甲 金 篆 隶 楷

书（書）

shū

 甲骨文上是“聿”（yù，笔），下是“口”（表书写之物）；金文下变“口”为“者”。 本义是“书写、记载”，《易·系辞上》：“书不尽言，言不尽意。”引申指“书籍”，《论语·先进》：“何必读书，然后为学？”又有“文字、字体、书法、书信”等义。

书：形声字。《说文解字》：「书，箸（著）也。从聿，者声。」

叔：会意字。《说文解字》：『叔，拾也。从又，尗（豆）声。』

叔
shū

古字形像一只手在豆株下拾取豆粒。本义是“拾取”，《诗·豳风·七月》：“九月叔苴，采荼薪樗。”假借为古时兄弟长幼顺序，“伯、仲、叔、季”，“叔”表示行三。现在指父亲的弟弟，亦称与父亲平辈、年龄比父亲小的人，也称丈夫的弟弟。

 金  篆  隶  楷

菽

shū

 金文像豆的嫩芽破土而出，本作“尗”。 本义是“豆类的总称”。《说文通训定声》：“古谓之尗，汉谓之豆。今字作菽。”《诗·豳风·七月》：“黍稷重穋，禾麻菽麦。”

菽：形声字。《说文解字》：『尗（菽），豆也。』

孰：会意字。《说文解字》：『孰，食饪（食物大熟）也。』

孰

shú

甲 金 篆 隶 楷

甲骨文像一个人向宗庙敬献熟食（祭品），金文左下加“女”（女善烹饪），篆文又变“女”为“羊”（敬献的为做熟的味美的肥羊）。是“熟”的本字。本义指食物烹煮熟，《左传·宣公二年》：“宰夫胹熊蹯不孰。”后假借为疑问代词“谁、什么”，《论语·八佾》：“八佾舞于庭，是可忍也，孰不可忍也？”后假借义行，另造“熟”表本义。

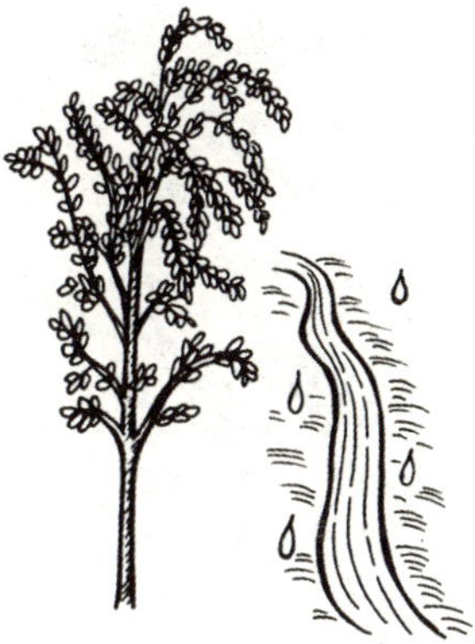

 甲  金  篆  隶  楷

黍

shǔ

 古字形像黍子，旁有“水”，表示黍可酿酒。 本义是“黍米”，就是通常指的有黏性的黄米，可以酿酒。［唐］杜甫《羌村》：“莫辞酒味薄，黍地无人耕。”

黍：象形字。《说文解字》：『黍，禾属而黏者也。』

鼠：象形字。《说文解字》："鼠，穴虫之总名也。"

鼠

shǔ

甲 金 篆 隶 楷

古字形像一只活脱脱的老鼠，《诗·召南·行露》："谁谓鼠无牙，何以穿我墉？" 也比喻一些讨厌的坏人，鲁迅《书信集·致曹靖华》："此地事无一定，书店也早已胆小如鼠，心凶如狼。"

蜀：象形字。《说文解字》：『蜀，葵中蚕也。』

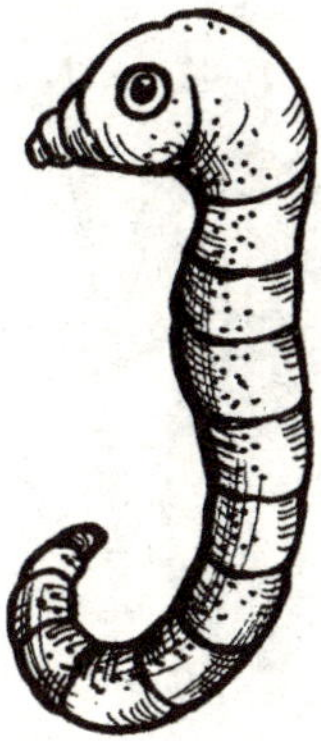

蜀

shǔ

甲、金文像蚕，上为头，下为身；篆文又特意加一“虫”字。本义是“蚕”。假借为国名、朝代名、地名。“蜀国”原分布在今四川西部，相传最早的首领叫作“蚕丛”，称为蜀王，自秦朝起一直以“蜀”代表四川。

戍：会意字。《说文解字》：『戍，守边也。』

戍

shù

 字形像一个人拿着戈在站岗。 本义是“守卫、防守”，《史记·陈涉世家》：“二世元年七月，发闾左适戍渔阳。”也指守边的士兵。

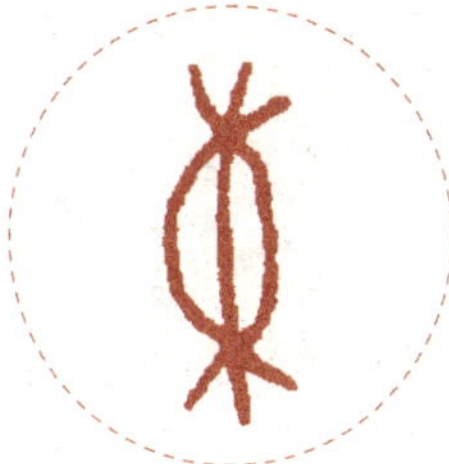

甲 金 篆 隶 楷

束

shù

 字形像用绳子捆住口袋的两头或树枝。 本义是“捆绑”，《诗·小雅·白华》：“白华营兮，白茅束兮。”引申为“约束、限制”。又做量词，用于计量捆在一起的东西。

束：会意字。《说文解字》：「束，缚也。」

树：形声字。《说文解字》："树，生植之总名。从木，尌（立）声。"

(樹)树

shù

古字形像手拿树苗栽种，以"豆"表声。本义是"种植"，《易·系辞下》："古之葬者，厚衣之以薪，葬之中野，不封不树，丧期无数。"引申为树木，是木本植物的总称，《左传·昭公二年》："有嘉树焉，宣子誉之。"

甲 金 篆 隶 楷

庶

shù

 古字形上为山崖（“厂”，hǎn），下为锅（“口”）和火，表示正在煮食物。 本义是“煮”。后来字形讹变，字义也有变，多表“众多”义，［唐］韩愈《上巳日燕太学听弹琴诗序》：“京师之人，既庶且丰。”引申为副词，表示希望，［汉］许冲《〈说文解字〉后序》：“庶有达者，理而董之。”又有“百姓、平民”义。

衰：象形字。《说文解字》：「衰，草雨衣。从衣，象形。」

衰

shuāi

 字形像一件草编的雨衣，就是“蓑衣”，是“蓑”（suō）的本字。 后假借为“衰弱、衰微”义，《易·杂卦》：“《损》《益》，盛衰之始也。”假借义行，后加艹（草）作“蓑”表本义。

帅：会意字。《说文解字》："帅，佩巾也。从巾，𠂤声。"

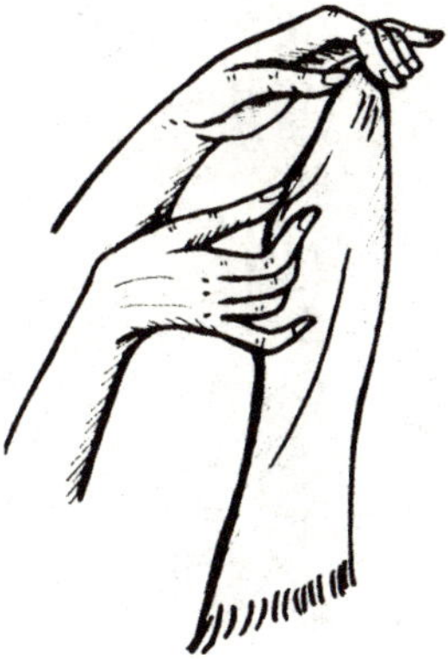

甲 金 篆 隶 楷

帅(帥)

shuài

甲骨文像双手拿着一块礼巾，会献礼巾之意。金文始加"巾"。本义是"献礼巾"，转指"佩巾"。假借为"军队的统帅"，《论语·子罕》："三军可夺帅也，匹夫不可夺志也。"引申指"统率、率领"，《孟子·万章上》："舜南面而立，尧帅诸侯北面而朝之。"

率：会意字。《说文解字》：「率，捕鸟毕也。」

率

shuài/lǜ

甲 金 篆 隶 楷

 古字形中间像绞在一起的网，边上四个点像是掉出来的碎屑。 本义是“捕鸟的网”，［汉］张衡《东京赋》：“悉率百禽，鸠诸灵囿。”引申为“率领”。以上均读shuài音，另读lǜ，有“标准、规格、比值”等义。如效率、税率、圆周率、生产率等。

双：会意字。《说文解字》：「双，隹二枚也。从雔（双鸟），又（手）持之。」

金　篆　隶　楷

双（雙）

shuāng

 金文上像嘴朝左的一对鸟（“隹”），下是手（“又”），会手抓二鸟之意。 本义是“禽鸟二只”，《周礼·秋官·掌客》：“乘禽日九十双。”引申泛指“成对的、偶数的”，《史记·项羽本纪》：“我持白璧一双。”《旧唐书·文宗纪》：“天子双日视事。”又引申为“匹敌”，如天下无双。

爽：会意字。《说文解字》："爽，明也。从㸚，从大。"

爽

shuǎng

甲　金　篆　隶　楷

 甲骨文像一个直立的人，左右各有火把或灯盏，表示很亮。 本义是“明亮”，《列子·周穆王》：“爽旦（天明）案所梦而寻得之。”引申为“清凉”，《晋书·王徽之传》：“西山朝来致有爽气耳。”又有“舒畅、开朗”义。

水

shuǐ

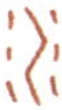 本义古今一致， 字形就是一条弯曲流动的水流，《荀子·劝学》：“冰，水为之，而寒于水。”特指河流，也泛指一切水域。

水：象形字。《说文解字》：『水，准（平）也。像众水并流。』

顺：会意字。《说文解字》：“顺，理也。从页，从巛（川）。”

（順）顺

shùn

金 篆 隶 楷

字形从“页”（人头），从“巛”（川，水流），会人的思路像水流一样顺循。本义指“顺应、依顺”，《诗·大雅·抑》：“有觉德行，四国顺之。”引申为“和顺、通畅、顺序”等义。

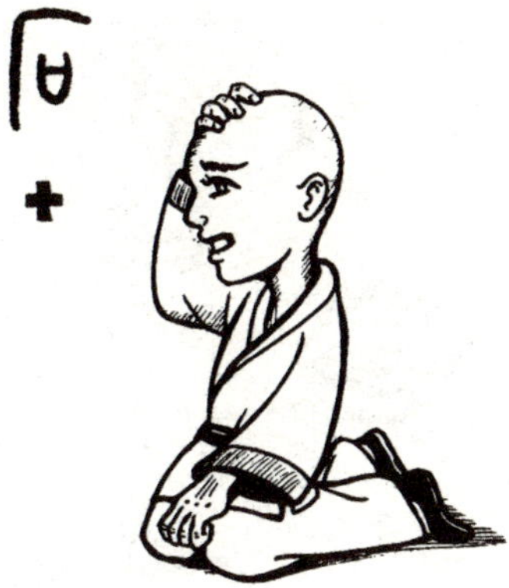

金 篆 隶 楷

硕（碩）

shuò

 字形从页（人头），“石”表声。 本义是“头大”。引申泛指大，［汉］王符《潜夫论·赞学》：“其智乃博，其德乃硕。”又引申指学识渊博，［汉］扬雄《剧秦美新》：“是以耆儒硕老，抱其书而远循。”

硕：形声字。《说文解字》：『硕，头大也。从页，石声。』

司：会意字。

司

sī

 甲  金  篆  隶  楷

 字形像一个侧立之人用手遮在口上，表示发布命令。

 本义是“发号施令”。引申指“主管、职掌”，如司机、司仪。又引申指“官署”，现用以称中央机关部以下一级的行政部门。

丝：象形字。《说文解字》：「丝，蚕所吐也。从二糸（细丝）。」

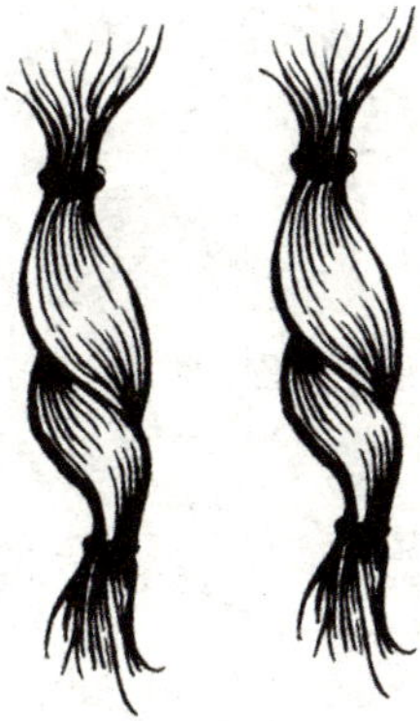

丝（絲）

sī

 字形像两把蚕丝。 本义是“蚕丝”，《韩诗外传》：“茧之性为丝，弗得女工燔以沸汤，抽其统理，则不成为丝。”泛指“像蚕丝一样的细缕”，如萝卜丝、藕丝、尼龙丝等。喻指“白发”，［南朝·梁］范云《有所思》：“欲知忧能老，为视镜中丝。”

私：形声字。《说文解字》：『私，禾也。从禾，厶声。厶，奸邪也。』

私

sī

“私”的本字作“厶”。金文像自己在一个圈里。《韩非子·五蠹》：“古者苍颉之作书也，自环者谓之厶，背厶谓之公。”小篆始有“私”，本为禾名，但“今字‘私’行而‘厶’废矣。”（《段注》）假借为“个人的、私有的”，《韩非子·大体》：“不以智累心，不以私累己。”

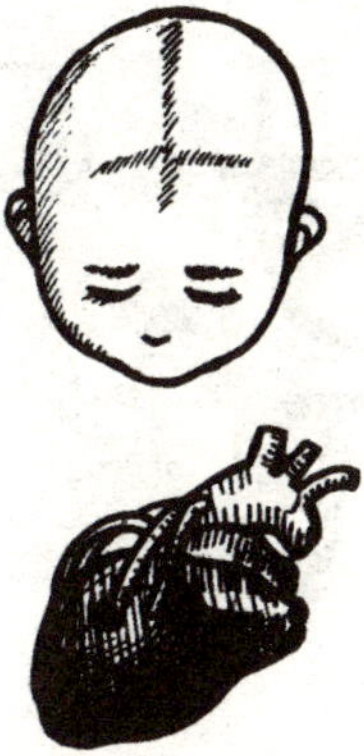

思

sī

 金、篆文上为“囟”（xìn，囟门，表示脑），下为“心”。古人认为脑、心都是思维器官。 本义是“动脑筋”，［唐］杜甫《春日忆李白》：“白也诗无敌，飘然思不群。”也指“心绪”，［三国·魏］曹操《短歌行》：“慨当以慷，忧思难忘。”引申为“怀念”，［唐］李白《静夜思》：“举头望明月，低头思故乡。”

斯：形声字。《说文解字》：『斯，析也。从斤（斧），其声。』

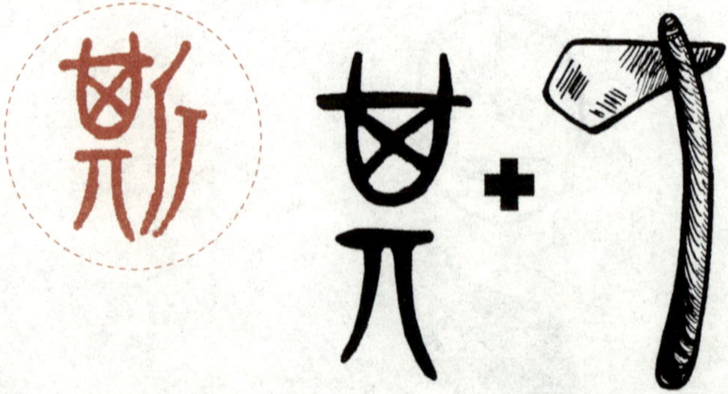

斯

sī

本义是“劈开”，《诗·陈风·墓门》：“墓门有棘，斧以斯之。”  假借为指示代词“此、这”，《论语·子罕》：“有美玉于斯。”

甲 金 篆 隶 楷

死

sǐ

 字形是一个人跪拜哀悼在死人的残骨前。 本义指“失去生命”，[唐]李商隐《无题》诗：“春蚕到死丝方尽，蜡炬成灰泪始干。”引申为“死板、不灵活”。又有“拼命、不通”等义。

死：会意字。《说文解字》：『死，澌（尽）也，人所离也。从歺（残骨）从人。』

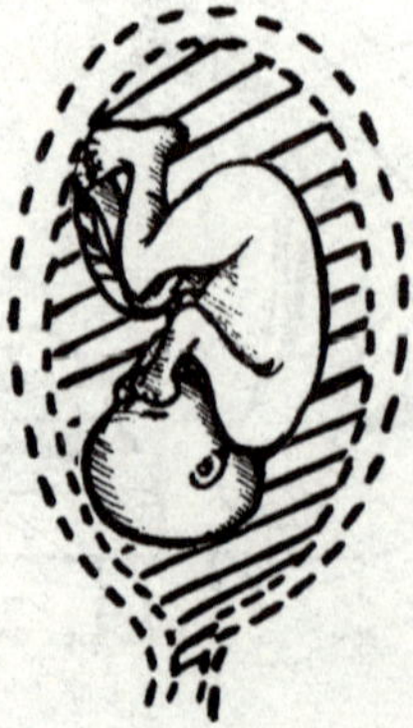

巳

sì

 字形像一个胎儿在腹中，即将降生。 后本义消失，假借指地支的第六位（与“天干”相配），用以纪年、月、日、时，《左传·隐公五年》：“冬十二月辛巳，臧僖伯卒。”

四：指事字。

四

sì

甲骨文写作四横；金文像是鼻子出气。本义是“呬”（今音xì）。后假借指数词，［晋］李密《陈情事表》：“行年四岁，舅夺母志。”也表示序数第四。

寺：会意字。《说文解字》：『寺，廷（朝廷，官府）也。』

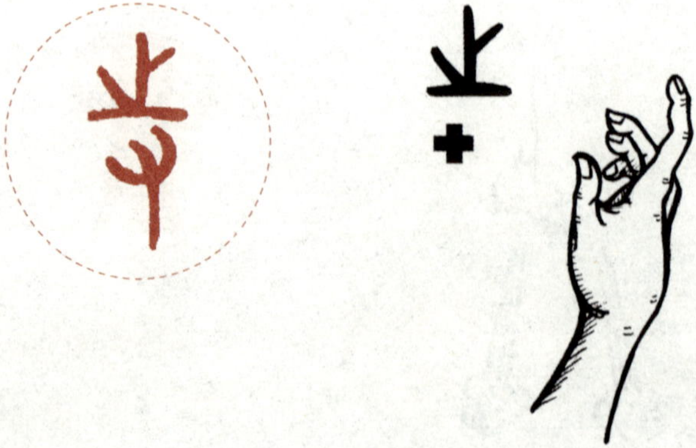

寺

sì

金 篆 隶 楷

 “寺”是“持”的本字。 借指“官衙”。相传汉明帝时，天竺僧摄摩腾、竺法兰自西域以白马驮经到洛阳，舍于鸿胪寺，后建白马寺，遂以寺为佛教庙宇之名。

兕：象形字。《说文解字》：『舄（兕），如野牛而青。象形。』

甲 金 篆 隶 楷

兕

sì

甲骨文像犀牛一类的野兽；金文上也很像角形。本义是“犀牛”。犀牛，一角，青色，重千斤，皮厚，可以制甲，角可以做酒杯，《左传·宣公二年》：“牛则有皮，犀兕尚多，弃甲则那。”

祀：形声字。《说文解字》：『祀，祭无已（不停止）也。从示，巳声。』

祀

sì

 字形像一人跪在祭台（“示”）前祈祷。本义指祭拜神鬼或先祖，《国语·鲁语上》：“夫祀，国之大节也。”

嗣：会意字。《说文解字》：「嗣，诸侯嗣国也。从册，从口，司声。」

 甲  金  篆  隶  楷

嗣

sì

 甲骨文从册、从大、从子，意为册封长子为嗣君；金文变为从口、册，司声。继承君位是要记载在史册中的， 本义是“继承君位”。泛指君位或职位的继承人，《左传·襄公三年》：“祁奚请老，晋侯问嗣焉。”引申指“子孙、后嗣”。

宋：会意字。《说文解字》：『宋，居也。从宀，从木。』

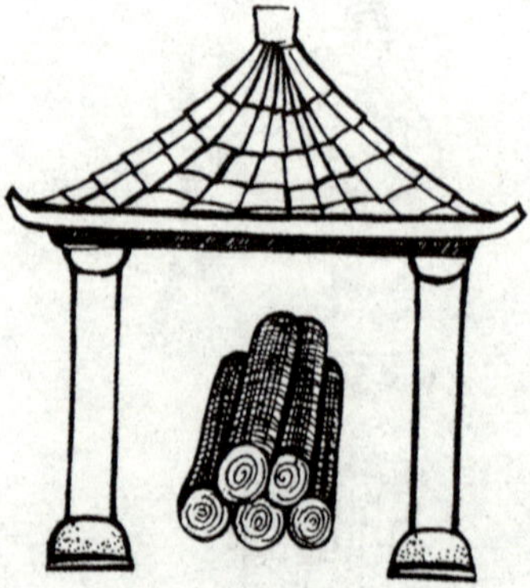

宋

sòng

 字形从宀（mián，房屋），从木（屋内有木材或木制家具）， 本义指“居住、居室”。后本义消失，假借指周代诸侯国名，战国初年曾迁都彭城（今江苏徐州）。又特指宋刊本或宋体字。也做朝代名和姓氏。

送：会意字。《说文解字》：「送，遣也。」

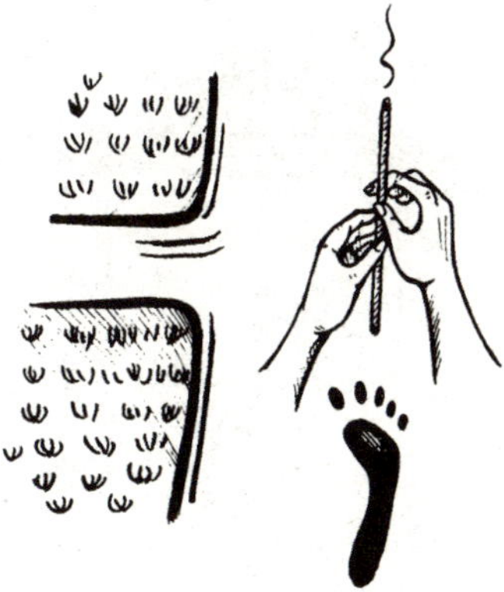

 金  篆  隶  楷

送

sòng

 金文从辵（chuò，快走），从倂（yìng，送也。也作“媵”，陪送出嫁）省。 本义是“送亲”。泛指“送行、送别”，《诗·邶风·燕燕》：“之子于归，远送于野。”引申为“运送、赠给、丧失”等义。

叟：会意字。《说文解字》：『叜（叟），老也。』

叟

sǒu

古字形像手拿火把在屋内搜寻，是“搜”的本字。本义是“搜索”。假借指“老年男人”，[唐]韩愈《送侯参谋赴河中幕》：“雪径抵樵叟，风廊折谈僧。”

夙：会意字。《说文解字》：『𠃨（夙），早敬也。』

甲 金 篆 隶 楷

夙

sù

 本义是“早晨”。 甲、金文像一个人天未明，残月当头，就在辛勤劳作。《诗·卫风·氓》：“夙兴夜寐，靡有朝矣”。引申指“旧、平素”等义。

肃：会意字。《说文解字》：“肃，持事振敬也。从聿在㴱上，战战兢兢也。”

(肅)肃

sù

 金  篆  隶  楷

 金、篆文从聿（niè，从聿yù，笔的初文），从㴱（yuān，水渊），会落笔谨慎，如临深渊之意。 本义是“恭敬”，《左传·僖公二十三年》：“其从者肃而宽，忠而能力。”引申为“严肃、萎缩”，《吕氏春秋·季春》：“季春行冬令，则寒气时发，草木皆肃。”

 金  篆  隶  楷

素

sù

 金文中为一缕白缯，下为双手，表示手拿白缯。 本义是“本色的生绢”，《玉台新咏·古诗〈为焦仲卿妻作〉》：“十三能织素，十四学裁衣。”引申为“白色、素雅、质朴”等义。

素：会意字。《说文解字》：『素，白致缯（帛）也。从糸𠂹（垂），取其泽也。』

宿：会意字。《说文解字》：「宿，止也。」

宿

sù/xiǔ/xiù

 甲、金文像一个人睡在屋内席上。 本义是“住宿”，［唐］柳宗元《渔翁》：“渔翁夜傍西岩宿，晓汲清湘燃楚竹。”引申为“夜”，《齐民要术·水稻》：“净淘种子，渍（zì）经三宿。”又引申为素来就有，如“宿愿、宿志”。以上读sù，但在“我住了一宿”中读xiǔ，在“星宿”中读xiù。

粟

sù

 甲骨文中间为一棵成熟的谷子，周围的小圈圈像脱落的谷粒。 本义是“小米”。也指粟谷，北方叫“谷子”。泛指谷类粮食，《管子·治国》：“民事农，则田垦；田垦，则粟多；粟多，则国富。”又指颗粒细小如粟之物，如沧海一粟。

粟：会意字。《说文解字》：『粟，嘉谷实也。从卤（籽实下垂），从米。』

(雖)虽

suī

金 篆 隶 楷

本义是“类似大蜥蜴的动物”。 假借为连词“虽然”，表示转折关系，《汉书·平当传》：“文雅虽不能及萧望之、匡衡，然指意略同。”又表示假设关系，“即使”，《史记·屈原列传》：“推此志也，虽与日月争光可也。”

虽：形声字。《说文解字》：『虽，似蜥蜴而大，从虫，唯声。』

岁：象形字。《说文解字》：「岁，木星也。」

甲 金 篆 隶 楷

岁（歲）

suì

 甲骨文像一把长柄斧刃朝左的斧钺， 本义是“兵器”。其中的两点儿，原为装饰物，金、篆文变为两“止”。假借指“年”，一年为一岁，《尔雅·释天》：“夏曰岁，商曰祀，周曰年，唐虞曰载。”由“年”引申为“年龄、时光”等义。

孙：会意字。《说文解字》：『孙，子之子曰孙。』

(孫)孙

sūn

 甲、金文左为“子”，婴儿形，右为绳索，有“系联”义，意为系于“子”下的就是“孙”。 本义是“儿子的儿子”。后也泛指孙女及孙子同辈的亲属及后代子孙，《后汉书·孔融传》：“孔融，字文举，鲁国人，孔子二十世孙也。”

所：会意字。

所

suǒ

 金文左像一扇门（“户”），右像一把斧（“斤”），以斧破门表盟誓。 本义是“以斧破门”。多假借为“处所”，《诗·魏风·硕鼠》：“乐土乐土，爰得我所。”又用作虚词。

索：象形字。《说文解字》：「索，草有茎叶可做绳索。」

索

suǒ

 甲骨文像一条大绳，上像绳头分为三股。 本义是“大绳”。泛指“绳索”，引申指“求取、寻求、探索”，《史记·平原君虞卿列传》：“士不外索，取于食客门下足矣。”

它

tā

 古字形像一条蛇，是“蛇”的本字。 后假借为代词“别的”，《诗·小雅·鹤鸣》：“它山之石，可以为错。”后也写作“他”，可指人，也可指人以外的事物。今专指事物，不指人。后假借义行，又加“虫”旁造“蛇”表本义。

它：象形字。《说文解字》：『它，虫也。从虫而长，象冤曲垂尾形。』

台：会意字。《说文解字》：“台，说（悦）也。”

（臺檯颱）台

tái

金文字形像嘴里呼出气息，表示高兴，是“怡”的本字。

假借为人称代词“我”，《后汉书·班固传》：“今其如台而独阙也！”也做疑问代词“何、什么”。又用于星宿名，引申为敬辞，如台鉴、台启。今“臺、檯、颱”合并简化为“台”。

泰：会意字。

六国古文　篆　隶　楷

泰

tài

 古字形从大（正面人形），身上有水滴，表人在洗浴；篆文另加“廾”（双手）和“氺”（水），表用手撩水洗浴。 本义是“洗浴”。引申指“通达、通畅”，《易·序卦》：“泰者，通也。”又指“美好”，《玉台新咏·古诗为焦仲卿妻作》：“否泰如天地，足以荣汝身。”还指“大、极”。

唐：形声字。《说文解字》：『唐，大言（大话）也。从口，庚声。』

唐

táng

甲 金 篆 隶 楷

 甲、金文下为“口”，上为“庚”（钟铃类乐器），表说话像钟铃一样响，会说大话之意。  本义为“说话虚夸不实”。引申为“广大、浩荡”，《庄子·天下》：“以谬悠之说，荒唐之言，无端崖之辞。”又指朝代名和姓。

堂

táng

 金文像高台之上有屋；篆文从土，尚声。 本义是“殿堂”，《礼记·檀弓上》：“吾见封之若堂矣。”泛指房屋的正厅。古代屋室，前为堂，后为室。《诗·唐风·蟋蟀》：“蟋蟀在堂。”

堂：形声字。《说文解字》：『堂，殿也。从土，尚声。』

陶：会意字。

陶

táo

 金文像一个人弯身伸手持杵制作器物。 本义是“制作陶器”，《孟子·告子下》：“万室之国，一人陶，则可乎？”转指“陶器”。引申为“陶冶、化育”，［南朝·梁］钟嵘《诗品》：“而《咏怀》之作，可以陶性灵，发幽思。”

金　篆　隶　楷

惕

tì

惕：会意字。《说文解字》：「惕，敬也。」

 金文从心，从易（蜥蜴），看见蜥蜴心里就害怕。 本义是“戒惧、谨慎”，《左传·襄公二十二年》：“无日不惕，岂敢忘职。”又有“忧伤、急速”义。

替：会意字。

替

tì

 金文像两个人在打呵欠，显得很疲乏的样子。 本义是“松懈”，《晋书·王劭传》：“进无矜满之色，居无堕替之容。”引申指“代替、更替”，［宋］刘过《临江仙》：“严风催酒醒，微雨替梅愁。”

天：象形字。《说文解字》：「天，颠也。」

甲 金 篆 隶 楷

天

tiān

 本义是“人的头顶”，甲、金文像一个正面站着的人，重点突出了人的头部。 引申指“天空”，《孟子·梁惠王上》：“天油然作云，沛然下雨，则苗浡然兴之矣。”古人以天为万物的主宰者。

田：象形字。

田

tián

 字形像一块块田地，纵横直线像田埂或小道。甲骨文的田块多少不等，金文始为四块。  本义是“农田”，《诗·小雅·大田》：“大田多稼，既种既戒，既备乃事。”引申指“田野”。也做动词“耕种”，[汉]桓宽《盐铁论·通有》：“非有助之耕其野而田其地者也。”在“打错”义上后写作“畋(tián)”。

听：会意字。《说文解字》：『听，聆也。』

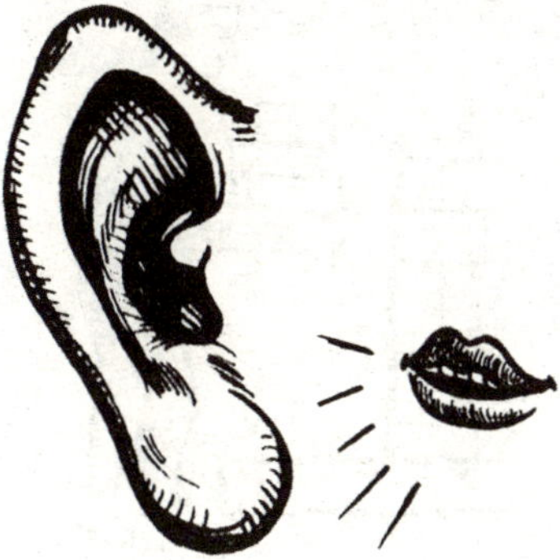

甲 金 篆 隶 楷

听（聽）

tīng

 甲骨文左为“耳”，右为“口”，表示一个人说话，一个人听。 本义是“用耳朵接受声音”。［南朝·梁］刘勰《文心雕龙》：“观风似面，听辞如泣。”引申指“听从、接受”。古代本有一个“听”字，但读yǐn，义为“笑的样子”，是另一个字。今将“聽”简化为“听”，跟读yǐn的“听”是一对音义不同的同形字。

廷：会意字。《说文解字》：『廷，朝中也。』

廷

tíng

金　篆　隶　楷

 金文左曲线像庭院，院内有“土”，右为弯腰之人，表示一个人搬砖土修筑庭院，是“庭”的本字。 本义是“庭院”，《诗·唐风·山有枢》：“子有廷内，弗洒弗扫。”引申指“朝廷”，《史记·廉颇蔺相如列传》：“设九宾于廷，臣乃敢上璧。”

亭：形声字。《说文解字》：「亭，民所安定也。从高省（省「口」），丁声。」

亭

tíng

金文上像一座瞭望台，其中二横像窗户，下为“丁”表声。

本义是“瞭望亭”，《韩非子·内储说上》：“秦有小亭临境，吴起欲攻之。”后泛指各种用途的亭子，如凉亭、书亭、报刊亭等。

同：会意字。《说文解字》：『同，合会也。』

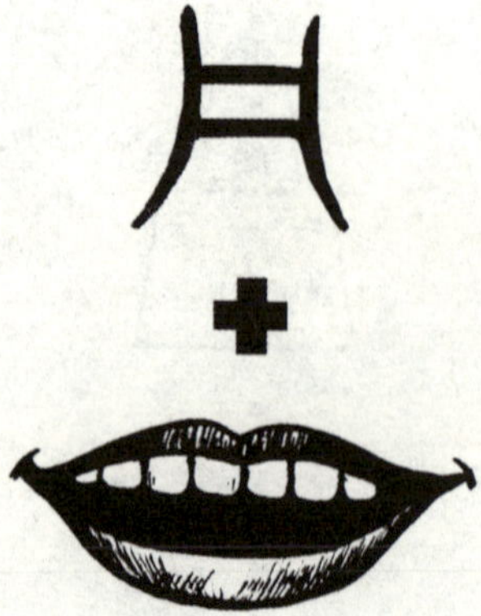

同

tóng

甲 金 篆 隶 楷

 字形上像覆盘（表“会聚”义），下为一口，代表众口会聚。 本义是“共同”，《诗·郑风·有女同车》：“有女同车，颜如舜华。”引申为“相同、一样、统一”等义。

彤：会意字。《说文解字》："彤，丹饰也。"

金 篆 隶 楷

彤

tóng

字形左为"丹"（丹砂矿井），右为"彡"（shān，毛饰画纹），会用红色涂饰之意。本义是"用红色涂饰器物"，《左传·哀公元年》："室不崇坛，器不彤镂。"引申泛指"红色"，［南朝·宋］鲍照《芙蓉赋》："测淲池之光洁，烁彤辉之明媚。"

童：形声字。《说文解字》："童，男有罪曰奴，奴曰童，女曰妾。"

童

tóng

金　篆　隶　楷

 金文上为“辛”（刑刀），中为“目”，会用刑刀刺瞎眼睛为奴之意；下为“东”表声。 本义是“奴仆”，[汉]刘向《说苑·复恩》：“良（张良）家童三百人。”后多指“小孩”，[汉]班固《西都赋》：“采游童之欢谣，第从臣之嘉颂。”

甲 金 篆 隶 楷

突

tū

字形上为洞穴，下为犬，会犬从洞里猛地冲出之意。

本义是“冲撞”，［汉］班固《西都赋》：“穷虎奔突，狂兕触蹶。”引申为“突然”，《英烈传》：“一闻天兵突到，以为从天而下。”又指“高出周围、灶突”等义。

突：会意字。《说文解字》：「突，犬从穴中暂出也。」

图：会意字。

(圖)图 tú

 字形从囗（wéi，图框），从啚（bǐ，“鄙”本字，边远地方），会地图之意。 本义是“版图、地图”，《周礼·夏官·职方氏》：“职方氏掌天下之图。”泛指“图画”，《史记·留侯世家论》：“余以为其人计魁梧奇伟，至见其图，状貌如妇人好女。”引申指“考虑、谋划”等义。

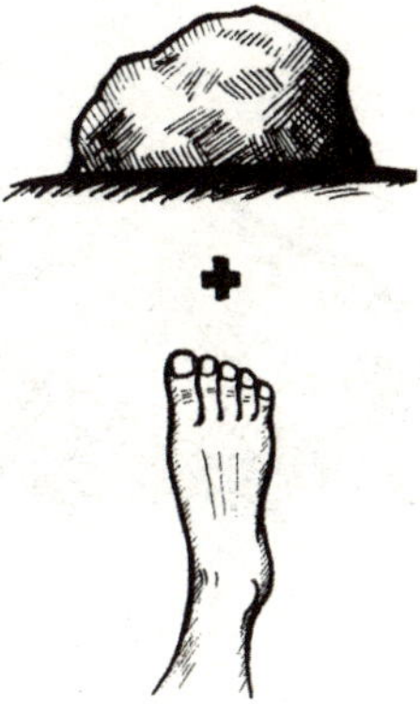

甲 金 篆 隶 楷

徒

tú

 甲骨文下为“止”（足）表义，上为“土”表声；金、篆文变“止”为“辵”。 本义是“步行”，《易·贲》：“贲其趾，舍车而徒。”泛指“兵卒”，[晋]潘岳《关中诗》：“翘翘赵王，请徒三万。”引申指“弟子、门徒”。

徒：形声字。《说文解字》：“徒，步行也。从辵，土声。”

土：象形字。《说文解字》：『土，地之吐生物者也。』

土

tǔ

甲 金 篆 隶 楷

 甲、金文中的一横表示地，地上像一堆土。 本义是“泥土”，《书·禹贡》：“厥贡惟土五色。”引申为“不合潮流的”（与“洋”相对）。

兔

tù

 甲、金文像一只头朝上、面朝左的兔子。《韩非子·五蠹》："田中有株，兔走触株，折颈而死。"

兔：象形字。《说文解字》：「兔，兽名。像踞（蹲坐），后其尾形。」

退：会意字。《说文解字》：『退，却也。一曰行迟也。从彳、从日、从夂。』

退

tuì

 古字形从辵（表动作）、从日（表时间）、从夂（朝下的脚），会该是回走的时候之意，本义是“退却”。 引申为“离去、引退”，《老子》：“功成身退，天之道。”又指“减退、退还”等义。

屯：会意字。《说文解字》：『屯，难也。像草木之初生，屯然而难。』

甲 金 篆 隶 楷

屯

tún

 本义是“艰难、困顿”。 古字形像草木萌芽出土，像要存活需艰难的努力。引申指“聚集”，［三国·魏］曹植《七启》：“鸟集兽屯，然后会围。”又有“驻扎”义，《儒林外史》：“吩咐从人都下了马，屯在外边。”

豚：会意字。《说文解字》：『豚，小豕（猪）也。』

豚

tún

 甲骨文右为“豕”（猪），左为“月”（肉），表示这是肉猪；金文右又加“又”（手），表示用手捉猪。 本义是“肉猪”。引申指“小猪”，［南朝·宋］鲍照《代东武吟》：“腰镰刈葵藿，倚杖牧鸡豚。”

妥

tuǒ

古字形上为“爪”（手），下为“女”（似跪坐或半立状），会制贩女奴之意。本义是“制服女奴以求安”，《汉书·燕刺王旦传》：“北州妥。”引申为“合适、齐备、妥当”，［唐］韩愈《石鼓歌》：“安置妥帖平不颇。”

瓦：象形字。《说文解字》：「瓦，土器已烧之总名。象形。」

瓦

wǎ

 金文字形像瓦片，上下有槽沟，以便扣合。“瓦”是古代陶制器物的总称，《荀子·性恶》：“夫陶人埏埴而生瓦。”  引申为“陶制的纺锤”，《诗·小雅·斯干》：“乃生女子，载衣之地，载衣之裼，载弄之瓦。”

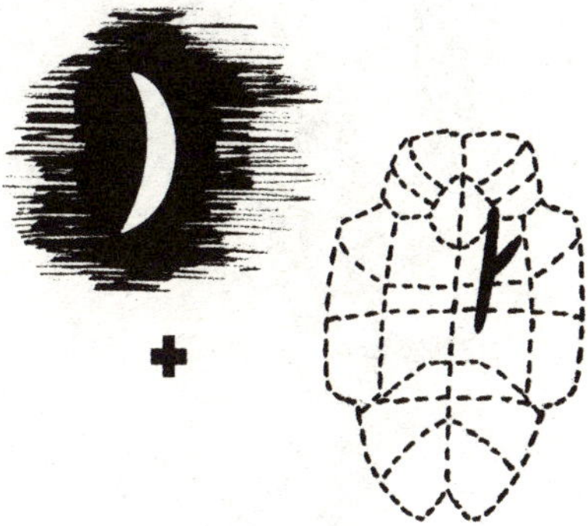

外

wài

 字形从夕、从卜。“夕”字是月牙，牙尖向外，“卜”字卜兆向外。 本义是外面（与“内”相对），[汉]袁康《越绝书》：“夫有勇见于外，必有仁于内。”引申为“疏远、背离、表面”等义。

外：会意字。《说文解字》：『外，远也。卜尚平旦，今夕卜，于事外矣。』

万：象形字。《说文解字》：『万，虫也。』

(萬)万

wàn

甲 金 篆 隶 楷

 甲、金文像蝎子，上为钳，中为身，下为巴。 本义是“蝎子”。假借为数词，千的十倍。引申为“多”，《诗·小雅·信南山》：“畀我尸宾，寿考万年。”后假借义行，造“蠆”（虿，今音chài）表本义。“万”是早在战国及汉代就有的简化字。

亡：会意字。《说文解字》：「亡，逃也。」

甲　金　篆　隶　楷

亡

wáng

 古字形像一把刀，并在刀刃部位加一短竖，表示被折断，成了无用物。 引申为“死亡、灭亡、逃亡”，《左传·庄公六年》：“亡邓国者，必此人也。”也指“丢失、丧失”，《庄子·骈拇》：“臧与穀二人相与牧羊，而俱亡其羊。”

王

wáng

甲 金 篆 隶 楷

古字形像一把斧刃朝下的大斧头。斧头在上古是一种武器，表明有执掌镇压权，所以最高统治者就叫作“王”，《周礼·天官序》：“惟王建国。”

网：象形字。《说文解字》：「网，庖牺所结绳，以渔。」

网（網）

wǎng

古字形像一张捕鸟兽的网，两根木棍间用绳线交织。

本义是“捕鸟兽的网”，《诗·邶风·新台》：“鱼网之设，鸿则离之。”泛指网状物，如网络。小篆本有异体“罔”和“網”。“网”是“網”的古本字，“網”是后起字。而今又以“网”为简化字，实为恢复了古本字。

注：形声字。《说文解字》：『往，之也。』

往

wǎng

甲 金 篆 隶 楷

 甲骨文上为一只脚趾朝上的脚，下为一“王”（斧形）表声；金文左又加“彳”（表行动）。 本义是“去”，《易·系辞下》：“寒往则暑来，暑往则寒来。”引申为“过去、往日、送去、向往”等义。

望：会意字。

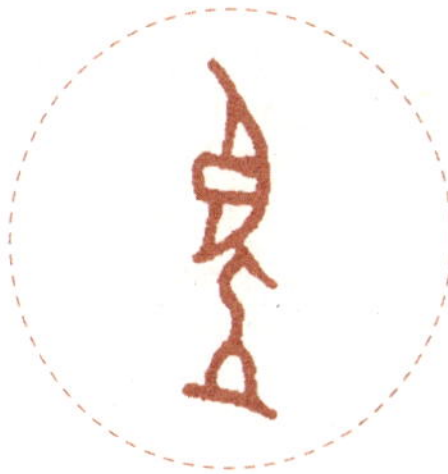

望

wàng

甲骨文上为一竖"目"，中为一侧立之人，下为一高起的土堆，会人站高处远望之意；金文加一"月"，远望义更显。本义是"极目远望"，《诗·卫风·河广》："谁谓宋远，跂予望之。"引申为"看望、盼望、名望"等义。

危：会意字。《说文解字》："危，在高而惧也。从产，自卪止（节止，节制）之。"

危

wēi

金　篆　隶　楷

金文像马车发生危险，一人猛抓车轮，使其停住。本义是"危险"，《易·系辞下》："君子安而不忘危，存而不忘亡，治而不忘乱。"引申指"危害、高处"。

 金  篆  隶  楷

威

wēi

 金文右像一把长柄大斧的武器（戌），左下是一个受到威慑的弱小女人，显示出让人慑服的力量。 本义是“威力”，《史记·陈涉世家》：“威震四海。”引申为“尊严、威严”。

韦：会意字。《说文解字》：「韦，相背也。」

(韋)韦

wéi

 甲骨文中间的方框像城邑，上下两脚向相反的方向走，表“违背”义，是“违”的本字。 本义是“背离”。假借指“去毛熟治的兽皮”，[汉]桓宽《盐铁论·散不足》：“士则单复木具，盘韦柔革。”引申指“皮绳”，如韦编三绝。

为（爲）

wéi/wèi

 甲骨文左上是一只手，右下是一头大象，会手拉大象驱使它帮助劳动之意。 本义是“做、干”，如“事在人为”。引申为“制作”，《红楼梦》：“贾不假，白玉为堂金作马。”也做介词。

尾：象形字。《说文解字》：『尾，微也。从到（倒）毛在尸后，古人或饰系尾，西南夷皆然。』

尾

wěi

甲骨文像一个侧立的人，臀后系有一条毛尾巴（饰物）。

本义是“尾巴”。泛指动物身体末端突出物，又引申指“末端”，［宋］周邦彦《蝶恋花》：“酒熟微红生眼尾。半额龙香，冉冉飘衣袂。”

委：会意字。

 甲  金  篆  隶  楷

委

wěi

甲骨文像一个女人跪在一棵枯萎了的死禾前，是“萎”的本字。本义是“枯萎”。引申为“弯曲、委屈”，［汉］刘向《说苑·正谏》：“螳螂委身曲附欲取蝉，而不知黄雀在其傍也。”又指“聚积、托付、推卸”等义。

卫：会意字。《说文解字》：『卫，宿卫也。』

(衛)卫 wèi

甲 金 篆 隶 楷

甲、金文左右是“行”（四通八达的道路），中间的上下是“止”（脚），中心作“口”或“方”（城邑），会巡行守卫之意。

本义是“防守、卫护”，《战国策·赵策》：“以卫王宫。”引申指“卫士、警卫、卫生”等义。

未：象形字。《说文解字》：『未，像木重（重叠）枝叶也。』

甲 金 篆 隶 楷

未

wèi

 甲、金文像一棵有许多枝叶的树，会树木枝叶重叠繁茂之意。 本义是“茂盛”。本义早亡，常假借指地支的第八位，用以纪年、月、日、时。又多指“不、不曾、没有”等否定义。

畏

wèi

甲 金 篆 隶 楷

 甲、金文右为“鬼”，左像棍棒，会鬼持棍棒追打或抓人，令人畏惧之意。 本义是“害怕、恐惧”，《韩诗外传》：“吾闻忠不畔上，勇不畏死。”引申指“敬重、心服”，《论语·子罕》：“后生可畏，焉知来者之不如今也。”

胃：象形字。《说文解字》：『胃，谷府（腑）也。从肉；𡇒，象形。』

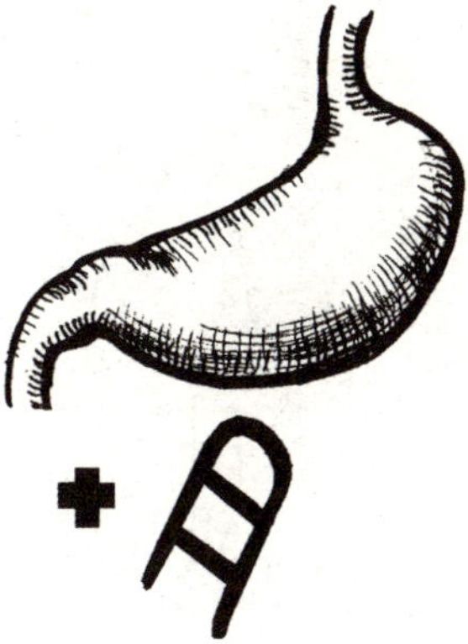

金 篆 隶 楷

胃

wèi

 金、篆文上部像装满食物的胃，下加月（肉），会肉质的胃脏之意。 本义即“胃脏”，《灵枢经·五味》：“胃者，五藏六腑之海也，水谷皆入于胃，五藏六府皆禀气于胃。”

文：象形字。《说文解字》：『文，错画也，像交文。』

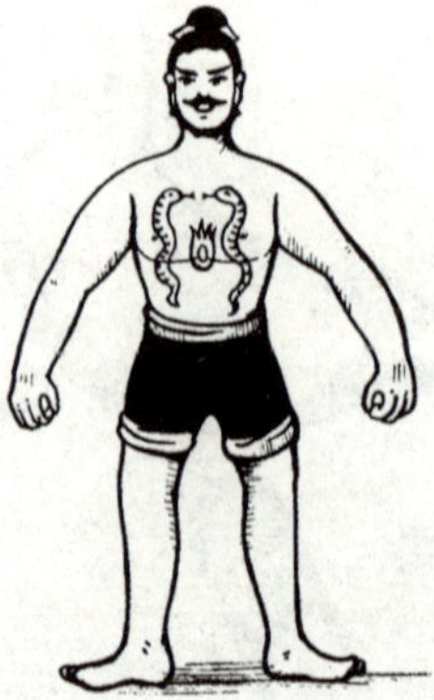

文

wén

 甲、金文像一个正立之人，胸前刺有花纹。 本义是“文身”，《左传·隐公元年》：“仲子生而有文在其手。”引申指“花纹、文字、文章、文化”等义。

闻：会意字。《说文解字》：『闻，知声也。』

甲 金 篆 隶 楷

闻（聞）

wén

 甲骨文像一个人长跪谛听，头部特意突出一只大耳朵，或以手掩嘴，表示谛听， 本义是“听见”，［唐］杜甫《赠花卿》：“此曲只应天上有，人间能得几回闻？”引申为“见闻、闻名”。后也指用鼻子嗅气味。

我：象形字。《说文解字》：“我，施身自谓也。”

我

wǒ

甲、金文像一种有长柄和锯齿的锋利兵器。本义早亡，多假借为第一人称代词，称自己，《诗·小雅·采薇》：“昔我往矣，杨柳依依；今我来思，雨雪霏霏。”也指“我方、我国”等自己所在的一方。

卧：会意字。《说文解字》：「卧，休也。从人臣，取其伏也。」

金 篆 隶 楷

卧

wò

 字形从“臣”（像竖目），从“人”（“卜”为人的变形），会人伏身休息之意。  本义是“睡觉、闭目休息”，《荀子·解蔽》：“心卧则梦。”引申指“平放着”，[唐]杜甫《重过何氏》诗之四：“雨抛金锁甲，苔卧绿沉枪。”

乌：象形字。

(烏)乌
wū

 金文上为头，嘴朝天，向右的二条线表翅膀，下伸的是一只爪，眼中无黑点儿——这是乌鸦的形象。 本义就是“乌鸦”，《诗·邶风·北风》：“莫赤匪狐，莫黑匪乌。”引申指“黑色”。

巫：会意字。《说文解字》：「巫，祝也。」

巫

wū

 甲、金文像两根竹签（占卜工具）交错放在一起。“巫”是古代从事祈祷、卜筮、星占的人，《周礼·春官·司巫》：“司巫掌群巫之政令。若国大旱，则师巫而舞雩；国有大灾，则师巫而造巫恒。”“巫”初不分男女，后始以男巫为觋（xí），女巫为巫。

五：象形字。

五

wǔ

甲 金 篆 隶 楷

本义是“交错”。字形像两个物体纵横交错在一起。后来这个本义被“午”字代替，“五”被假借为数词，《易·系辞上》：“天数五，地数五。”

午：象形字。

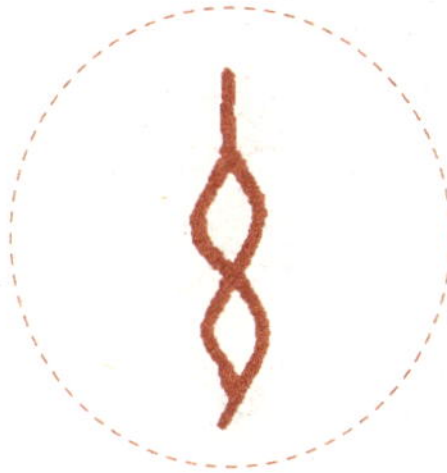

午

wǔ

 古字形像舂米的“杵”，是“杵”的本字。 假借指纵横交错，《仪礼》：“午割之。”又借指十二地支的第七位，用以纪时，《诗·小雅·吉日》：“吉日庚午，既伯既祷。”假借义行，另加“木”造“杵”（今读chǔ）表本义。“午”又通“迕、忤”（wǔ），违反义。

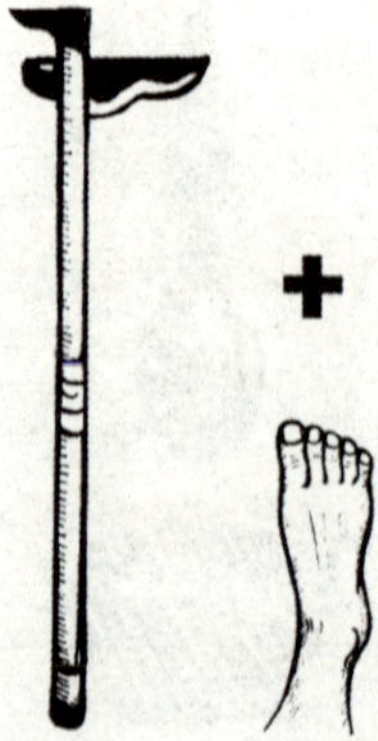

武

wǔ

 字形从“戈”（武器），从“止”（脚），会持戈行进征伐示威之意。 本义指“征伐示威”，《史记·秦始皇本纪》：“武殄暴逆，文复无罪。”泛指与军事有关的事物，如武器、武力等。

舞：象形字。《说文解字》：「舞，乐也。」

 甲  金  篆  隶  楷

舞

wǔ

 本义是“跳舞”。 古字形像一个正面站立的人，双手持牛尾（装饰物）翩翩起舞。《论语·八佾》：“八佾舞于庭，是可忍也，孰不可忍也！”引申指“挥舞、舞动、耍弄”等义。

勿

wù

 甲、金文像一把刀，左三点像被削掉的一些无用物，表示“不要”义。 本义是“不要”，《论语·卫灵公》：“己所不欲，勿施于人。”引申为否定副词“不”，《诗·王风·君子于役》：“君子于役，如之何勿思。”

戊：象形字。

戊

wù

 甲、金文像一把长柄宽刃的大斧。 本义早亡，假借指天干的第五位，用以纪时，《春秋·桓公二年》：“戊申，纳于大庙。”

兮：指事字。《说文解字》：『兮，语所稽也。』

兮

xī

甲 金 篆 隶 楷

字形下像一种乐器，上两画标指吹奏时上扬的声气。

本义是“乐声上扬”。引申为语气助词，用于句中或句末，表感叹语气，相当于“啊”，《史记·刺客列传》：“风萧萧兮易水寒，壮士一去兮不复还！”

西：会意字。《说文解字》：『西，鸟在巢上也。象形。』

 甲  金  篆  隶  楷

西

xī

 甲、金文像个鸟巢，小篆又加一曲线，代表鸟形，像鸟落在巢上休息，即“栖息”，是“栖”的本字。 本义是“栖息”。《敦煌曲子词·西江月》：“棹头惊起乱西禽，女伴各归南浦。”假借为代表方向的“西”，《史记·历书》：“日归于西，起明于东，月归于东，起明于西。”后“西”专表方向，遂又另造“栖”表本义。

昔：会意字。

昔
xī

甲 金 篆 隶 楷

 古字形下为“日”，上像洪水泛滥，会古代洪水泛滥的往日之意。 本义是“从前”（与“今”相对），《书·尧典》：“昔在帝尧，聪明文思，光宅天下。”引申为“久远”，《诗·陈风·墓门》：“知而不已，谁昔然矣。”

析：会意字。《说文解字》：『析，破木也。从木，从斤。』

 甲  金  篆  隶  楷

析

xī

 字形从“斤”、从“木”（树），会用斧砍树之意。 本义是“劈开木头”，《诗·小雅·车舝》：“陟彼高冈，析其柞薪。”引申为“分析、辨析”，［晋］陶潜《移居》：“奇文共欣赏，疑义相与析。”

息：会意字。《说文解字》：“息，喘也。”

息
xī

字形从“自”（鼻子）、从“心”，心气必从鼻出。本义是“喘气、呼吸”，［唐］袁郊《甘泽谣·许云封》：“凡发扬一声，出入九息。”引申指“叹气、停止、休息”等义。

甲 金 篆 隶 楷

奚

xī

 甲骨文左上为“手”（爪），右上为一条绳索，右下吊了一个人。会手抓绳索拘系罪人之意，表示是奴隶。 本义是“奴隶”，《周礼·天官·序官》：“奚三百人。”假借为疑问词“为什么”，《论语·为政》：“或谓孔子曰：‘子奚不为政？’”

悉：会意字。《说文解字》：『悉，详尽也。』

悉

xī

 字形上为一动物的脚印（釆，biàn），下为“心”，表示悉心查看踪迹。 本义是“详尽”，《史记·张释之冯唐列传》：“虎圈啬夫，从旁代尉对上所问禽兽簿甚悉。”引申指“知道、了解”。

习：会意字。《说文解字》：「习，数（多次）飞也。」

甲 金 篆 隶 楷

习（習）

xí

 古字形是小鸟在日光下的空中不断练习飞翔。 本义是“鸟多次练飞”。《礼记·月令》：“鹰乃学习。”引申指“习惯”，《论语·阳货》：“性相近也，习相远也。”

席：会意字。《说文解字》：『席，藉（垫）也。』

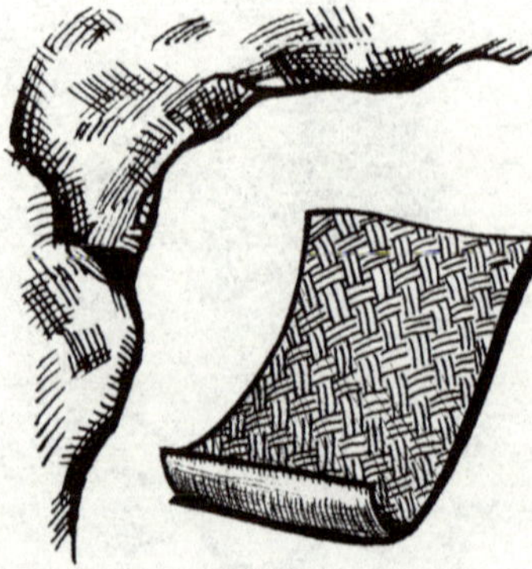

席

xí

 甲骨文像一张有编织花纹的方席；金文变为屋有席。

 本义是“铺垫用的席子”，《诗·邶风·柏舟》：“我心匪席，不可卷也。”引申为“座位、席位”，《论语·乡党》：“君赐食，必正席，先尝之。”又有“职务、酒席”等义。

徙

xǐ

 甲、金文从“彳”（小路）、从“步”（双脚），会双脚沿小路往前走之意。 本义是“迁移”，《史记·秦始皇本纪》：“徙天下豪富于咸阳十二万户。”引申为“流放、改变、调职”等义。

徙：会意字。《说文解字》：『𨑢（徙），迻（『移』的异体，迁移）也。』

喜：会意字。《说文解字》：「喜，乐也。从壴，从口。」

喜

xǐ

 古字形上为“壴”（鼓），下为“口”（笑嘴），会敲鼓欢笑之意。 本义是“快乐、高兴”，《诗·郑风·风雨》：“既见君子，云胡不喜？”引申为“喜爱、爱好”。

系：会意字。

系

xì

 甲、金文像一只手抓住两三缕丝线，丝线顶端悬下来，表示中间是连着的。 本义是“连缀”。引申为“继承、系统”，［唐］刘悚《隋唐嘉话》：“太宗阅医方，见《明堂图》五脏之系，咸附于背。”汉字简化，把“系、係、繫”合并简化为“系”。

下：指事字。《说文解字》：『下，底也。』

下

xià

甲 金 篆 隶 楷

 甲、金文用两横表示，上横（有的是弧线）是地面，下短横是指事符号，标指为地面之下。《诗·小雅·北山》：“溥天之下，莫非王土。”  引申为“身分、地位低”，［唐］封演《封氏闻见记·定谥》：“立君臣，定上下，不可以废忠。”也指“攻克、征服”，郭沫若《北伐途次》“这最后的抵抗如被冲破，武昌城便指日可下。”

夏：象形字。《说文解字》：「夏，中国之人也。」

夏

xià

 金文像头、手、身、足俱全的人， 本义是“人”。古代汉族人自称为“华夏”。假借为“夏季”，《书·洪范》：“日月之行，则有冬有夏。”又指朝代和姓氏。

先：会意字。《说文解字》：『先，前进也。』

先

xiān

 古字形上为“止”（脚）、下为“人”，表示走到别人前面去，就是“先”。 本义是“走在前面”。引申指“时间或次序在前”（与“后”相对），《庄子·天道》：“春夏先，秋冬后，四时之序也。”又指“当初、先前”，《红楼梦》：“宝玉笑道：‘好妹妹，你先时候怎么替我梳了呢？’”还指“祖先”。

鲜（鲜）

xiān

 金文下为“鱼”，上为“羊”（只是“羴”的省略），表声。

 本义是“鱼名”，后泛指“活鱼”，引申指“新鲜”，《仪礼·士昏礼》：“腊必用鲜，鱼用鲋，必殽全。”又指“鲜明、明丽”，［唐］李白《古风》：“碧荷生幽泉，朝日艳且鲜。”后借表“少”义时，读xiǎn。

鲜：形声字。《说文解字》：『鲜，鱼名。出貉国。从鱼，羴（膻）省声。』

闲：会意字。《说文解字》：「闲，阑也。从门中有木。」

(閑) 闲
xián

 金  篆  隶  楷

 金、篆文从门、从木，表示门栅栏。 本义是“木栅栏”。引申指“马厩”，《周礼·夏官·校人》：“天子十有二闲，马六种。”又引申指“界限”，多指礼义道德规范。还有“空闲、清闲”义。

贤：会意字。《说文解字》：“贤，多才也。”

 甲  金  篆  隶  楷

贤（賢）

xián

 甲、金文左为“臣”（眼向下看的头），表顺从，右为“手”（有力、能干），会顺从能干的好奴仆之意。 本义是“好，善”，［唐］刘禹锡《竹枝词》：“歌者扬袂睢舞，以曲多为贤。”引申指“有德行，多才能”，《书·大禹谟》：“克勤于邦，克俭于家，不自满假，惟汝贤。”又有“超过”义。后加“贝”，表财多。

咸：会意字。《说文解字》：『咸，皆也，悉也。』

咸

xián

 古字形从戌（兵器）、从口（器皿），兵器和器皿放在一起，表示“同、共”。 本义是“全、都”，《史记·淮阴侯列传》：“于诸侯之约，大王当王关中，关中民咸知之。”又有“普遍”义。

涎：会意字。《说文解字》：「次（涎），慕欲口液也。」

甲 金 篆 隶 楷

涎

xián

 甲骨文从“欠”（人张口）、从“水”（氵），会人张嘴流口水之意，原作“次”。 本义是“唾液，口水”，［唐］杜甫《饮中八仙歌》：“汝阳三斗始朝天，道逢曲车口流涎。”引申指“贪羡、贪图”，如垂涎三尺。

显：会意字。

（顯）显

xiǎn

金 篆 隶 楷

 金文右为一人，朝左站立，左上为“日”，左下为“丝”，会人在阳光下细看所晒的丝之意。 本义是“光明”，李朝威《柳毅传》：“唯恐道途显晦，不相通达。”引申指“高贵、显赫”，《孟子·离娄下》：“问其与饮食者，尽富贵也，而未尝有显者来。”又有“明显、露出、显扬”等义。

县：会意字。《说文解字》：『县，系也。』

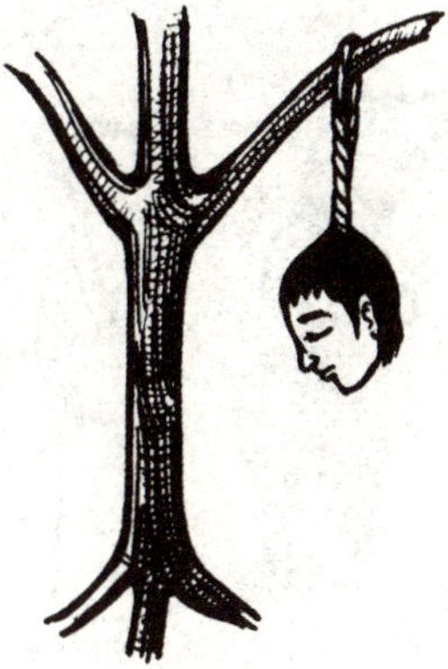

 金  篆  隶  楷

县（縣）
xiàn

 金文像树上悬挂着一颗人头，悬首示众，是“悬”的本字。 本义是“悬挂”，《诗·魏风·伐檀》：“不狩不猎，胡瞻尔庭有县貊兮？”后多用为地方行政区划名。

限：会意字。《说文解字》：『限，阻也。』

限

xiàn

金 篆 隶 楷

 金文左为“阜”（山），右上为“目”，右下为“侧人”，会一人回头看为高山所阻。 本义是“阻隔”，《韩非子·初见秦》：“齐之清济浊河，足以为限。”引申为“限制、界限、限度”等义。

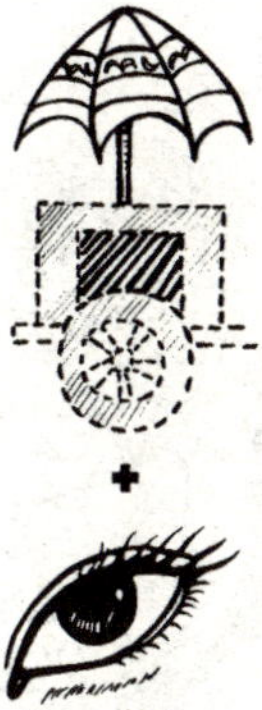

金　篆　隶　楷

宪（憲）

xiàn

宪：形声字。《说文解字》：「宪，敏也。从心，从目，害省声。」

 金文下为“目”，上为“害”省一部分，表声；后期篆文另加“心”，会心明眼亮之意。 本义是“聪敏”。后多用于“法式、规范、法令”等义。《管子·立政》：“宪既布，有不行宪者，谓之不从令，罪死不赦。”

陷：会意字。《说文解字》：『陷，高下也。』

陷

xiàn

甲 金 篆 隶 楷

 甲骨文从“人”、从“臼”，会人掉进陷阱之意，本作“臽”。 本义是“陷阱、坑穴”。引申为“陷入、陷害”，也指“攻破、占领”，《史记·白起王翦列传》：“六月，陷赵军。”

篆 隶 楷

羡

xiàn

篆文上为“羊”，下为“次”（xián，涎，口水），会垂涎羊肉之意，“次”兼表声。本义是“贪馋美味”或“因喜爱而希望得到”，《文选·张衡〈思玄赋〉》：“羡上都之赫戏兮，何迷故而不忘。”

羡：会意兼形声字。《说文解字》：「羡，贪欲也。」

献：会意字。《说文解字》：『献，宗庙犬名羹献。』

(獻)献

xiàn

 甲  金  篆  隶  楷

 甲骨文从“鬲”（lì，古代炊具）、从“犬”；金文从“鬳”（yǎn，甗，古代炊具）、从“犬”，会以犬牲献祭神祖之意。本义是“奉祭神祖的犬牲”，引申指“献祭”，《礼记·曲礼下》：“凡祭宗庙之礼……羊曰柔毛，鸡曰翰音，犬曰羹献。”引申指“奉献、贡献”，如献身、献计等。

乡：会意字。

甲 金 篆 隶 楷

乡（鄉）

xiāng

 甲、金文字形像两人相向对食，中间是盛满食物的食器，是“饗（飨xiǎng）”的本字。 本义是“用酒食款待人”或“享用”，《礼记·王制》：“元日习射上功，习乡上齿（尊崇老年人）。”假借指行政区划。引申指“家乡”，前蜀李珣《南乡子》：“思乡处，潮退水平春色暮。”

相：会意字。《说文解字》：『相，省视也。』

相

xiāng/xiàng

本义是“细看、观察”，读xiàng。字形从目、从木，会用眼睛仔细观察树木之意。《史记·周本纪》：“及为成人，遂好耕农，相地之宜，宜穀则稼穑矣。”由看与被看的双方引申指“互相”，读xiāng。[晋]李密《陈情表》：“茕茕孑立，形影相吊。”

香：会意字。《说文解字》：「香，芳也。」

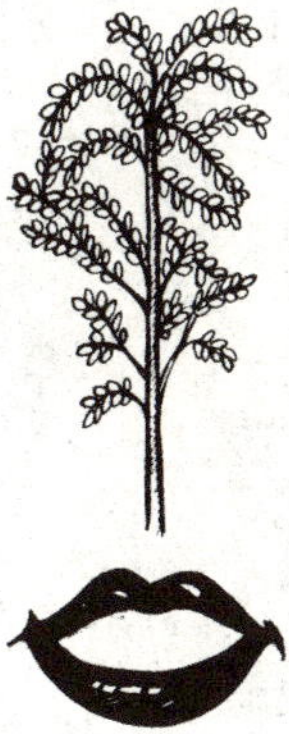

香
xiāng

 甲骨文下为“口”，上为禾黍，小点像熟落的黍粒，表黍谷芳香好吃。 本义指“谷物熟后的气味”，《诗·大雅·生民》：“卬盛于豆，于豆于登，其香始升，上帝居歆。”引申泛指“芳香”，欧阳修《醉翁亭记》：“野芳发而幽香，佳木秀而繁阴。”

祥：会意字。《说文解字》：『福也。』

祥

xiáng

甲 金 篆 隶 楷

祥 甲骨文从“羊”（祭献羊牲），金文加“示”（祭桌），表义更显。古人常以“羊”为“祥”。 本义是“幸福、吉利”，《汉书·刘向传》：“由此观之，和气致祥，乖气致异；祥多者其国安，异众者其国危。”也指“吉凶的预兆”，《易·系辞下》：“吉事有祥，象事知器，占事知来。”

享：象形字。《说文解字》：「享，献也。」

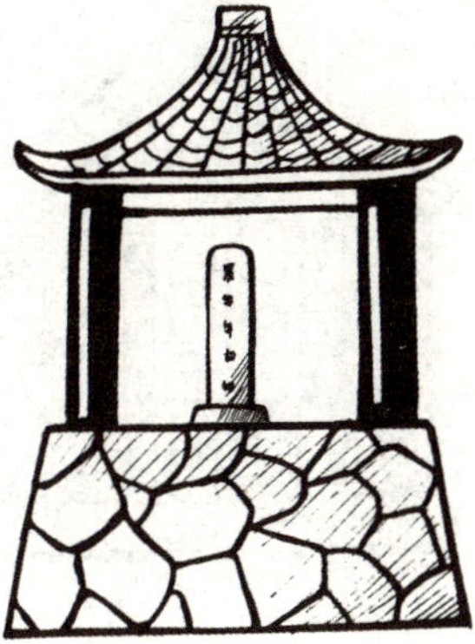

 甲  金  篆  隶  楷

享
xiǎng

 古字形像一座祭祀神祖的宗庙。 本义是“用祭品供献神祖”。泛指“祭祀”，《西游记》第三回：“杀牛宰马，祭天享地。”引申指“享受”，《左传·僖公二十三年》：“保君父之命而享其生禄。”

向：象形字。《说文解字》：『向，北出牖（窗）也。』

向

xiàng

甲　金　篆　隶　楷

古字形就像一座房子，在墙壁上开个窗。本义指“朝北的窗”，《诗·豳风·七月》：“塞向墐（jìn，用泥涂）户。”［清］夏炘《学礼管释》：“南出者谓之牖，北出者谓之向。”引申为“面对、朝着、方向”等义。

甲 金 篆 隶 楷

象

xiàng

古字形像大象，上为头，长鼻子非常突出，下为身，最下端是尾巴。《吕氏春秋·古乐》：“商人服象，为虐于东夷。”又指形象、景象。

象：象形字。《说文解字》：『象，长鼻牙，南越大兽。』

枭：会意字。《说文解字》：『枭，不孝鸟也。』

（梟）枭 xiāo

 金  篆  隶  楷

 字形从鸟在木上。 本义是一种凶猛的鸟，俗称猫头鹰。旧传枭食母，故常以喻恶人。引申指“骁勇”，常含有强横悖逆义，也指“杰出者”，如枭雄。此谓修辞的“喻之二柄”，即同一喻体“枭雄”，既用于贬义，也用于褒义。

嚣：会意字。《说文解字》："嚣，声也。"

金 篆 隶 楷

嚣（嚻）

xiāo

 字形中间为"页"（头），四周有四"口"，会众口喧哗之意。 本义是"众口喧哗声"，[宋]曾巩《救灾议》："强者既嚣而动，则弱者又随而聚矣。"引申为"嚣张、强悍"。

小：象形字。《说文解字》：『小，物之微也。』

小

xiǎo

 甲、金文中三竖点像散落的微粒，表示微小。 本义是“微小”（和“大”相对），[蜀]诸葛亮《前出师表》：“事无大小，悉以咨之。”也指“年幼者”，《墨子·号令》：“男女老小，先分守者，人赐钱千。”引申为小辈、地位低贱的人。

孝：会意字。《说文解字》：「孝，善事父母者。」

甲 金 篆 隶 楷

孝

xiào

甲骨文像一位长有长发的老人；金文上像长发驼背的老人，下“子（小孩）”被老人的手按着（小孩用头扶持老人行走），这就是“孝顺”的表现。本义是“孝顺”，《左传·隐公三年》：“君义、臣行、父慈、子孝、兄爱、弟敬，所谓六顺也。”

协：会意字。《说文解字》："协，众之同和也。劦，同力也。"

（協）协 xié

甲骨文为三个"力"（即"耒" lěi，古农具），会合力耕作之意，本作"劦"字。篆文加"十"，表众多义。本义是"共同合作"，《左传·僖公二十二年》："吾兄弟之不协，焉能怨诸侯之不睦？"引申为"和洽、协助、协同"等义。

 金  篆  隶  楷

写（寫）

xiě

写：会意字。《说文解字》：「写，置物也。」

 字形中一只小鸟（舄，xì，鹊）向着房子（宀，mián）里叫。

 本义为“倾吐、抒发”，《诗·邶风·泉水》：“驾言出游，以写我忧。”引申为“移置”，《礼记·曲礼上》：“器之溉者不写，其余皆写。”又引申为“摹拟、抄隶、书写”等义。

燮：会意字。《说文解字》："燮，和也。"

燮

xiè

甲 金 篆 隶 楷

甲骨文上像三堆火，下为一只手拿火把点燃三堆火，表示不偏不倚，平均、和顺之意。本义是“和、协调”，《书·洪范》：“燮友柔克。”孔传：“燮，和也。世和顺，以柔能治之。”

心

xīn

 古文字像心脏之形。 本义是“心脏”，《素问·痿论》：“心主身之血脉。”古人认为心是思维器官，引申指“思想、意念、感情”。《易·系辞上》：“二人同心，其利断金。”

心：象形字。《说文解字》：『心，人心土藏，在身之中。象形。』

辛：象形字。《说文解字》：『辛（辛），罪也。』

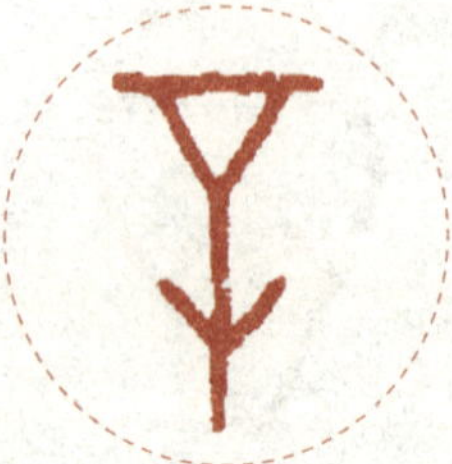

辛

xīn

 甲骨文像一把平头刀；金文在上加一横，表割削物。本义是“刑刀”。引申为“劳苦”，［唐］李白《陈情赠友人》：“英豪未豹变，自古多艰辛。”又引申指“辣味”。还借指天干的第八位。

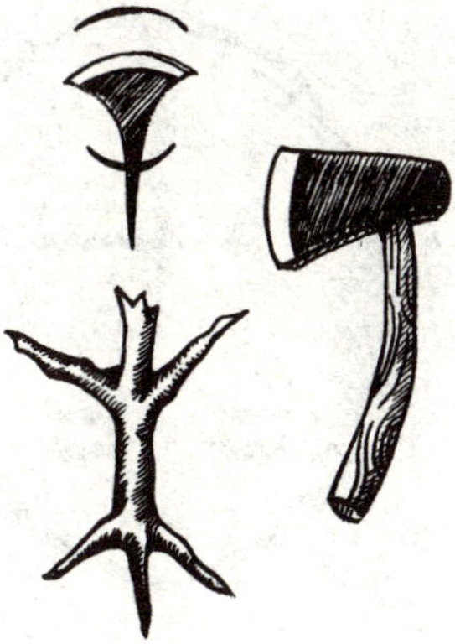

新：会意字。《说文解字》：『新，取（伐）木也。』

新

xīn

 甲、金文均像用刀砍树之形。 本义是“伐木”。引申指“初次出现的、没有用过的”（与“旧”相对），［汉］无名氏《古艳歌》：“衣不如新，人不如故。”

囟：象形字。《说文解字》：『囟，头会脑盖也。象形。』

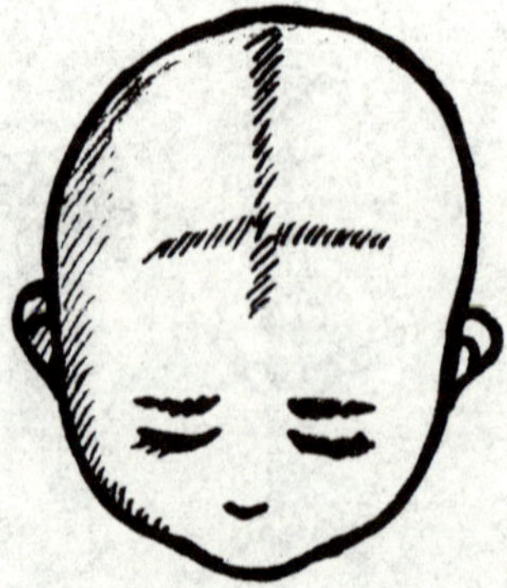

囟

xìn

 古字形像人头，中间的“十”或“乂”表示小儿头上的“囟门”。 本义是“囟门，婴儿头顶骨未合缝的地方”。《医宗金鉴·刺灸心法要诀·周身名位骨度》：“囟者，颠前之头骨也。”

信：会意字。《说文解字》：「诚也。从人，从言，会意。」

金 篆 隶 楷

信

xìn

 金文左为“人”，右为“口”；篆文右为“言”，用人口所言会真实之意。 本义是“言语真实”，《论语·学而》：“与朋友交而不信乎？”引申为“守信用”，《左传·宣公二年》：“弃君之命，不信。”又有“书信、消息、音讯”等义。

兴：会意字。《说文解字》：『兴，起也。』

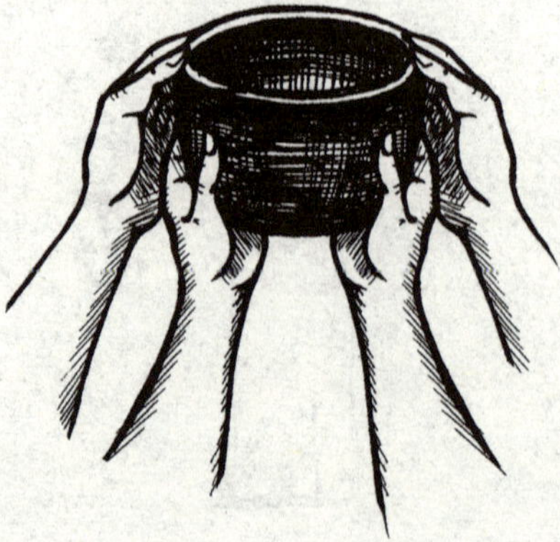

(興)兴

xīng/xìng

甲 金 篆 隶 楷

 甲骨文像用四手举起器物；金文加“口”，表示齐声合力。 本义是“抬、举”，《周礼·夏官·大司马》：“进贤兴功。”引申为“兴起、产生”，《易·归妹》：“天地不交而万物不兴。”以上读xīng。又用于“兴趣、兴致、高兴”等义，读xìng。

星：形声字。《说文解字》：「曐（星），万物之精，上为列星。」

甲　金　篆　隶　楷

星

xīng

甲骨文像群星，为避误会或加“生”表声；金、篆文省为三星并有光芒（讹为“日”）。本义是“星星”，《诗·大雅·云汉》：“瞻卬昊天，有嘒其星。”又指像繁星一样的东西，或像流星一样迅疾，也比喻事业上有突出成就的人。

刑：会意字。《说文解字》：『㓝，到也。（刑），罚罪也。』

刑

xíng

 金  篆  隶  楷

 古字形左为“井”，右为“刀”。古时官府派人持刀守井，以避取水纷争。 本义是“处罚”，[汉]桓宽《盐铁论·疾贫》：“刑一而正百，杀一而慎万。”引申指“刑法、法度”，[唐]韩愈《送浮屠文畅师序》：“道莫大乎仁义，教莫正乎礼乐刑政。”

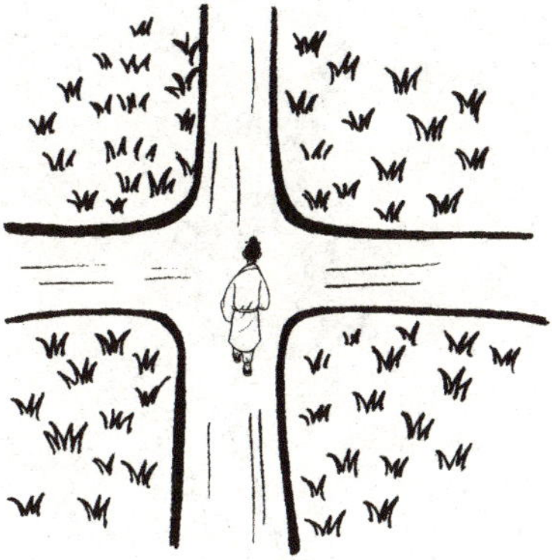

行：象形字。《说文解字》：「行，人之步趋也。」

甲 金 篆 隶 楷

行

xíng/háng

 古字形像一个十字路口。 本义是“道路”，读háng，《吕氏春秋·下贤》：“桃李之垂于行者，莫之援也。”引申为“行走、行驶、运行、行李”等义，读xíng。

幸：会意字。《说文解字》：『幸，吉而免凶也。』

幸

xìng

 甲骨文像手铐形。 本义指“刑具”，假借为“侥幸”。引申指“幸运、幸福”，《论语·述而》：“丘也幸，苟有过人必知之。”也指封建时代帝王亲临。

金 篆 隶 楷

凶

xiōng

字形“凵”像陷阱，“乂”标指凶险所在。本义指“祸殃、不吉利”，《楚辞·卜居》：“此孰吉孰凶？何去何从？”引申指“凶恶的人或事物”。又有“猛烈、残暴”等义。

凶：指事字。《说文解字》：『凶，恶也。像地穿（地震）交陷其中也。』

兄：会意字。《说文解字》：“兄，长也。”

兄

xiōng

甲 金 篆 隶 楷

 字形从“人”，从“口”（张口教育或命令弟弟）。 本义是“兄长”，《诗·小雅·斯干》：“兄及弟矣，式相好矣，无相犹（谋划）矣。”也是同辈男子间的尊称，［唐］韩愈《奉和虢州刘给事使君咏》序：“刘兄自给事中出刺此州。”

休：会意字。《说文解字》：『休，息止也。』

休

xiū

 字形是一个人靠在树下歇息。 本义是“休息”，《诗·大雅·民劳》：“民亦劳止，汔可小休。”引申为“停止”，闻一多《秋之末日》诗：“洒了金子扯了锦绣，还呼呼地吼个不休。”旧时指丈夫离弃妻子。老舍《四世同堂》第二部：“不是她要离婚，是咱们休了她！”

羞：会意字。《说文解字》：「羞，进献也。」

羞

xiū

甲 金 篆 隶 楷

 甲、金文像手持羊进献食物。 本义是“进献”，《左传·隐公三年》：“可荐于鬼神，可羞于王公。”引申指“美味的食品”，后多作“馐”。“害羞、羞耻”的“羞”是通假“丑”字（古音相近），后固定下来。

秀：会意字。

秀

xiù

 古字形上从“禾”，下从“人”。 王筠《文字蒙求》：“秀，从禾，人像穗之下垂。”（此“人”即“乃”）。“秀”从“年”字分化而来。《甲骨文字典》：“年，从禾从人，会年谷丰熟之意。”二者古音相进，表义都与谷物成熟密切相关。“秀”本义指“禾类植物开花抽穗结实成熟”，《诗·大雅·生民》：“实发实秀，实坚实好。”又引申为“秀丽、秀美”，多指人优秀。

戌：会意字。

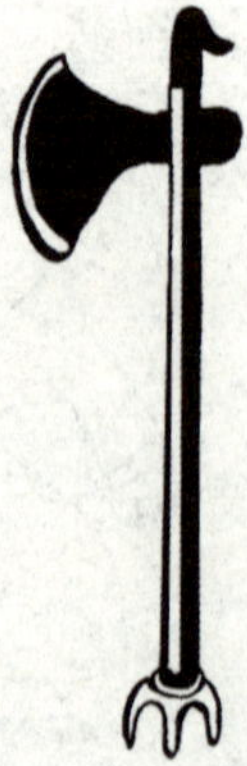

戌

xū

甲 金 篆 隶 楷

 甲、金文像宽刃长柄大斧。 本义是“兵器”。假借指地支的第十一位，用来计时，[汉]王充《论衡·说日》：“五月之时，日出于寅，入于戌。”本义早亡，假借义通用。

须：象形字。《说文解字》：「须，面毛也。」

须(須鬚)

xū

 甲骨文像人嘴下长三根须；金文上为头形；小篆“头”变为“页”。 本义是“胡须”，《左传·昭公二十六年》：“有君子白皙，鬒须眉。”假借为“必须、须臾”。后假借义行，遂加“髟”（biāo，长发）作“鬚”表本义。

虚：形声字。《说文解字》：『虚，大丘也。昆仑丘谓之昆仑虚。』

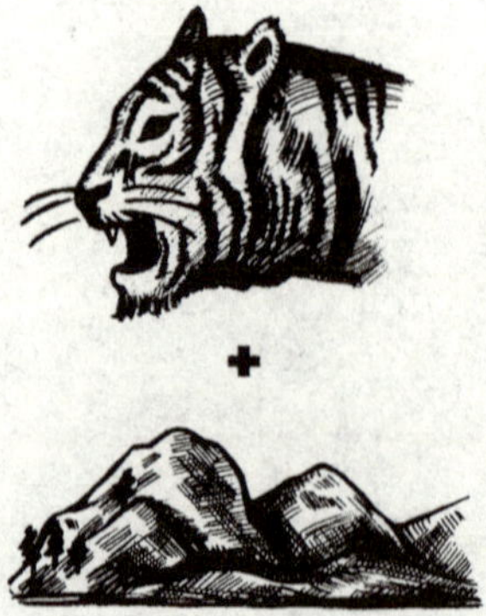

虚

xū

金 篆 隶 楷

古字形从“丘”（大土山），“虍”（hū，虎头）表声。后“丘”变为“业”。本义是“大土山”，是“墟”的本字。《诗·鄘风·定之方中》：“升彼虚矣，以望楚矣。”引申指“空虚”（与“实”相对），《易·归妹》：“上六无实，承虚筐也。”又有“虚假、心虚”等义。

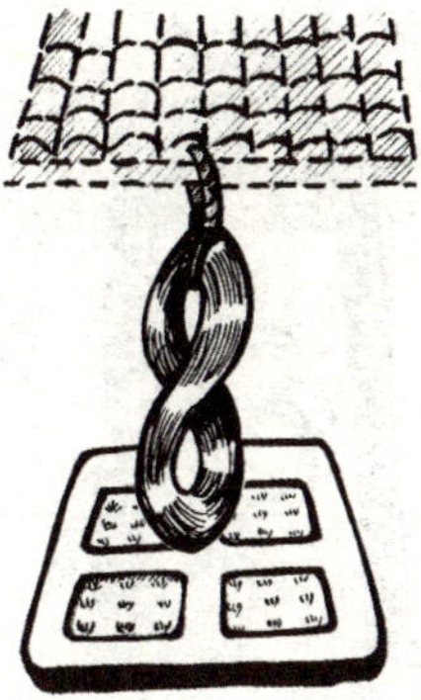

畜：会意字。《说文解字》：「畜，田畜也。」

畜
xù/chù

 甲、金文上像束丝（“糸”，小篆变为“玄”），下像田（里面的小点像庄稼），晾丝种田，表示农牧生产。 本义是“饲养、养育”。引申指“积蓄”，［唐］李公佐《谢小娥传》：“小娥父畜巨产，隐名商贾间。”以上读xù。也指“饲养的禽兽”，读chù，如畜生、牲畜。

宣：象形字。《说文解字》：『宣，天子宣室也。』

宣

xuān

甲 金 篆 隶 楷

 古字形像座大房子，里面像回廊环绕。 本义是古代帝王的大宫室，引申为“广、大”，进而引申为“宣布”，［明］李贽《豫约·早晚钟鼓》：“号令一宣，则百万齐声，山川震沸。”

玄：会意字。

玄

xuán

金文像皮编织的弓弦，是“弦”的本字。假借指“赤黑色”，后多指“黑色”，《诗·豳风·七月》：“载玄载黄，我朱孔阳。”引申指“深奥、玄妙”，《老子》：“玄之又玄，众妙之门。”

旋：会意字。《说文解字》：『旋，周旋，旌旗之指麾也。从㫃，从疋；疋，足也。』

旋

xuán

甲 金 篆 隶 楷

 古字形上像飘扬的旗子（“㫃”），下为脚（“止”），会举着旗子挥舞走动之意。 本义是“旋转”。《庄子·秋水》：“于是焉河伯始旋其面目，望洋向若而叹。”

穴：象形字。《说文解字》：「穴，土室也。」

 甲  金  篆  隶  楷

穴

xué

 字形像土室或窑洞。 本义是“岩洞”，上古穴居。《墨子·辞过》：“古之民未知为宫室时，就陵阜而居，穴而处。”喻指敌人或奸人盘据、藏匿的地方。中医指人体上可以针灸的部位。又特指墓穴。

学：会意字。

(學)学

xué

甲　金　篆　隶　楷

 甲骨文上像两手结网，结网的技能需要学习，下像房屋；金文下加“子”，表示教孩童学习。 本义是“学习”。［宋］陆游《示子遹》：“汝果欲学诗，工夫在诗外。”引申指“学校、模仿、学说”等义。

血：象形字。《说文解字》：「血，祭所荐牲血也。」

 甲  金  篆  隶  楷

血

xuè/xiě

 古字形像血滴到容器里。 本义是“血液”。“古者茹毛饮血，用血报神”。古代专指作祭品用的牲畜血。引申指有血缘关系的，如“血亲”。又喻指刚强、热诚，如“血性、血气方刚”。

熏：会意字。《说文解字》：『熏，火烟上出也。』

熏

xūn

金文中似“田”形，似烟囱受到烧熏，上像烟升腾冒出，下为“火”，会火熏黑烟囱之意。本义是“烟火熏烤、熏炙”。《诗·豳风·七月》：“穹室熏鼠，塞向墐户。”引申为“烟气”，[南朝·梁]陶弘景《许长史旧馆坛碑》：“金炉扬熏。”又引申为“气味侵袭、长期接触受到影响”等义。

旬

xún

 甲骨文像周匝回环形；金文加“日”，表示由甲到癸为十日一循环。 本义是“十天”。《书·尧典》：“期（jī），三百有（yòu）六旬有六日，以闰月定四时成岁。”又指“时间、光阴”，《升庵诗话》引《司马法》：“不宝咫尺玉，而爱寸阴旬。”

旬：会意字。《说文解字》：『旬，遍也，十日为旬。』

讯：会意字。《说文解字》：“讯，问也。”

(訊) 讯

xùn

 甲骨文左为“口”，中为朝左而跪之人，右为绳索（“丝”），会被绳索反绑的俘虏受审讯之意。 本义是“审问”，《周礼·秋官·小司寇》：“附于刑，用情讯之。”引申为“询问”，《诗·小雅·正月》：“召彼故老，讯之占梦。”又有“音讯、消息”义。

金 篆 隶 楷

牙

yá

 金文像上下槽牙互相交错的样子。 本义指“大牙，臼齿。”古代齿指门牙，牙指槽牙。《诗·召南·行露》：“谁谓鼠无牙？何以穿我墉？”特指“象牙”，《南史·范岫传》：“在晋陵，唯作牙管（象牙制的笔杆）笔一双，犹以为贵。”今为牙齿的通称。

牙：象形字。《说文解字》：『牙，牡齿也。』

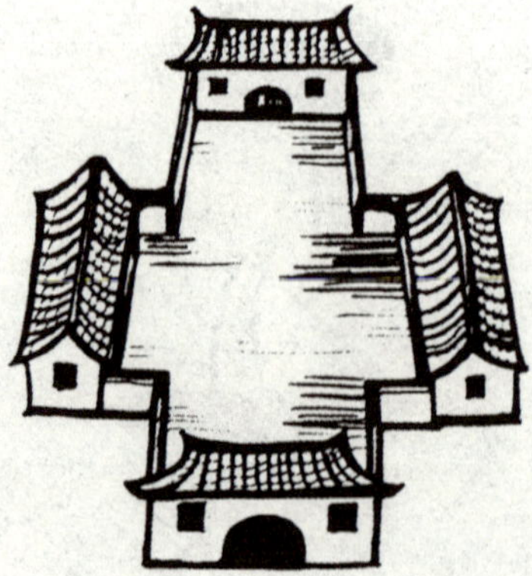

(亞)亚

yà

 古字形像一个方正的小院子。 本义是“宗庙”。但本义早亡，假借为“次于”，表示时间或空间的先后或等级的高低，《国语·吴语》：“吴公先歃，晋侯亚之。”

金 篆 隶 楷

焉

yān

 金文像一只长尾鸟。 本义是一种鸟的名字。但本义早亡，假借为疑问代词“怎么、哪里”，《诗·卫风·伯兮》：“焉得谖草？言树之背。”也做语气词，表停顿，《列子·汤问》：“寒暑易节，始一反焉。”

焉：象形字。《说文解字》：「焉，焉鸟，黄色，出于江淮。象形。」

延：会意字。《说文解字》：『延，长行也。』

延

yán

甲、金文从“彳”（道路），从“止”（脚），会走长路之意。本义是“长、远”。引申为“延长、拖延、蔓延”，[晋] 潘岳《关中诗》：“微火不戒，延我宝库。”

甲 金 篆 隶 楷

言

yán

言：会意字。《说文解字》：『言，直言曰言，论难曰语。』

甲骨文像从嘴里伸出舌头，上横指声音是从舌尖发出的。

本义是“说”，《左传·隐公六年》：“周桓公言于王曰：‘我周之东迁，晋郑焉依！’”也指一个字或一句话，《论语·为政》：“《诗》三百，一言以蔽之，曰：‘思无邪。’”借指著作、文章、学说、主张等。

岩：会意字。

岩

yán

 甲骨文像山上有几块岩石（三“口”）。 本义是“崖岸”，指山或高地的边，《文选·司马相如〈上林赋〉》：“潜处乎深岩。”也指“山峰”，[南朝·宋]谢灵运《登石门最高顶》：“连岩觉路塞，密竹使径迷。”又指岩石，构成地壳的石头。

炎：会意字。《说文解字》：「炎，火光上也。」

甲 金 篆 隶 楷

炎

yán

 字形为上下两把火，表示“火焰升腾”， 本义是“火盛”。引申为“极热”，[唐]王勃《守岁序》：“春秋冬夏，错四时之凉炎。”比喻炙人的权势。

衍：会意字。《说文解字》：『衍，水朝宗于海（水流像臣子朝见天子一样奔向大海）也。从水，从行。』

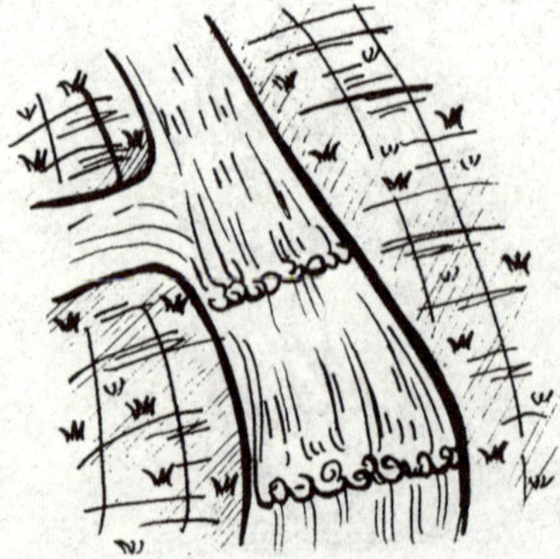

衍
yǎn

古字形外为“行”，中间为河川，会百川归海之意。本义是大水循河漫流汇于海。引申为扩展或延伸，《尚书大传》：“至今衍于四海，成禹之变，垂于万世之后。”也指“多余、富足、繁衍”等义。

厌（厭）
yàn

 金文右为“犬”，左上为“口”，左下为“月”（肉），原作“猒”，会狗的嘴里叼着一块肉已饱足之意。 本义是“吃饱”，引申指“满足”，《左传·僖公三十年》：“夫晋何厌之有！既东封郑，又欲肆其西封。”又引申指“嫌弃、厌烦”等义。

彦：形声字。《说文解字》：『彦，美士有文，人所言也。』

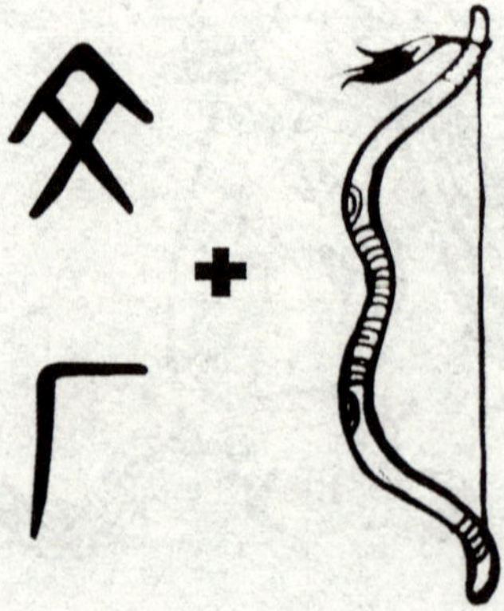

彦

yàn

 金文从“文”（文才），从“弓”（武略），用文武双全会才德出众的人之意，“厂”（hǎn，山崖）表声。小篆“弓”变为“彡”。 本义是“贤士、俊才”，《诗·郑风·羔裘》：“彼其之子，邦之彦兮。”引申指“美好”。

雁

yàn

 字形像大雁，大雁形状略似鹅，颈和翼较长，善游泳和飞行。 《诗·小雅·鸿雁》："鸿雁于飞，肃肃其羽。"又指书信，[明]王錂《春芜记·言谢》："侯门如海思空悬，愁绝鱼和雁。"雁似鹅非鹅，故又表"假的、仿造的"，此义后加"贝"作"赝"。

雁：形声字。《说文解字》："雁，鸟也。从隹，从人，厂（山崖）声。"

燕：象形字。《说文解字》：『燕，玄鸟也。』

燕

yàn/yān

甲 金 篆 隶 楷

甲骨文像一只头朝上，张开双翅，剪刀状尾的飞燕。《诗·邶风·燕燕》：“燕燕于飞，差池其羽。”假借指“宴饮、安乐”，此义通“宴”。指燕国时读yān。

央

yāng

 字形像人挑着担子，肩膀正处扁担中间。 本义是“中心、当中”，《诗·秦风·蒹葭》：“遡游从之，宛在水中央。”引申指“尽、完了”义，《诗·小雅·庭燎》：“夜如何其？夜未央。”又有“久、远”“恳求”等义。

央：会意字。《说文解字》：“央，中央也。从大在冂（像界围）之内。一曰：久也。”

扬：会意字。《说文解字》：『扬，飞举也。』

(揚)扬

yáng

甲 金 篆 隶 楷

 金文右为一双手向前方举起跪拜的人，左上为太阳，左下高台像祭桌。 本义是“向上举”。引申为“发扬、继承”，《书·立政》：“以觐文王之耿光，以扬武王之大烈。”

羊：象形字。

甲 金 篆 隶 楷

羊

yáng

字形从正面看是羊头的形象，头部加一对向下弯的角。

本义就是反刍类哺乳动物“羊”，《诗·王风·君子于役》：“日之久矣，羊牛下来。”古文常假借通“祥”，表示吉祥。［汉］董仲舒《春秋繁露》：“羊之为言犹祥与。”

阳：会意字。《说文解字》：『阳，高明也。』

(陽)阳 yáng

甲 金 篆 隶 楷

 甲骨文像太阳升到祭桌上方；金文加“彡”（像日光）和“阜”（土山，日从山上升起）。会日光上升向阳明亮之意。

 本义是“光明”。引申为“太阳”，［南朝·宋］谢灵运《石壁精舍还湖中作》：“出谷日尚早，入舟阳已微。”

仰：会意字。《说文解字》：「仰，举也。从人，从卬（仰望）。」

甲 金 篆 隶 楷

仰

yǎng

古字形右跪一人，正在抬头企盼地看左边的人。本义是“抬头仰望”，《易·系辞上》：“仰以观于天文，俯以察于地理。”又指物体面朝着上方。引申为“敬慕、依赖”。

养：会意字。《说文解字》：『养，供养也。』

(養)养

yǎng

甲 金 篆 隶 楷

 甲、金文像手持鞭杖牧羊。 本义是“养羊”，引申为“养育、培养”，《孟子·公孙丑上》：“我善养吾浩然之气。”也指“修养、保养”等义。

夭：象形字。《说文解字》：「夭，曲也。」

 甲  金  篆  隶  楷

夭

yāo

 古字形像一个正面站立的人，两只胳膊弯曲摇动。 本义是“屈曲”。引申为“短命”，《释名》：“少壮而死曰夭，如取物中夭折也。”又表草木茂盛，《书·禹贡》：“厥草惟夭，厥木惟乔。”

要：会意字。《说文解字》：『要，身中也。』

要

yāo

甲 金 篆 隶 楷

 甲骨文像一个女人双手叉腰，是“腰”的本字，《墨子·兼爱中》：“昔者，楚灵王好士细要。”  假借指“求取”，如“要求”。又引申为“要挟、重要”。

爻：象形字。《说文解字》：『爻，交也。象易六爻头交也。』

甲 金 篆 隶 楷

爻

yáo

 古文字像几根占卜用的竹签交错放置。 本义是“交叉”。“爻”是《周易》中组成卦的符号，分阳爻“—”和阴爻“--”，每三爻合成一卦，可得八卦，六爻相重则得六十四卦。“爻”含有交错和变化之义，《易·系辞上》：“爻者，言乎变者也。”

杳：会意字。《说文解字》："杳，冥也。"

杳

yǎo

甲 金 篆 隶 楷

 古字形上为树，下为日，太阳已落到树的根部，表示天已黑。 本义是"幽暗"，［晋］郭璞《江赋》："气滃渤以雾杳，时郁律其如烟。"引申为"不见踪影"，如杳无音信。

野：会意字。《说文解字》："野，郊外也。"

甲 金 篆 隶 楷

野

yě

 甲、金文从“土”、从“林”，长满草木的土地自然是郊野。小篆变为“田”加“土”，又加“予”表声，成为形声字。本义是“郊外”，《诗·邶风·燕燕》：“之子于归，远送于野。”泛指“田野”，[唐]韩愈《祭竹林神文》：“有苗盈野，而天不雨。”又有“民间、粗鄙”等义。

业：象形字。《说文解字》：『业，大版也。所以饰悬钟鼓。』

(業)业

yè

金　篆　隶　楷

金文像大版的样子，是古代覆在悬挂钟、鼓等乐器架横木上的装饰物，刻如锯齿形，《诗·周颂·有瞽》："设业设虡（jù，乐架立柱），崇牙树羽。" 亦指书册的夹版，引申为"学业、职业、产业"等义。

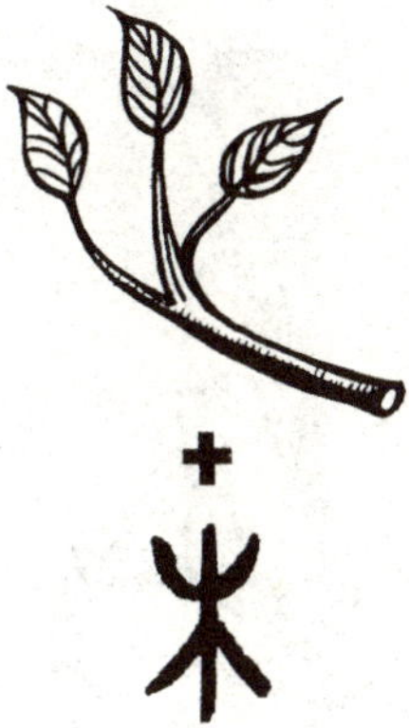

叶（葉）

yè

 金文像一棵树，上长有许多树叶。 本义是“草木的叶子”，《诗·小雅·苕之华》：“苕之华，其叶青青。”引申指“像叶子一样轻薄的东西”，如肺叶、一叶扁舟。“葉”今简化为“叶”，而“叶”早已有之，读xié，同“协”（叶韵），同今简化字“叶”是一对同形字。

叶：象形字。《说文解字》：『叶，草木之叶也。』

页：象形字。《说文解字》：『页，头也。』

(頁)页
yè

甲骨文像朝左跪着的人，突出了头部和眼睛。本义是“头”。由“页”组成的字多与“头”有关，如额、颅、颊、颈等。假借为量词，用于薄片状物。

夜：会意字。《说文解字》：『夜，舍也。天下休舍也。』

夜

yè

 古字形从“亦”（“腋”），从“夕”（古文同“月”），月亮升到人腋下的高度，表示天黑了。 本义是“夜晚”，《诗·唐风·葛生》：“夏之日，冬之夜，百岁之后，归于其居。”

一：指事字。

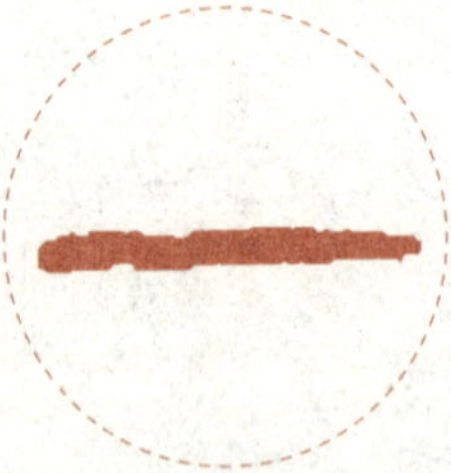

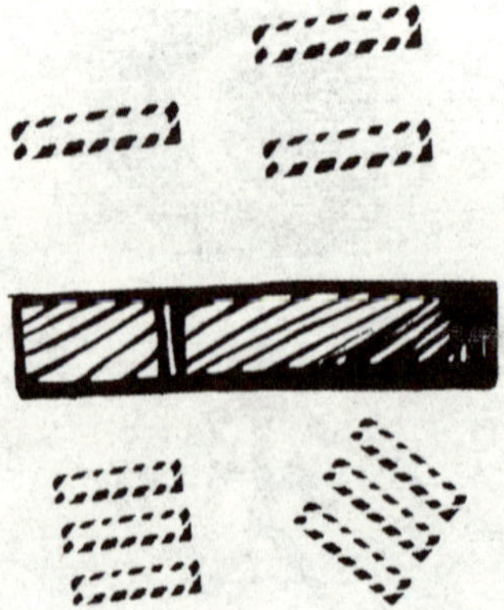

一

yī

一　字形用一横画（一根算筹）表示。本义就是表示“一”的数词，最小的正整数，《诗·郑风·野有蔓草》：“有美一人，清扬婉兮。”又指“某一个”，《三国演义》：“忽见一人自正南而来，口称有机密事。”可表“或者”义，《左传·昭公元年》：“疆场之邑，一彼一此，何常之有？”

衣

yī

 字形上像衣领，下像袖和衣襟。 本义是“上衣”，《诗·邶风·绿衣》：“绿衣黄裳。”泛指“衣服”，《诗·豳风·七月》：“无衣无褐，何以卒岁！”

衣：象形字。《说文解字》：『衣，上曰衣，下曰裳。』

依：会意字。《说文解字》：“依，倚也。”

依

yī

甲 篆 隶 楷

 甲骨文像人被包裹在衣服里。 人需依靠衣服来保暖，故“依”字的本义是“倚靠”，《诗·小雅·采薇》：“驾彼四牡，四牡骙骙。君子所依，小人所腓。”引申为“倚仗、仰赖”，《书·君陈》：“无依势作威，无依法以削。”又有“根据、按照、顺从”义。

夷

yí

“夷”是我国古代中原地区华夏族对东部各族的总称。

甲骨文像蹲踞的人形；金文也像人形，但身上围着弓箭、绳索，显出游牧民族的装束。《礼记·王制》：“东方曰夷。”本义早亡，常假借为“平坦、削平”义。

夷：会意字。《说文解字》：「夷，平也。从大、从弓，东方之人也。」

遗：会意字。《说文解字》：『遗，亡也。』

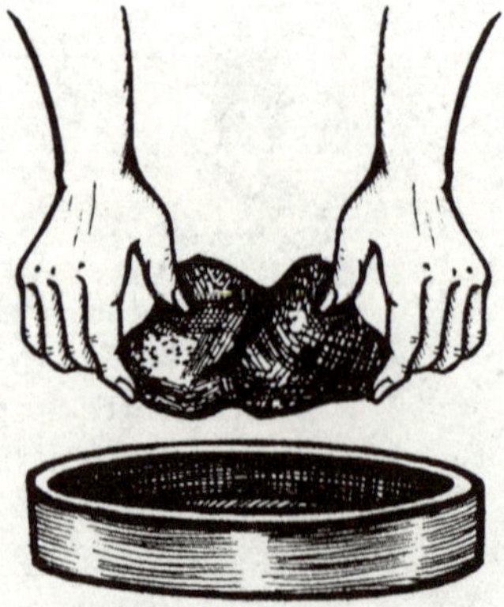

(遺)遗

yí

甲 金 篆 隶 楷

 甲骨文像“贝”从双手落到器皿；金、篆文加“彳”（道路）和“止”（脚），表示贝在路上行走时丢失。 本义是“丢失”，《淮南子·说林训》：“犹客之乘舟，中流遗其剑。”又有“遗漏、抛弃、排泄、遗忘”等义。以上读yí。当“赠送”讲时，读wèi。

疑：象形字。《说文解字》：“疑，惑也。”

甲 金 篆 隶 楷

疑

yí

 甲骨文像一个人持杖站在路口，张着嘴张望，似有迷路之状。金文加“牛”和“止”（以示行动），表示因丢了牛而疑惑徘徊。 本义是“怀疑、疑惑”。引申为“犹豫不决”，《三国志·魏志·武帝纪》：“举义兵以诛暴乱，大众已合，诸君何疑？”

乙：象形字。

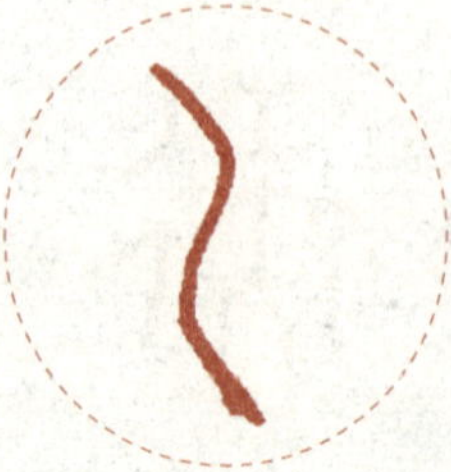

乙
yǐ

 字形像鸟的样子，上左弯者像头，中为腹，下右弯的末端为尾。 本义是“燕子”，[宋]穆修《秋浦会遇》诗：“再见来巢乙，频闻入市寅。”常假借为“天干的第二位、第二”，《书·召诰》：“越六日乙未，王朝步自周。”

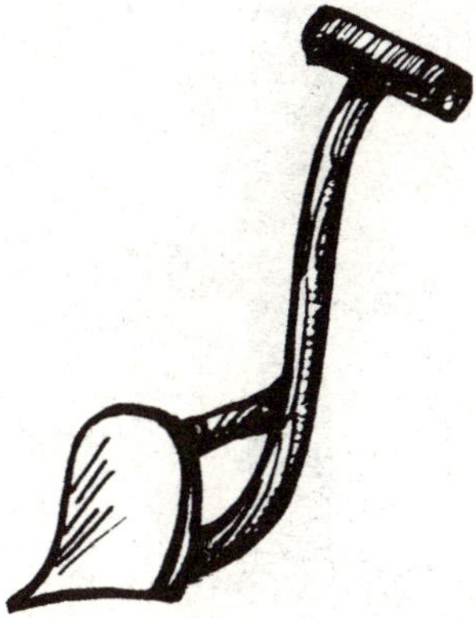

以：象形字。《说文解字》：「㠯（以），用也。」

甲 金 篆 隶 楷

以

yǐ

 字形像一种古农具“耜”（sì），又作“㠯”。 引申指“使用、运用”，《礼记·儒行》：“礼之以，和为贵。”后多做介词，表示“拿、用”，《左传·僖公二十三年》：“（公子）醒，以戈逐子犯。”

弋：象形字。《说文解字》：『弋，橛也。象析木锐邪著形。』

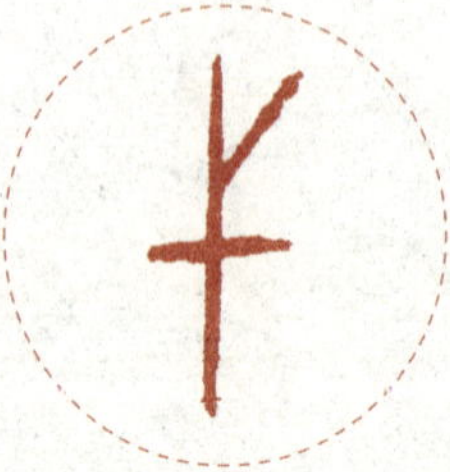

弋

yì

甲 金 篆 隶 楷

 古字形像揳入地中的尖木橛，上有横木，可拴牲畜和挂东西。 本义是“木橛”，《尔雅·释宫》：“鸡栖于弋为榤，凿垣而棲为埘。”借指系有绳子的短箭，泛指“猎取、获得”。

 甲  金  篆  隶  楷

义(義)

yì

 甲、金文是把羊头放在长柄三叉兵器（“我”）上，表示一种“威仪”，是“仪”的本字。 本义指符合正义或道德规范。《论语·述而》：“不义而富且贵，于我如浮云。”引申为“恩义、情谊”，[唐]元稹《莺莺传》：“及荐寝席，义盛情深。”

义：会意字。《说文解字》：「义，己之威仪也。从我羊。」

艺：会意字。《说文解字》：『埶，种也。从坴（土块）丮（握持）。』

（藝）艺

yì

甲 金 篆 隶 楷

 甲骨文像一个人伸出双手在种植苗木，金文加“土”，义更显。原作“埶”（yì）。 本义是“种植”，《诗·唐风·鸨羽》：“王事靡盬，不能艺稷黍。”引申为“技能、艺术”等。

刈

yì

 甲骨文作“乂”，像割草的剪刀；篆文加刀（刂）作“刈”。

 本义是“割（禾、草）”，《诗·周南·葛覃》：“是刈是濩。”引申为名词，指割禾、草的工具，《国语·齐语》：“时雨既至，挟其枪、刈、耨、镈，以旦暮从事于田野。”又有“铲除、砍杀”义。

刈：会意字。《说文解字》：『乂，芟（剪除）艸（草）地。刈，乂或从刀。』

亦：指事字。《说文解字》：『亦，人之臂亦也。』

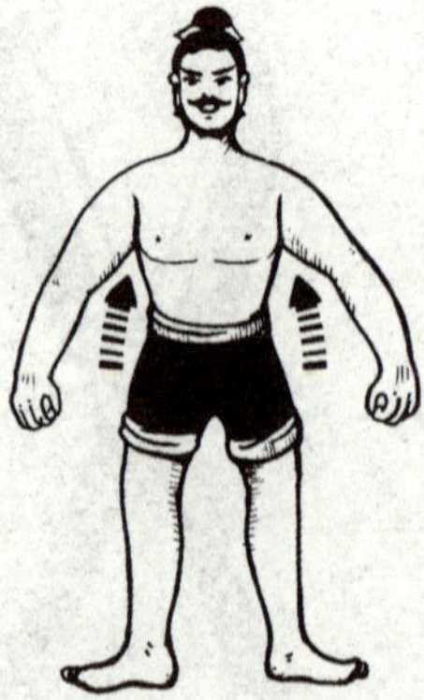

亦

yì

 甲  金  篆  隶  楷

 古字形像正面站立伸开双臂的人，在他的腋下各有一个小点，标指腋窝所在的位置。 本义是“腋窝”。后多假借为副词“也、又”，《左传·文公七年》：“先君何罪？其嗣亦何罪？”后假借义行，另造“腋”表本义。

异：会意字。《说文解字》：「異，分也。异，举也。」

异(異)

yì

古字形像双手举起戴假面具于头上，是“戴”的本字。

本义是“头戴假面具”。引申为“不相同”，《韩非子·五蠹》：“世异则事异。”再引申为“奇特、惊异”，[晋]陶潜《桃花源记》：“渔人甚异之。”又有“分开”义，如离异。小篆異、异并存，意义不同。今将二者合并，以“异”为正体简化字。

邑：会意字。

邑

yì

 字形上为“囗”（城镇），下为“卪”（jié，像人长跪），会古人聚居之所之意。 本义是“人聚居的地方”。引申为“京城、国都”，《诗·商颂·殷武》：“商邑翼翼，四方之极。”也指诸侯的封地，采邑。“邑”做偏旁，楷作“阝（右耳）”，从字多与城镇、地域有关，如“邦、郊、都、郡”等。

役：会意字。《说文解字》：「役，戍边也。」

甲 金 篆 隶 楷

役

yì

 甲、金文左为一立人，右像一只手执物打击，驱使他出力劳作。 本义是“役使”，［唐］柳宗元《封建论》：“亟（qì）役万人。”引申为“戍边、战役”，《左传·昭公五年》：“城濮之役，晋无楚备，以败于邲。”

易：象形字。《说文解字》：『易，蜥易（蜴），蝘蜓，守宫也。』

易

yì

甲 金 篆 隶 楷

 甲、金文像蜥蜴之形。 本义是“蜥蜴”，是“蜴”的本字。假借为“改变、更改”，［汉］班固《答宾戏》：“风移俗易。”引申为“交换、容易”。

益

yì

 “益”是“溢”的本字。古字形像水从器皿中漫出。 本义是“水满后溢出。”引申为“增加”，《易·谦》：“天道亏盈而益谦。”又引申为“好处、富足、更加”等义。后引申义行，另造“溢”表本义。

逸：会意字。《说文解字》：『逸，失也。从辵、兔。』

逸

yì

 金文从“兔”，从“彳、止”，会兔子善跑之意。 本义是“逃跑”，《左传·桓公八年》：“随师败绩，随侯逸。”引申泛指“奔跑”，［汉］扬雄《解嘲》：“往昔周网解结，群鹿争逸。”又引申为“失去、隐遁、卓越、安闲、放纵”等义。

肄

yì

 古字形像用手（有的还拿“巾”）刷洗家畜。 本义是“劳苦”，《诗·邶风·谷风》：“有洸有溃，既诒我肄。”引申指“学习、练习”，《新唐书·马燧传》：“居一年，辟广场，罗兵三万以肄，威震北方。”

肄：会意字。《说文解字》：“肄，习也。”

意：会意字。《说文解字》：『意，志也。从心察言而知其意也。』

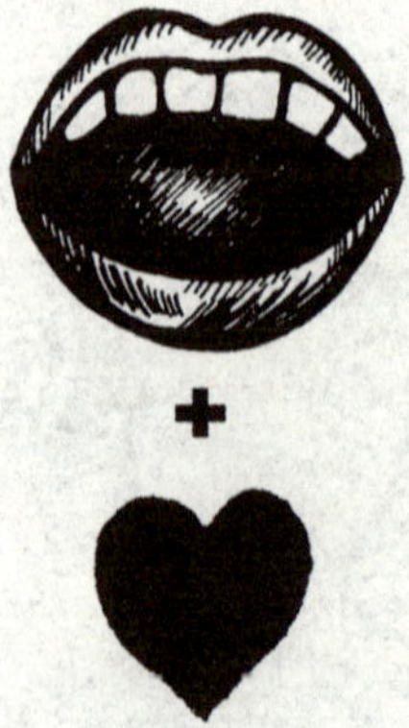

意

yì

小篆从“心”，从“音”，会心思之意。本义是“心思，心中的想法”，《易·系辞上》：“书不尽言，言不尽意。”引申有“意愿、意气、意料”等义。

翼：形声字。《说文解字》：「翼，翄也。」

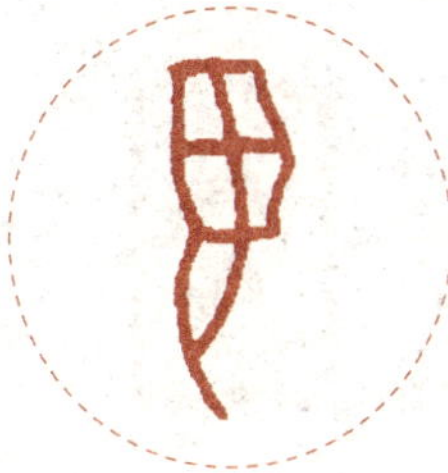

翼

yì

 甲、金文像一鸟翅，上面的线条，像鸟翅羽毛的花纹。篆文从羽，异声。 本义是“翅膀”，《易·明夷》：“明夷于飞，垂其翼。”泛指翅状物。做动词，指用翅蔽护，《汉书·高帝纪》：“（项）伯亦起身，常以身翼蔽沛公。”

因：会意字。

因

yīn

 字形从“口”（像席的四方形），从“大”（人形），会人卧于席上之意。 本义是“席子”或“褥子”。引申为“凭借”，《孟子·离娄上》：“为高必因丘陵，为下必因川泽。”又引申为“沿袭、原因”。再引申为介词“因为、由于”。

阴：形声字。《说文解字》：『黔（阴），云覆日也。从雲（云），今声。陰（阴），暗也。水之南、山之北也。从阜，侌声。』

石鼓文 篆 隶 楷

阴（陰）

yīn

 小篆有二形：一形为“黔”，从雲（云），今声，表示阴天；二形为“陰”，从阜，侌声，表示阴面。 本义是“云遮日”，晁错《论贵粟疏》：“禾火不得避阴雨。”引申指“水南山北”，即背着太阳的一面，《诗·大雅·公刘》：“相其阴阳，观其流泉。”隶楷繁都作“陰”，今简化为“阴”，从阝（阜）、月，会意（与“阳”相对）。

殷

yīn

甲 金 篆 隶 楷

 古字形像一人被另一人手拿棍棒在抽打。 本义是“治理”。引申为“盛、大”，《庄子·山木》：“此何鸟哉，翼殷不逝，目大不覩？”又引申为“众多、富足、深切”等义。另表“黑红色”义时，读yān；表“震动”义时，读yǐn。

寅

yín

 甲骨文像箭（“矢”），或加“口”（像“靶”），会箭穿靶之意；金文加双手，会双手奉矢之意。 本义是“箭”或“双手奉矢”。常假借指地支的第三位，用以纪年、月、日、时，《尔雅·释天》：“太岁在寅曰摄提格。”

尹：会意字。《说文解字》：『尹，治也。』

尹

yǐn

甲 金 篆 隶 楷

 古字形像手执权杖，表示握有权力。 本义是“治理、主管”，《左传·定公四年》：“故周公相王室，以尹天下。”后为古代官员通称，如京兆尹、县尹等。

甲　金　篆　隶　楷

引

yǐn

引：指事字。《说文解字》：『引，开弓也。从弓、丨（矢）。』

 字形弓箭背部有指事符号，表示引弓之处（后变为一竖）。 本义是“拉弓、开弓”。《庄子·田子方》：“列御寇为伯昏无人射，引之盈贯。”引申为“延长、延续”，《诗·小雅·楚茨》：“子子孙孙，勿替引之。”又引申为“引导、带领”。

印：会意字。《说文解字》：『印，执政所持信也。』

印

yìn

甲 金 篆 隶 楷

古字形像一只手把一个跪着的人按下去。本义是“按”。引申为“玺印”，《墨子·号令》：“守还授其印，尊宠官之。”后泛指图章。又有“印刷、痕迹、符合”等义。

胤：会意字。《说文解字》：『胤，子孙相承续也。』

胤

yìn

 字形有“八”有“肉(月)”，表示分遗产，有“丝(幺)”，表示继续，本义是“子孙相承”。 引申为“后代、继承”，《书·尧典》：“胤子朱启明。”

应：会意字。《说文解字》：『应，当也。从心，雁（老鹰）声。』

(應)应

yīng/yìng

甲　金　篆　隶　楷

 甲、金文像山崖（厂，hǎn）下的一只鹰。后下加“心”，表适合心意。 本义指“应该”，《诗·周颂·赉》：“文王既勤止，我应受之。”引申表示“应答、应付、应验、接受”等义时，读yìng。

嬰(婴)

yīng

 古字形像一女子手取一串贝。 本义是“颈饰”（女子佩戴的似项链的贝类装饰物）。引申为“缠绕”，［晋］陆机《赴洛道中》：“世网婴我身。”又引申指“婴儿”，《释名·释长幼》：“人始生曰婴。”

婴：会意字。《说文解字》：『婴，颈饰也。从女賏。』

邕：会意字。《说文解字》：『邕，四方有水自邕成池者是也。』

邕

yōng

金 篆 隶 楷

 金文左为“邑”，右为“川”，水流为城邑所阻而成池。

本义是“堵塞”，《汉书·王莽传中》：“长平馆西岸崩，邕泾水不流，毁而北行。”

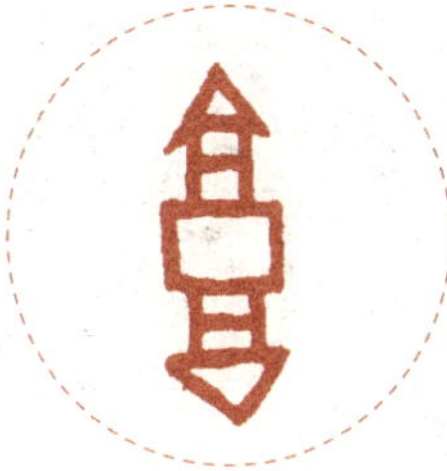

 甲  金  篆  隶  楷

庸

yōng

 甲、金文中间像“城”，两头像城楼相对。 本义是“城”或“城墙”，是“墉”的本字。《诗·大雅·崧高》：“因是谢人，以作尔庸。”假借为“用”，《书·大禹谟》：“无稽之言勿听，弗询之谋勿庸。”引申为“平凡、平庸”，[宋]司马光《迂书·辨庸》：“苦心劳神而不自知，犹未免夫庸也。”

永：象形字。《说文解字》：『永，长也。』

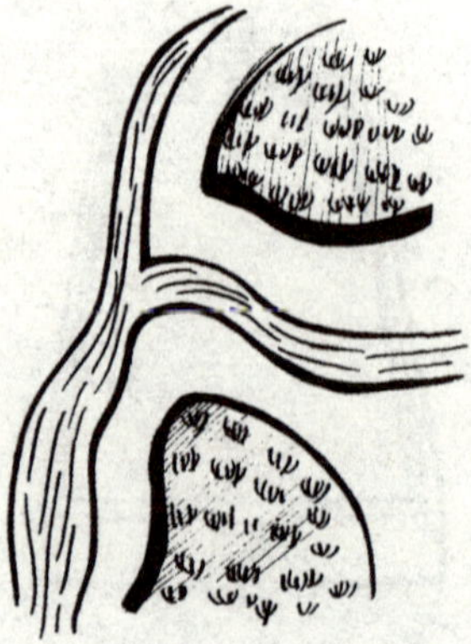

永

yǒng

古字形像一条大河分流出一条支流。有支流的河很长，故本义指“水流长”，《诗·周南·汉广》：“江之永矣，不可方思。”

引申为“永久、永远”，《诗·卫风·木瓜》：“匪报也，永以为好也。”

用

yòng

 古字形像一座钟，是“甬”（yǒng）的本字。 引申为“使用”，《孟子·梁惠王下》：“见贤焉，然后用之。”又引申为“任用、作用、费用”等义。

攸

yōu

 甲骨文像手拿木棍打人；金文中的小点像血痕。是“悠”的本字。 本义指“忧愁”，《左传·昭公十二年》：“恤恤乎，湫乎攸乎。”假借为助词“所”或无义，《易·坤》：“君子有攸往，先迷后得主，利。”

幽

yōu

甲骨文上像两缕细丝，下为“火”，会用微火烧细丝发出微光之意。本义是“昏暗”，屈原《离骚》：“路幽昧以险隘。”引申为“僻静、幽雅”，［南朝·梁］王籍《入若耶溪》：“蝉噪林逾静，鸟鸣山更幽。”又有“隐蔽”义。

尤：指事字。《说文解字》：『尤，异也。』

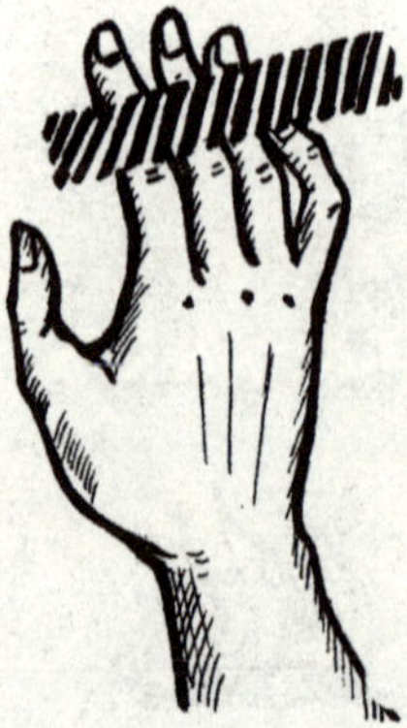

尤

yóu

 甲、金文在一只右手的手指上标指有瑕疵，是“疣”的本字。 本义是“特异，不正常”。引申为“过失”，《诗·小雅·四月》：“废为残贼，莫知其尤。”又引申为“指责、归咎、格外”等义。

甲 金 篆 隶 楷

犹（猶）

yóu

 古字形左为一盛酒器，右像猴类动物在看守。 本义指“猴类动物”，《尔雅·释兽》：“犹，如麂，善登木。”古人观察这种动物多有进退多疑之习性，故引申为“犹豫”，又假借为“如同”。

犹：会意字。《说文解字》：「犹，玃（猕猴）属。从犬，酋声。」

游：会意字。《说文解字》：『游，旌旗之流也。』

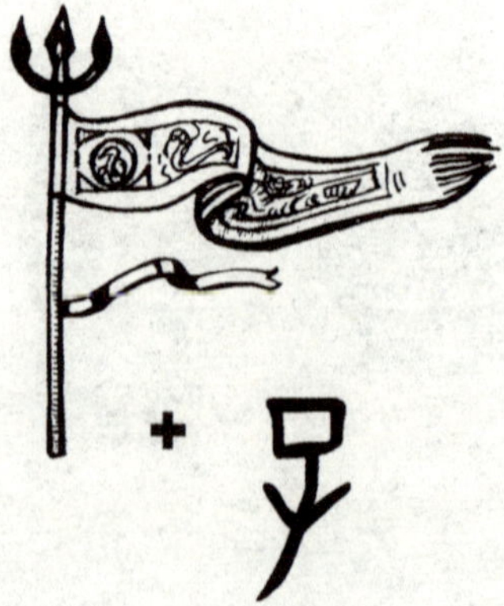

游

yóu

甲、金文均从子执旗，原作“斿”（liú）。本义是“人执旗帜”。引申为“旗上的飘带或垂饰物”。由旗帜飘动引申为“游动”，《诗·邶风·谷风》：“就其浅兮，泳之游之。”又引申为“游玩、游子、游手好闲”等。

友：会意字。《说文解字》：『友，同志（志向相同）为友。』

友

yǒu

古字形是方向相同的两只右手靠在一起，表示友谊。

本义是“朋友”，《周礼·地官·大司徒》：“联朋友。”郑玄注：“同师曰朋，同志曰友。”引申为“亲近相爱”，《诗·周南·关雎》：“窈窕淑女，琴瑟友之。”又有“结交为友”之意。

有：会意字。

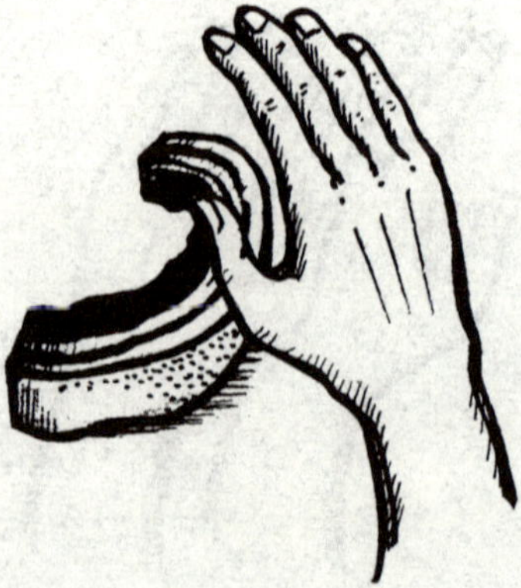

有

yǒu

甲 金 篆 隶 楷

 甲骨文以“又”或“㞢”为“有”；金文“又”下加“月”（肉），手里有肉就有了一切， 本义表示“存在”，《诗·小雅·大东》：“东有启明，西有长庚。”引申指“占有、发生”，诸葛亮《草庐对》：“孙权据有江东。”

酉：象形字。

 甲  金  篆  隶  楷

酉

yǒu

古字形像盛酒器。本义是“酒坛”，是“酒”的本字。假借为十二地支的第十位，用以计年、月、日、时，［唐］韩愈《上张仆射书》：“寅而入，尽辰而退；申而入，终酉而退。”本义早亡，但从“酉”旁的字如酝、酿、醉、酊、酗、酣等，可看出它的字义均与“酒”有关。

又：象形字。《说文解字》：『又以，手也。象形。』

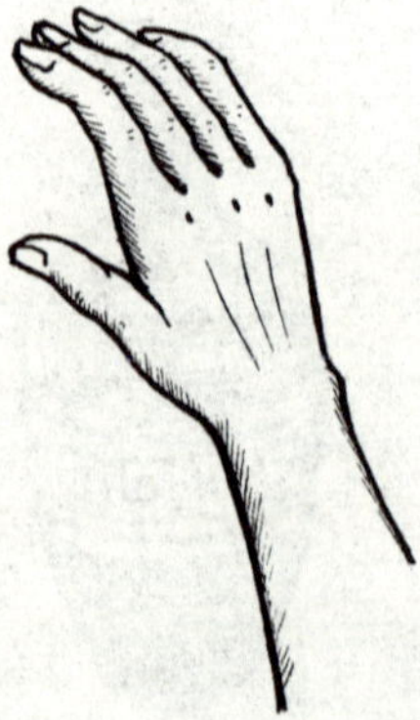

又

yòu

 古字形像一只右手， 本义是“右手”。后有“右”字表示“左右”，“又”就被借表“更、再”义，[宋]何梦桂《摸鱼儿》：“叹人世相逢，百年欢笑，能得几回又！”引申表示“更进一层”义，《论语·子罕》：“固天纵之将圣，又多能也。”

幼：会意字。《说文解字》：『幼，少也。从幺（小），从力。』

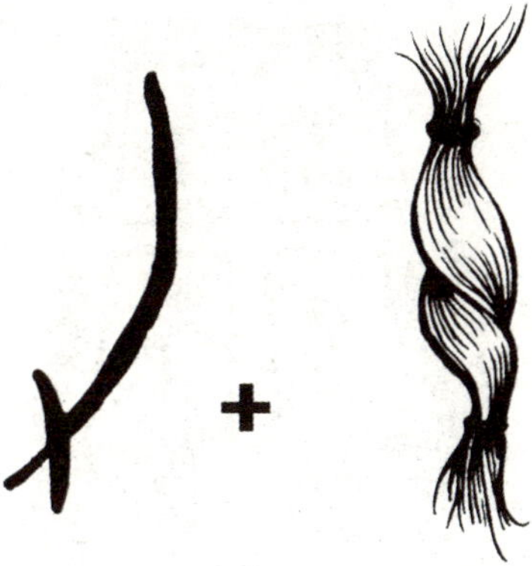

幼

yòu

 古字形从“力”，从“幺”（细小），会力量微小之意。

 本义是“年纪小”，《楚辞·九章·涉江》：“余幼好此奇服兮，年既老而不衰。”引申做名词，指“小孩”，［晋］陶潜《归去来辞》：“携幼入室，有酒盈樽。”

囿：会意字。《说文解字》：「囿，苑有桓也。一曰：禽兽曰囿。」

囿

yòu

甲 金 篆 隶 楷

 甲骨文像一块园地，长有菜苗或树苗。 本义是“菜园”或“果园”，《大戴礼记·夏小正》：“囿有见韭。”金、篆文变为从“囗”（wéi）、有声的形声字。后专指古帝王畜养禽兽的园林，《诗·大雅·灵台》：“王在灵囿，麀鹿攸伏。”引申为“局限”。

于：会意字。

于

yú

 甲、金文左为“干”字形道路，右为迂曲线路，会行路绕走之意。 本义是“曲折”。引申指“往、去”，《书·大诰》：“予惟以尔庶邦于伐殷逋播臣。”假借为介词“在”，《诗·唐风·鸨羽》：“肃肃鸨羽，集于苞栩。”

余：会意字。《说文解字》：『余，语之舒也。餘，饶（富足）也。』

余
yú

 甲、金文像树上搭建的房屋。 本义就是“房屋”（与“舍”字同义）。本义早亡，多假借为人称代词“我”，《左传·成公二年》：“齐侯曰：‘余姑翦灭此而朝食。’”小篆“余、餘”并存。餘，本义为“富足”，引申指“剩下，多出的”，《老子》：“天子道损有餘，而补不足。”今“餘”简化为“余”。

 甲  金  篆  隶  楷

臾

yú

 古字形像两手捆住中间之人，在揪扯他。 本义是“捆住拖拽（zhuài）”。本义早亡，常被假借为“须臾”一词，表“片刻”义。《楚辞·哀郢》：“羌灵魂之欲归兮，何须臾而忘反？”

臾：会意字。《说文解字》：「臾，束缚捽抴（揪扯）为臾。」

鱼：象形字。《说文解字》：『鱼，水虫也。象形。鱼尾与燕尾相似。』

(魚)鱼

yú

甲 金 篆 隶 楷

 古字形极像一条鱼，《诗·小雅·鱼藻》：“鱼在在藻，有颁其首。”

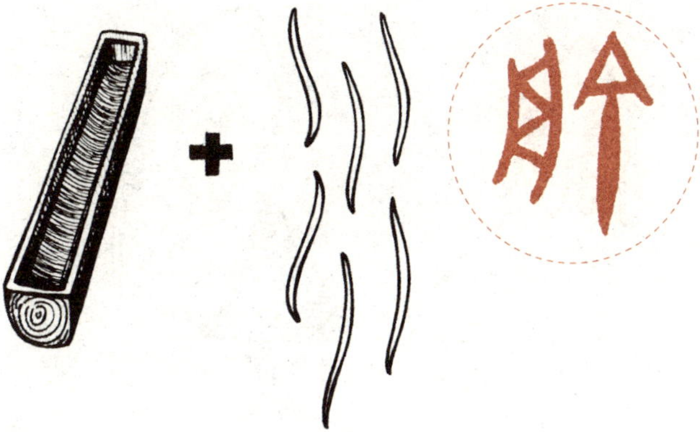

金 篆 隶 楷

俞

yú

 金文从“舟”，右像向前流的一弯水道，会水上行船之意。篆文加“巜”（kuài，川），更突出行船之义。 本义指“独木舟”。假借表应答和首肯“是、对”，《书·尧典》：“帝曰：‘俞，予闻，如何？’”也表示答应、允许，《汉书·扬雄传上》：“上犹谦让而未俞也。”也常用作姓氏。

俞：会意字。《说文解字》：『俞，空中（中间掏空）木为舟也。』

渔：会意兼形声字。

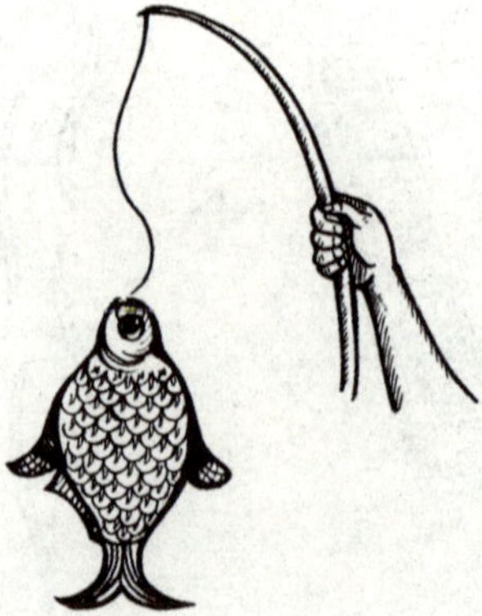

渔

yú

甲骨文左“鱼”右“水”，会在水中捕鱼之意，或右为手持竿，会持竿钓鱼之意。金文下加双手，用手在水中捕鱼更显。

本义是“捕鱼”，《易·系辞下》：“以佃以渔。”引申指用不正当的手段夺取。

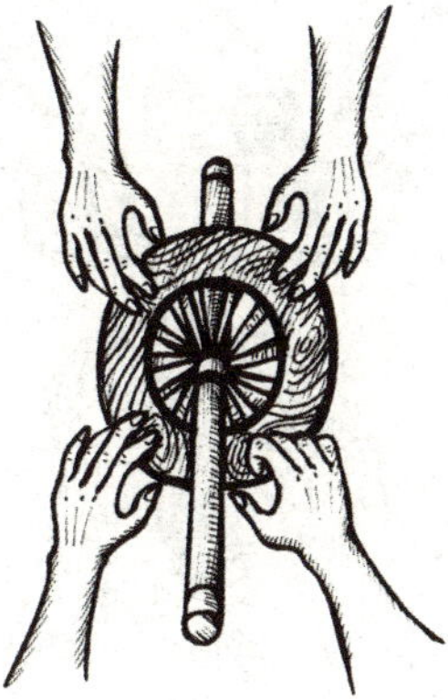

舆（輿）

yú

舆：会意字。《说文解字》：「舆，车舆（车箱）也。从车，舁声。」

古字形是四手（“舁”）抬一车轮，会抬起之意。本义是“抬”，《汉书·严助传》：“舆轿而逾领，拖舟而入水。又指“车箱”，［汉］王符《潜夫论·相列》：“曲者宜为轮，直者宜为舆。”又引申为“多、众人的”，如舆论。

与：会意字。

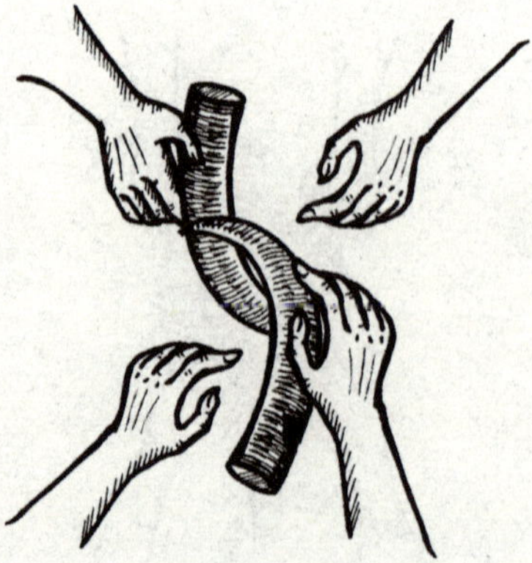

(與)与

yǔ/yù

 金  篆  隶  楷

 古字形像一双手交给另一双手象牙一类的东西。 本义是“给予”，读yǔ，《左传·僖公二十三年》：“（重耳）乞食于野人，野人与之块。”用作介词“同、跟”，《诗·邶风·击鼓》：“执子之手，与子偕老。”又引申为“参与”，读yù。

予：会意字。《说文解字》：『予，推予也。像相予之形。』

 甲  金  篆  隶  楷

予

yǔ/yú

 甲、篆文像以手推物给别人。 本义是“给与”，《史记·廉颇蔺相如列传》：“秦亦不以城予赵，赵亦终不予秦璧。”以上读yǔ。又借为第一人称代词“我”，读yú，《书·盘庚上》：“予告汝于难。”

羽：象形字。《说文解字》：「羽，鸟长毛也。象形。」

羽

yǔ

甲　金　篆　隶　楷

 古字形像两根羽毛。 本义指“鸟的长毛”，《孟子·梁惠王上》：“吾力足以举百钧而不足以举一羽。”引申指“鸟或昆虫的翅膀”，《诗·豳风·七月》：“六月莎鸡振羽。”

雨：象形字。《说文解字》：「雨，水从云下也。」

甲 金 篆 隶 楷

雨

yǔ

古字形像天上下雨。本义就是“雨水”，《易·说卦》：“雷以动之，风以散之，雨以润之，日以烜之。”引申为动词，指“降雨”，读yù，［汉］刘向《说苑·贵德》：“吾不能以夏雨雨人。”

禹：会意字。《说文解字》：『禹，虫也。』

禹

yǔ

 金文像一只手抓住了一条长虫，  本义是“虫”。故上古能打毒虫的勇士称为“禹”，传说古代部落联盟的一个领袖叫“禹”，他本领极高，奉舜命治理洪水，建立夏代。《孟子·滕文公上》：“禹疏九河。”

圉：会意字。《说文解字》：「圉，囹圄，所以拘罪人。」

圉

yǔ

 甲骨文从“囗”（wéi，牢狱），内关一个带刑具的囚犯，会拘禁犯人的监狱之意。 本义是“牢狱”。引申指“边境”，《诗·大雅·召旻》：“我居圉卒荒。”也引申指“养马”，《左传·哀公十四年》：“孟孺子泄将圉马于成。”

玉：象形字。《说文解字》：『玉，石之美。……像三玉之连，丨，其贯（绳）也。』

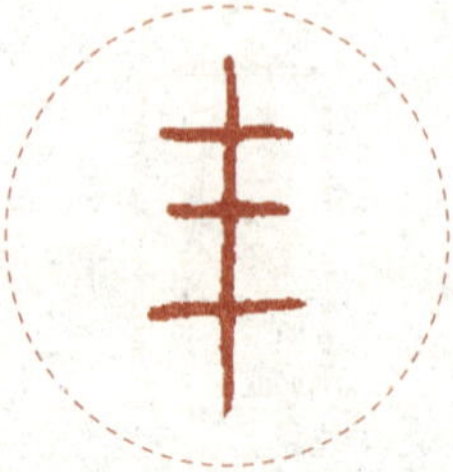

玉

yù

 甲骨文像用一绳穿着三块玉石，上下露出绳头。金、篆文作三横一竖，与“王”似（但“玉”的三横等距，“王”则不是）。隶书始右加点。  本义就是“玉石”，《诗·小雅·鹤鸣》：“它山之石，可以攻玉。”泛指玉制品，也比喻洁白美好。

聿：象形字。《说文解字》：『聿，所以书也。』

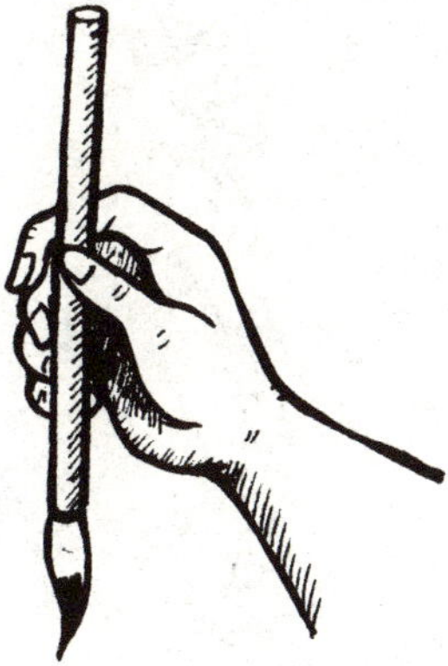

甲　金　篆　隶　楷

聿

yù

 甲、金文像一只手握着一只笔。 本义指“笔”，是“筆（笔）”的本字，［汉］扬雄《太玄·饰》：“舌聿之利，利见知人也。”后多借作助词，用于句首或句中。借义行，遂加“竹”另造“筆”表本义，今简作“笔”，成为会意字。

育：会意字。《说文解字》："育，养子使作善也。"

育

yù

 甲、金文从"女"（或从"母"），从倒"子"，会女生子之意。 本义是"生养、生育"，《易·渐》："夫征不复，妇孕不育。"引申为"培养、教育"，［唐］韩愈《顺宗实录五》："思翔春风，仁育群品。"

 金  篆  隶  楷

狱（獄）

yù

 金、篆文从“犾”（yín，两犬相啮）、从“言”，双方像两犬吠咬一样争讼不下。 本义是“争讼”，《周礼·秋官·大司寇》：“以两剂禁民狱。”后指“讼案、刑狱、监狱”。《明史·刑法志二》：“古者断狱，必讯于三公九卿。”［清］龚自珍《咏史》：“避席畏闻文字狱，著书都为稻粱谋。”

狱：会意字。《说文解字》：「狱，确（［监狱］坚固）也。」

浴：会意字。《说文解字》：『浴，洒身也。』

浴

yù

 甲骨文像人在盆中洗身。 本义是“洗澡”，《周礼·天官·宫人》：“共王之沐浴。”

御：会意字。《说文解字》：『御，使马也。』

甲 金 篆 隶 楷

御

yù

 古字形从“人”持马鞭，或又加“彳”或“止”（表行动），会人持马鞭赶车之意。 本义是“驾驭车马”，《周礼·地官·大司徒》：“三曰六艺：‘礼、乐、射、御、书、数。’”泛指驾驭一切运行或飞行之物。《庄子·逍遥游》：“夫列子御风而行，泠然善也。”引申为“统治、治理”。又有“抵御”义。

裕：会意兼形声字。《说文解字》：『裕，衣物饶也。从衣，谷声。』

裕

yù

金　篆　隶　楷

 金文外“衣”内“谷”（容纳多，兼表声）。 本义是“丰饶、富足”，《诗·小雅·角弓》：“此令兄弟，绰绰有裕。”引申特指“知识丰富”，《书·仲虺之诰》：“好问则裕，自用则小。”又有“使丰足、宽宏”等义。

冤

yuān

 篆  隶  楷

 字形像一只兔子被困住。 本义是“屈缩，不舒展”，《汉书·息夫躬传》：“冤颈折翼，庸得往兮！”引申指“屈枉、仇恨”等义。

冤：会意字。《说文解字》：「冤，屈也。从兔，从冖（覆盖）。」

渊：象形字。《说文解字》：『渊，回水也。』

(淵) 渊

yuān

 甲骨文外围像个大水潭，三条曲线表示水；金文左加水（氵）旁。 本义是“深潭”，《诗·小雅·鹤鸣》：“鱼潜在渊，或在于渚。”引申为“深远”，《老子》：“道冲而用之或不盈，渊兮似万物之宗。”

甲 金 篆 隶 楷

元

yuán

古字形是一个面朝左站立的人，最上一横标指头部所在。本义是“人头”，《左传·僖公三十三年》：“（先轸）免胄入狄师，死焉。狄人归其元，面如生。”引申为“第一、居首位的”，如元帅、元首、元旦、元气等。

元：指事字。《说文解字》：「元，始也。」

员：会意字。《说文解字》：『员，物数也。』

（員）员

yuán

 古字形下“鼎”上“○”（表示鼎口是圆形）。 本义是“圆形”，《孟子·离娄上》：“不以规矩，不能成方员。”引申指“物的数量、人的数额”，也指“官员、人员”，又指“团体或组织中的成员”，如党员、会员。

爰：会意字。《说文解字》：『爰，引也。』

爰

yuán

 甲、金文像一只手持棍或绳，让下面的人用手抓住，以拉引上来，是“援”的本字，  本义是“拉引”。假借为代词“于此”，《荀子·赋》：“爰有大物，非丝非帛。”又可做介词“于”，《书·盘庚下》：“乃正厥位，绥爰有众。”也做句首语气词，《诗·邶风·凯风》：“爰有寒泉，在浚之下。”

原：象形字。《说文解字》：『原，水泉本也。』

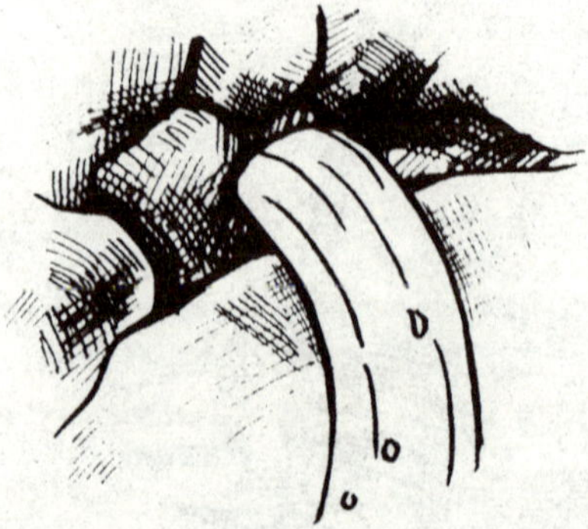

原

yuán

金 篆 隶 楷

 古字形像山崖（“厂”，hǎn）下有泉水流出。 本义是“水源”，是“源”的本字，《汉书·西域传上》：“河有两原：一出葱岭山，一出于阗。”引申为“原由、根本”，《汉书·叙传上》：“《诗》《书》淫乱之戒，其原皆在于酒。”又指“未加工的”，如原木、原油。

曰：指事字。《说文解字》：「曰，词也。」

曰

yuē

 甲骨文下为“口”，上短横，标指出气说话。 本义是“说”，《书·舜典》：“帝曰：……”引申为“叫作、称为”，《书·洪范》：“一曰水，二曰火，三曰木，四曰金，五曰土。”

月：象形字。

月

yuè

甲 金 篆 隶 楷

 古字形像半月。 本义是“月亮”，《诗·小雅·天保》：“如月之恒，如日之升。”引申指“月光、月色”，[晋]陶潜《归园田居》：“晨兴理荒秽，带月荷锄归。”又指形状像月亮的事物。

 甲  金  篆  隶  楷

钺(鉞)

yuè

戉 甲、金文像“戉”， 古代兵器，圆刃长柄，形似大斧，象形字，多用于礼仪，后加“金”作“鉞(钺)”，成为会意兼形声字，《书·顾命》：“一人冕，执钺，立于西堂。”假借指车铃声，如銮声钺钺。

钺：会意兼形声字。《说文解字》：『戉，斧也。钺，车銮声也。』

龠：象形字。《说文解字》：『龠，乐之竹管，三孔，以和众声也。』

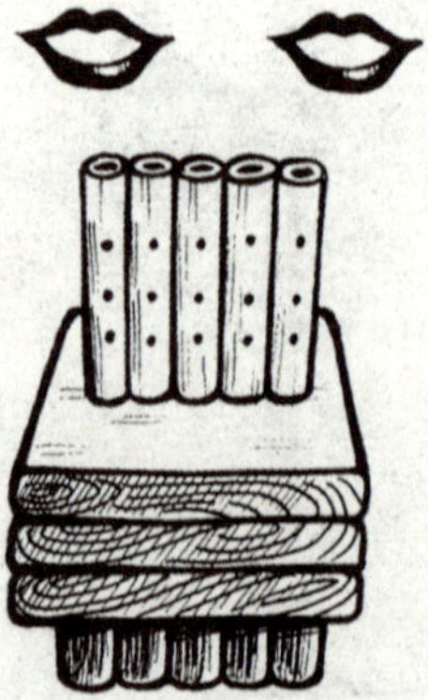

龠

yuè

甲 金 篆 隶 楷

 古字形像竹管编在一起的古乐器，中部有孔，多孔不等，似最初的排箫。 也是古代量器名称，[唐]李商隐《太仓箴》：“问龠、合、斗、斛，何以用铜？取寒暑暴露，不改其容。”

甲 金 篆 隶 楷

云(雲)

yún

 甲、金文像空中卷曲的云，《易·小畜》：“密云不雨，自我西郊。”  比喻盛多，《诗·齐风·敝笱》：“齐子归止，其从如云。”“云”借为“说、语助词”义后，就另加“雨”作“雲”，今简化字“云”实为恢复古本字。

云：象形字。《说文解字》：「雲，山川气也。云，古文省雨。」

匀：会意字。《说文解字》：『匀，分也。从勹二。』

匀

yún

 金文外像可分之物，内中两横表平均二分。 本义是“平分”。引申指“分出”，《儒林外史》第五二回：“叫家人匀出一匹马，请凤四老爹骑着。”又指“均匀”，［唐］元稹《代曲江老人百韵》：“李杜诗篇敌，苏张笔力匀。”

允：象形字。《说文解字》：「允，信也。」

允

yǔn

 甲、金文均像一个人点头表相信的样子。 本义是“诚实、诚信”，[南朝·梁]刘勰《文心雕龙·奏启》：“奏之为笔固以明允笃诚为本，辨析疏通为首。”引申为“公平、得当”，《后汉书·虞诩传》：“祖父经为郡县狱吏，案法平允。”现在多用为“允许”等。

孕：会意字。《说文解字》：“孕，裹（通“怀”）子也。”

孕

yùn

甲骨文极像孕妇怀胎的样子。本义是“怀胎”，《史记·殷本纪》：“三人行浴，见玄鸟坠其卵，简狄取而吞之，因孕生契。”引申指孕育。

甲 篆 隶 楷

晕（暈）

yùn/yūn

 甲骨文像太阳周围有云气。 本义是“日月周围的光圈”，《史记·天官书》：“两军相当，日晕。”引申指“人视觉模糊、昏眩”，[唐]姚合《闲居》：“头风春饮苦，眼晕夜书多。”晕车、晕船的“晕”读yùn；头晕、晕头转向的“晕”读yūn。

灾：会意字。《说文解字》：『灾，天火曰灾。』

灾

zāi

甲 金 篆 隶 楷

 甲骨文从“宀”，从“火”，用火烧房屋会灾祸之意。 本义是“火灾”，《左传·宣公十六年》：“凡火，人火曰火，天火曰灾。”泛指“灾害、祸患”，《周礼·天官·膳夫》：“天地有灾则不举。”

宰

zǎi

 甲、金文像房子里有一把刑刀，会罪人从事各种劳动。

 本义指“从事各种劳动的奴隶或奴隶总管”，《仪礼·公食大夫礼》：“宰右执镫，左执盖。”引申为“屠杀、主宰、治理”等义。

宰：会意字。《说文解字》：『宰，罪人在屋下执事者。从宀，从辛。』

再：会意字。《说文解字》：『再，一举而二也。』

再

zài

 甲骨文像一条鱼形，上下两条横线表示两次或第二次。

 本义是“第二次”。引申指“重复、再现”，《礼记·儒行》：“往者不悔，来者不豫，过言不再，流言不极。”

在：会意字。《说文解字》：「在，存也。」

甲 金 篆 隶 楷

在

zài

 甲骨文像种子发芽拱出地面，金文加“土”，篆文变为从“土”，“才”声。 本义是“存在、生存”，《淮南子·原道训》：“无所不充，无所不在。”可用作介词，表示动作行为的处所、时间、范围等。

载：形声字。《说文解字》：「载，乘也。从车，𢦏声。」

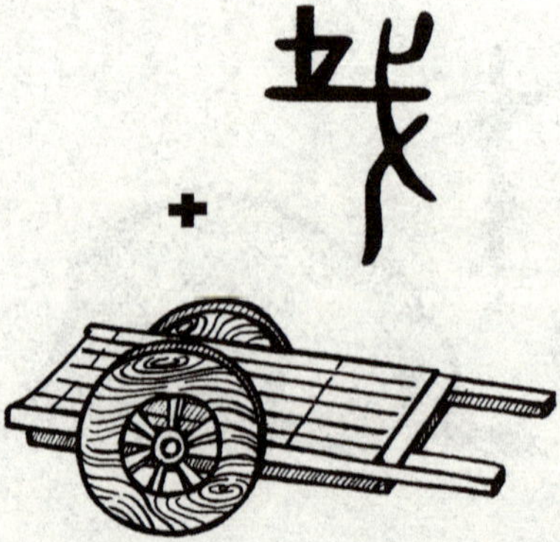

(載)载

zài/zǎi

金　篆　隶　楷

金、篆文从“车”，“𢦏”（zāi）声。本义指“装载”，《易·大有》：“大车以载。”引申指“乘坐”，又指“车船等交通工具”，《书·益稷》：“予乘四载，随山刊木。”也指“装运”，［唐］李白《怀仙歌》：“巨鳌莫载三山去，我欲蓬莱顶上行。”以上读zài。又有“年岁、记录”义，如“一年半载、登载”等，读zǎi。

赞：会意字。《说文解字》："赞，见也。从贝，从兟（引进）。"

金 篆 隶 楷

赞（贊）

zàn

金文像二人引进，下"贝"表财礼，会导引客人持礼物进见主人之意。引申指"辅佐、帮助"，［晋］潘岳《夏侯常侍诔》："内赞两宫，外宰黎烝。"又引申指"赞美、称颂"，［唐］韩愈《送王秀才序》："与之言，信悦孟子，而屡赞其文辞。"

臧

zāng

 甲  金  篆  隶  楷

 甲骨文从“臣”（目），从“戈”，古代战俘往往被戈刺瞎眼睛而沦为奴隶。 本义是“奴隶、仆婢”，《方言》：“臧，奴婢贱称也。荆、淮、海、岱、杂齐之间，骂奴曰臧。”

甲　金　篆　隶　楷

葬

zàng

甲骨文像棺材装着尸体被埋在地下，地上已长出草。

本义是“掩埋尸体”，《易·系辞下》：“古之葬者，厚衣之以薪。”

葬：会意字。《说文解字》：『葬，藏也。从死在茻（众草）中。』

早：会意字。《说文解字》：“早，晨也。从日在甲上。”

早

zǎo

金 篆 隶 楷

金、篆文像太阳照到盔甲上，士兵该晨起操练了，本义是“早晨”。引申指“在一定时间以前”，《左传·宣公二年》：“（赵盾）盛服将朝，尚早，坐而假寐。”古常借“蚤”为“早”。

枣：象形字。

枣（棗）

zǎo

 金文像带刺的高大乔木枣树；篆文从二朿（cì，即“刺”字），更显树有钩刺的特点。 本义指“枣树”，也指“枣树的果实”，《诗·豳风·七月》：“八月剥枣，十月获稻，为此春酒，以介眉寿。”

蚤：会意字。《说文解字》：『蚤，啮人跳虫。』

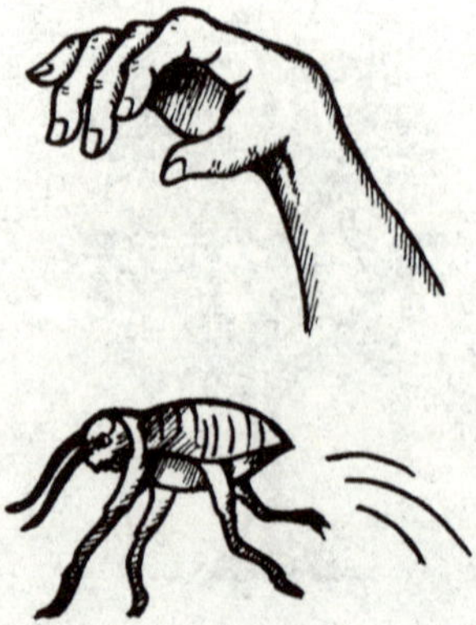

蚤

zǎo

 金  篆  隶  楷

 字形像手抓跳蚤之形。 本义是“跳蚤”，《庄子·秋水》：“鸱鸺夜撮蚤，察毫末。”古常借作“早”，《墨子·非乐上》：“不能蚤出暮归。”

 金  篆  隶  楷

灶（竈）

zào

 金文从“穴”，从“黽”（黾，měng，蛙）；篆文从“穴”，从“鼀”（cù，蟾蜍）省。 灶堂像洞穴，里面有火，蛤蟆不能进。简化字从火、从土，土坯所砌，用于烧饭的设备。《左传·成公十六年》：“塞井夷灶，陈于军中，而疏行首。”引申指灶神、厨房等。

灶：会意字。《说文解字》：「灶，炊灶。」

噪：会意字。

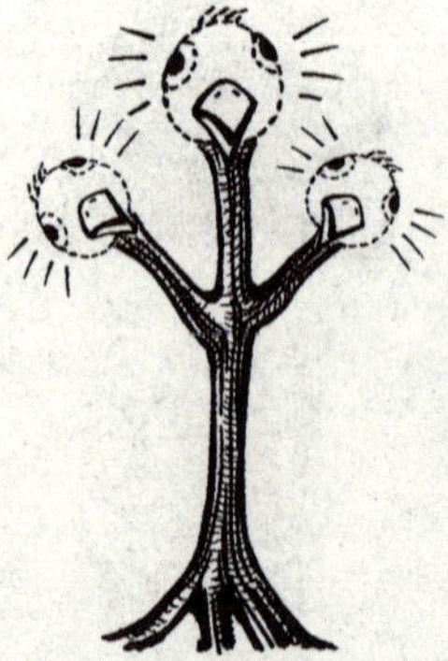

噪

zào

 金文作“喿”，像三只小鸟在树上鸣叫，是“噪”的本字。后加“口”作“噪”，从口、从喿，喿兼表声。 本义是“虫鸟喧叫”。引申为“声音嘈杂”，［隋］薛道衡《奉和月夜听军乐应诏》：“笳声喧陇水，鼓曲噪渔阳。”

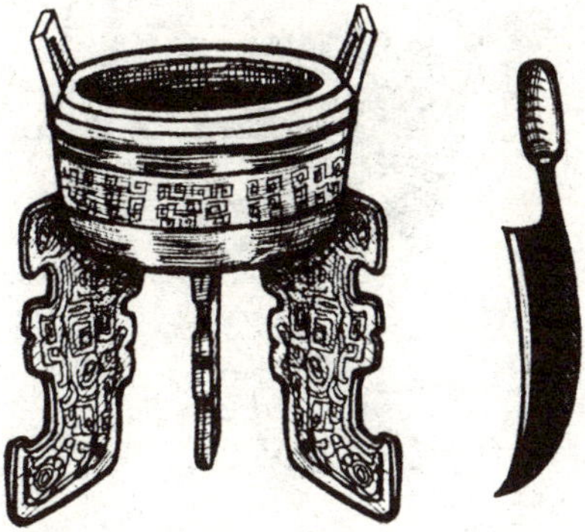

 金  篆  隶  楷

则（則）
zé

 金文从鼎，从刀，会制鼎时刻画文字以作后人的规范典则之意。篆文变“鼎”为“贝”。 本义是“法典、准则”，《书·五子之歌》：“有典有则，贻厥子孙。”引申为“效法”，《易·系辞上》：“河出图，洛出书，圣人则之。”也假借为连词。

则：会意字。《说文解字》：「则，等画物也。从刀，从贝。」

昃：会意字。《说文解字》：『昃，日在西方时侧也。』

昃

zè

甲　金　篆　隶　楷

甲骨文像人旁有斜阳，或人在斜阳下照出偏斜的身影。

本义指“日西斜”，《汉书·董仲舒传》：“周文王至于日昃不暇食，而宇内亦治。”引申为“倾斜”。

贼：会意字。《说文解字》：「贼，败也。」

贼(賊)

zéi

 字形为手持戈破贝。 本义是“毁坏”，《左传·文公十八年》：“毁则为贼。”引申为“抢劫或偷窃财物的人”，《荀子·正论》：“故盗不窃，贼不刺。”

曾：象形字。《说文解字》：「曾，词之舒也。」

曾

zēng/céng

甲 金 篆 隶 楷

字形像古代蒸食的炊具，是“甑”（zèng）的本字。假借为副词，“乃、竟”，《诗·卫风·河广》：“谁谓河广？曾不容刀。”以上读zēng。又读céng，作副词，表经历过，［宋］晏殊《浣溪沙》：“似曾相识燕归来。”

乍：象形字。

乍

zhà

 字形像衣领，衣领为做衣之初，表制作衣服，是“作”的本字。《大盂鼎》：“武王嗣文王乍邦。”  假借为“突然、忽然”，［南唐］冯延巳《谒金门》：“风乍起，吹绉一池春水。”又指“初始、刚才”，如初来乍到。

宅：形声字。《说文解字》：『宅，所托也。从宀，乇（草叶）声。』

宅

zhái

 字形从“宀”（mián，房屋），乇表声。本义是“住所”，《孟子·梁惠王上》：“五亩之宅，树之以桑，五十者可以衣帛矣。”

 引申为动词“居住”，［唐］寒山《诗》之十二：“鹦鹉宅西国，虞罗捕得归。”

占：会意字。《说文解字》：「占，视兆问也。」

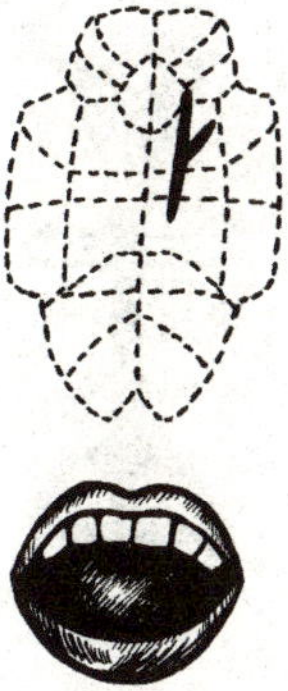

甲　金　篆　隶　楷

占

zhān/zhàn

 字形上为“卜”（像龟甲裂纹），下为“口”（预告吉凶）。本义是“视龟甲之兆推知吉凶”，《周礼·春官·占人》：“占人掌占龟。”以上读zhān。引申为“具有”，读zhàn，《雲书·食货志》：“男子一人，占田七十亩。”

章：会意字。《说文解字》：『章，乐竟为一章。』

章

zhāng

金文上为“辛”（刑刀），下为玉璧，会用刑刀雕刻玉璧花纹之意。本义是“花纹、文采”，柳宗元《捕蛇者说》：“永州之野产异蛇，黑质而白章。”引申指“典章制度”，[南朝·宋]谢瞻《张子房》：“王风哀以思，周道荡无章。”又有“乐曲、诗文的一节”“印章”“标志”等义。

丈：会意字。《说文解字》：「丈，十尺也。」

篆 隶 楷

丈

zhàng

 金文从又（手）持十（杖），会以手持杖之意，是“杖”的本字。用作量词，十尺为一丈。 引申指“丈量”，《左传·襄公九年》：“巡丈城。”也是对长辈的尊称，《大戴礼记·本命》：“丈者，长也。”后“丈”专用于表长度，遂加“木”作“杖”表本义。

朝：会意字。《说文解字》：『朝，旦也。』

朝

zhāo/cháo

甲 金 篆 隶 楷

甲骨文像太阳从草丛中升起而残月尚未消落。金文“月”变“水”，篆文又变为“舟”，隶楷承甲骨文作“朝”。本义是“早晨”，读zhāo。读cháo时，指诸侯定期朝见天子，报告封国情况。《孟子·梁惠王下》：“诸侯朝于天子曰述职。”引申为“人或物正对某个方向”。

爪：象形字。《说文解字》：“爪，覆手曰爪。”

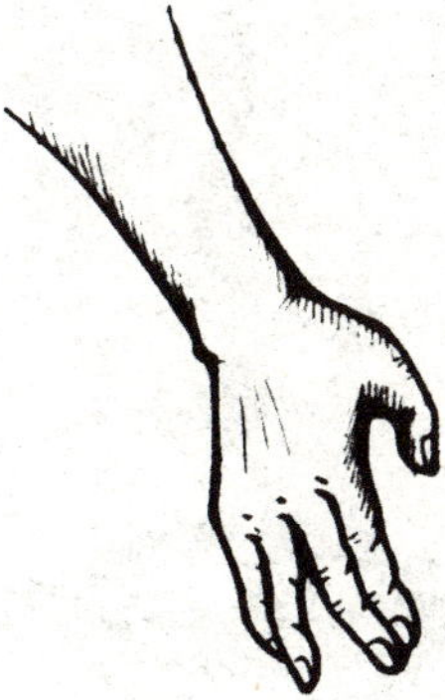

爪

zhǎo/zhuǎ

 字形像一只抓物的人手，手心向下。 引申指“人的指甲或趾甲”，《列子·天瑞》：“皮肤爪发，随世随落。”词义扩大，指“鸟兽的脚趾”。以上读zhǎo。口语里单用时读zhuǎ，指“某些动物的脚趾”（如鸡爪子、猪爪儿）或“某些器物下端像爪的部分”（如三爪儿锅、铁锚有四爪）。

召：形声字。《说文解字》：『召，呼也。』

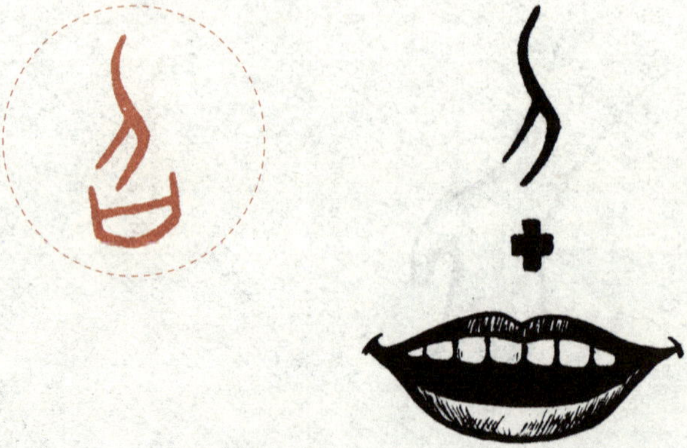

召

zhào

甲 金 篆 隶 楷

字形从“口”（呼唤或打招呼），“刀”表声。本义是“呼唤”，《诗·小雅·出车》：“召彼仆夫，谓之载矣。”引申为“招致、导致”，《荀子·劝学》：“故言有召祸也，行有招辱也。”

兆：象形字。《说文解字》：「𠧞（兆），灼龟坼（裂）也。」

 金  篆  隶  楷

兆

zhào

 金文中间一条线和两边的两个“卜”字形的线，都表示古人占卜烧灼龟甲所呈现的裂纹，卜者据裂纹断吉凶。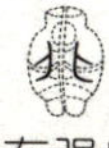 引申为“征兆”，[明] 梁辰鱼《浣纱记·养马》：“吴王虽在强盛之时，安知其非败亡之兆？”假借为数词，多以百万为兆。

照：形声字。《说文解字》：「照，明也。从火昭声。」

照

zhào

 金  篆  隶  楷

 金文左像一只手（“又”）举着树枝，上有“火”，右“召”表声。 本义是“照射、照耀”，《易·恒》：“日月得天而能久照。”引申指“相映、辉映”，［唐］韩愈《题张十一旅舍三咏·榴花》：“五月榴花照眼明，枝间时见子初成。”又引申为“对比、比照、照片”等义。

肇：会意字。《说文解字》：『肇，击也。肁，始开也。』

甲 金 篆 隶 楷

肇

zhào

 甲骨文右为“戈”，左为“户”（门），会以戈击开门之意；金、篆加“聿”（手持器械）；篆文有三体：肇、肈、肁。楷以“肇”为正体规范字。 本义是“打开门”。引申指“开始”，《楚辞·离骚》：“肇锡余以嘉名。”

折：会意字。《说文解字》：『折，断也。』

折

zhé/shé

甲　金　篆　隶　楷

 甲、金文像以斤（斧）砍断草木。 本义是“折断”，《诗·郑风·将仲子》：“无折我树杞。”引申为“曲折”，《淮南子·览冥训》：“河九折注于海。”比喻为“折服”，［汉］赵晔《吴越春秋》：“威折万里，德致八极。”以上读zhé。在“这根竹竿折了、做生意折了本”中均读shé。

金
篆
隶
楷

哲

zhé

 金文从心、从折，会心明能决断之意，折兼表声。篆文改“心”为“口”，会言能决断之意。 本义是“明智、智慧”，《书·皋陶谟》：“知人则哲。”引申指“贤明、有智慧的人”。

哲：会意兼形声字。《说文解字》：「哲，知（智）也。从口，折声。」

者：象形字。《说文解字》："者，别事词也。"

者

zhě

金文上像甘蔗，小点像蔗汁；下为“口”或“甘”（甜），是“蔗”的本字。本义已亡，多假借为代词，用在动词、形容词或动词词组、主谓词组之后，组成“者”字词组，指代人、事、物，《老子》：“知人者智，自知者明。”

贞：会意字。《说文解字》：「贞，卜问也。」

甲　金　篆　隶　楷

贞

zhēn

甲骨文像鼎形；金文上加“卜”，突出“卜问”义。本义是“占卜”，《周礼·春官·天府》：“季冬，陈玉，以贞来岁之媺恶。”假借为“忠贞”，[明]方孝孺《家人箴·虑远》：“贫贱而不可无者，志节之贞也。”

朕：会意字。《说文解字》：『朕，我也。』

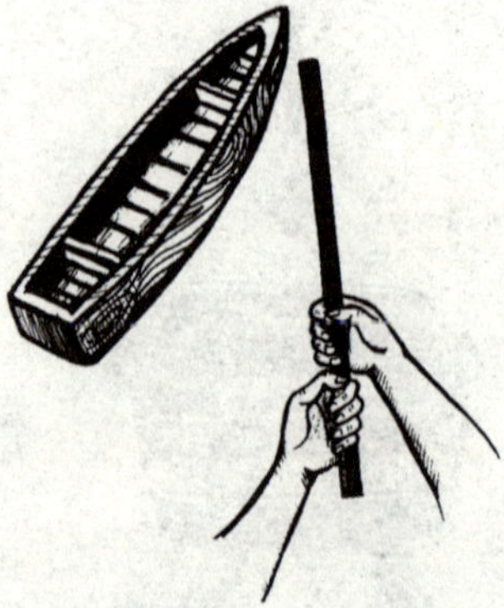

朕

zhèn

 甲、金文像双手持尖棍在“舟”旁修补船缝。 本义是“船缝、缝隙”，《说文解字注》：“朕在舟部，其解当曰舟缝也。”假借为第一人称代词“我”，自秦始皇定为帝王自称之词，沿用至清代。

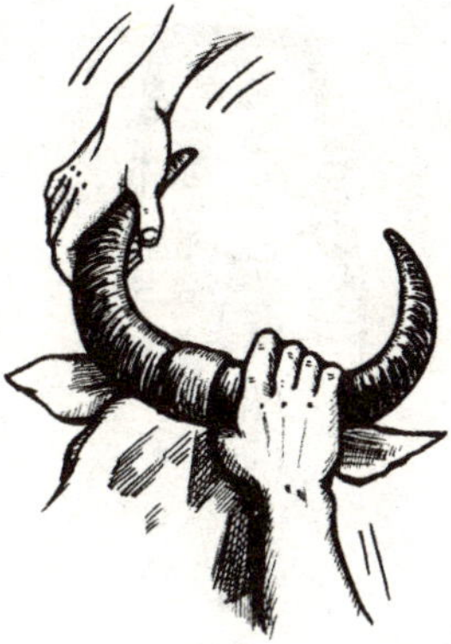

甲　篆　隶　楷

争

zhēng

 甲骨文像上下两只手，抢夺牛角之类的东西。 本义是“争夺、夺取”，《三国演义》：“南荆之地，操所必争也。”引申为“辩论、争论”，［唐］韩愈《董府君墓志铭》：“日伏陛下与大尹争是非。”

正：会意字。《说文解字》：『正，是（正直无偏斜）也。从止，一以止（用『一』放在『止』上）。』

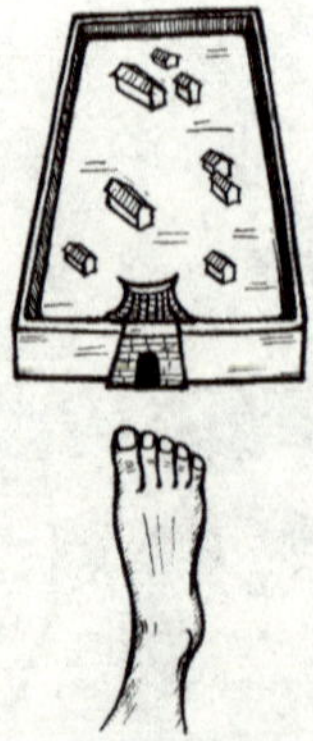

正

zhèng

 甲、金文上是城邑，下是一只脚，会向城邑进发之意。

 本义是“远行”，是“征”的本字。引申为“征伐”，甲骨卜辞：“王来正人方。”假借为“不偏、不斜”，《论语·乡党》：“席不正不坐。”也指“为人正直、正派”，《后汉书·荀彧传》：“田丰刚而犯上，许攸贪而不正。”

之：会意字。《说文解字》：『之，出也。』

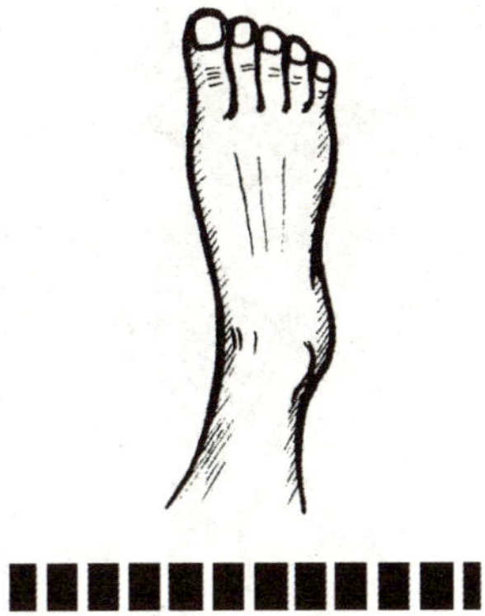

之

zhī

 字形下部一条横线表示起点，上部是一只脚，会离此前往之意。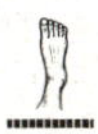 本义是“往、至”，《诗·鄘风·载驰》：“百尔所思，不如我所之。”假借为助词，用在定语和中心词之间，相当于“的”，［唐］韩愈《师说》：“古之学者必有师。”

支：会意字。《说文解字》：『支，去竹之枝也。从手持半竹。』

支

zhī

金 篆 隶 楷

 字形像手持竹枝，是“枝”的本字。 本义是“枝条”，《诗·卫风·芄兰》：“芄兰之支，童子佩觿。”引申为“分支”，《诗·大雅·文王》：“文王孙子，本支百世。”又引申为“支出、支持、干支”等义。

执：会意字。《说文解字》：“执，捕罪人也。”

执（執）

zhí

甲骨文像一个人的双手被手铐铐住；金文铐与手断开。本义是“拘捕”，《诗·大雅·常武》：“仍执丑虏。”引申为“拿、持”，《诗·邶风·简兮》：“左手执籥（yuè），右手秉翟。”

止：象形字。

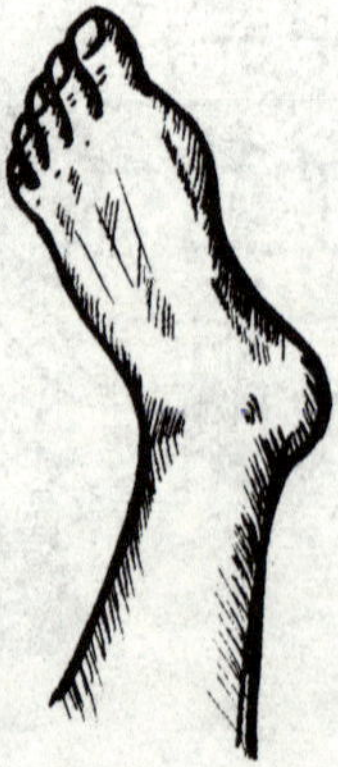

止

zhǐ

甲 金 篆 隶 楷

 甲骨文很像一只脚，是“趾”的本字。 本义就是“脚”，《汉书·刑法志》：“当斩左止者，笞五百。”引申为“停止”，《易·蒙》：“山下有险，险而止。”又有“禁止、举止、截止”等义。

旨：会意字。《说文解字》：「旨，美也。」

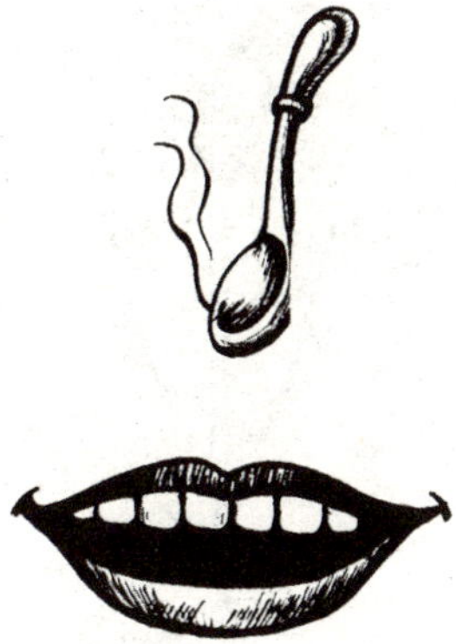

旨

zhǐ

 字形上像匙勺，下为“口”（金文加点表食物，篆文变为“甘”［甜］）。会盛汤入口味美之意。 本义为“美味”，《礼记·学记》：“虽有嘉肴，弗食，不知其旨也。”引申为“意味、意思”，《宋书·谢灵运传论》：“妙达此旨，始可言文。”特指“皇帝的命令”。

至：会意字。

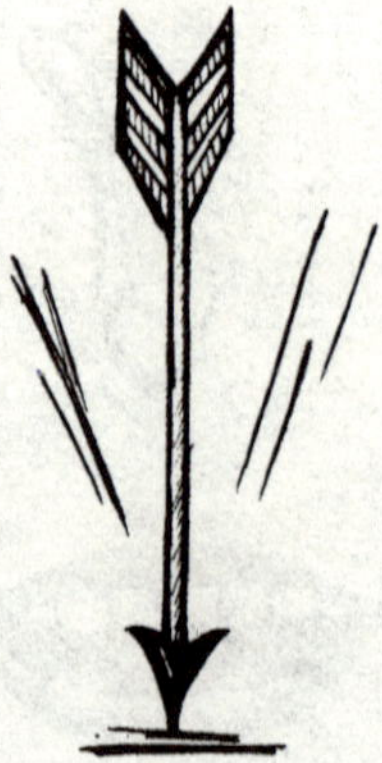

至

zhì

 甲、金文像一支箭插到地面上。 本义是“到达”，《诗·秦风·渭阳》：“我送舅氏，曰至渭阳。”引申为“达到极点”，《史记·春申君列传》：“臣闻物至则反。”引申为“最”，［汉］枚乘《七发》：“此亦天下之至美也。”

志：形声字。《说文解字》：「志，意也。从心，之声」

志

zhì

金、篆文下从“心”，上为“之”（后变为“士”）表声。

本义是“心意所向、意念”，《书·舜典》：“诗言志，歌永言。”引申为“志向、立志、记住、标记”等义。

豸：象形字。《说文解字》：「豸，兽长脊，行豸豸然，欲有所司（伺）杀形。」

豸

zhì

甲 篆 隶 楷

 甲、篆文像一种猫科动物。 本义是“长脊的野兽”，[汉]王逸《九思·怨上》：“虫豸兮夹余，惆怅兮自悲。”《尔雅·释虫》：“有足谓之虫，无足谓之豸。”又指“像蚯蚓一类无脚的虫子”，《汉书·五行志中》：“虫豸之类谓之孽。”

制：会意字。《说文解字》：『制，裁也。』

金 篆 隶 楷

制（製）

zhì

 金、篆文从“刀”，从“未”（树的枝干），会用刀修枝之意。 本义是“裁断”，《淮南子·主术训》：“贤主之用人也，犹巧工之制木也。”引申为“制造、制作”，此义后作“製”，今又简化为“制”。又有“制度、体制”等义。

炙：会意字。《说文解字》：『炙，炮肉也。从肉在火上。』

炙

zhì

 字形为下“火”上“肉”，会以火烤肉之意。 本义是“烤”，《乐府诗集·西门行》：“饮醇酒，炙肥牛。”也指烤熟的肉食，《三国志·关羽传》：“羽割炙引酒，言笑自若。”又是中药的一种制法。

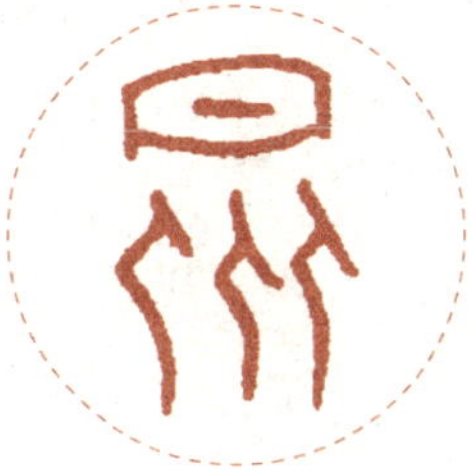

(衆)众

zhòng

 甲骨文像日（太阳）下有三人在劳动，金、篆文变“日”为“目”。 本义是“很多人”，［清］魏源《圣武记》卷十四：“孤则易折，众则难摧。”引申为“多”，如与众不同、群众等。

陟

zhì

 字形从“阜”（土山），从双“止”（趾，足也），会由低处向高处登之意。 本义是“登高”，《诗·周南·卷耳》：“陟彼崔嵬，我马虺隤（tuí）。”引申为“提拔、升迁”，［清］钱大昕《〈味经窝类稿〉序》：“（秦锡山）洎登巍科，陟上卿。”

陟：会意字。《说文解字》：『陟，登也。从阜，从步。』

彘：象形字。《说文解字》：「彘，豕也。」

彘

zhì

甲 金 篆 隶 楷

甲骨文像一支箭射中了豕（猪），表明不是家畜。本义是“野猪”，［明］刘基《正月二十三日得台州黄元徽书有感》诗：“涉水水有蛟，入山山有彘。”后也指“猪”，《汉书·货殖传》：“牛千足，羊彘千双。”

甲 金 篆 隶 楷

中

zhōng/zhòng

甲、金文像一根旗杆上飘动着长条旗帜，旗杆正插在一个圆圈中间，表示“中间、中央”义。本义是“中间、中央”。引申指“里面、内部”，《韩非子·五蠹》：“田中有株，兔走触株。”以上读zhōng。当作动词，表示正对上，读zhòng，《荀子·赋篇》：“圆者不规，方者中矩。”另如“百发百中、命中、中伤”中的“中”皆然。

众：会意字。《说文解字》

重：会意兼形声字。《说文解字》：『重，厚也。』

重

zhòng/chóng

金文从“人”，从“东”（口袋），会人背装满东西的口袋很沉重之意，“东”兼表声。本义是“分量大”，［汉］桓宽《盐铁论·刑德》：“千钧之重，人不轻举。”引申为“严重、重要、庄重、慎重”等义。以上读zhòng。当用于“重复、重叠、再、层”等义时，应读chóng。

舟：象形字。《说文解字》：『舟，船也。』

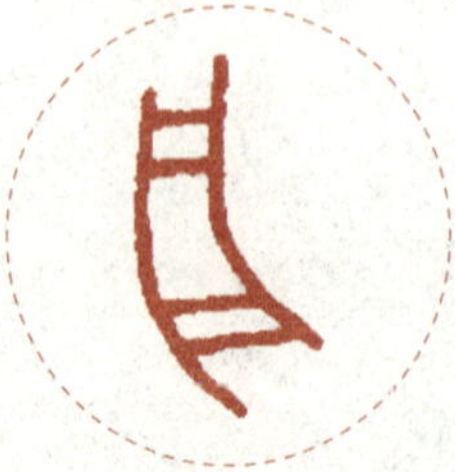

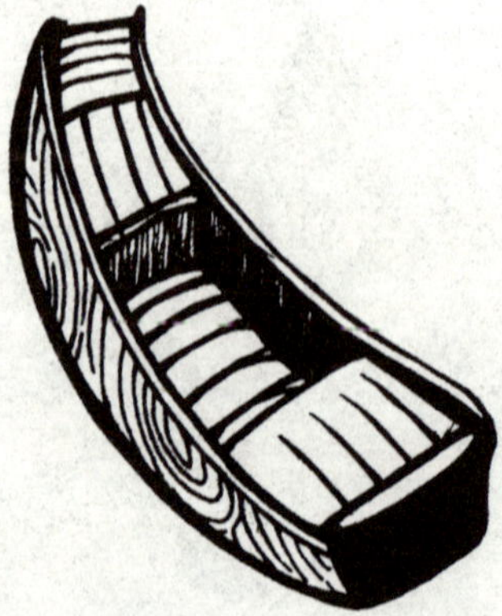

舟

zhōu

 古字形极像一叶小船。 本义是“船”，《易·系辞下》：“刳木为舟。”也指“乘船”，《诗·邶风·谷风》：“就其深矣，方之舟之。”

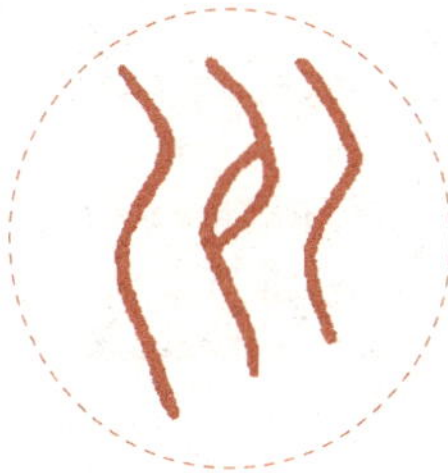

甲 金 篆 隶 楷

州

zhōu

古字形像水中有小块陆地，隶楷变为三个点。本义是“水中陆地”，是“洲”的本字。引申为古代行政区划名称，《书·舜典》：“肇十有二州，封十有二山。后“州”为引申义专用，于是另加“氵(水)”作“洲”表本义。

州：象形字。《说文解字》：『州，水中可居者曰州，水周绕其旁。』

周：象形字。《说文解字》：“周，密也。”

周

zhōu

 甲骨文像一块农田里长满了密密的庄稼。 本义是“周密”，《左传·昭公四年》：“其藏之也周。”引申为“环绕”，《左传·成公二年》：“齐师败绩，逐之，三周华不注。”

帚：象形字。《说文解字》：『帚，粪（扫除污秽）也。』

帚

zhǒu

 甲、金文均像一把扫帚，上为帚苗，下为帚把，中间还有扎捆标志。 本义是“扫帚”，《南齐书·王思远传》：“既去之后，犹令二人交帚拂其坐处。”

胄：会意字。《说文解字》：『胄，兜鍪也，从冃也，由声。胤也，从肉，由声。』

胄

zhòu

 金文上像盔，下为“目”（代表头部）。篆文上变为“由”，下变为二形：一为“冃”，一为“月”（肉）。均为形声，前为“头盔”，后为“后代”。隶楷同为“胄”。 本义是古代打仗时战士所戴的头盔，《书·费誓》：“乃甲胄。”又指古代帝王或贵族的后代，《三国志·诸葛亮传》：“将军既帝室之胄，信义著于四海。”

昼：会意字。《说文解字》：『昼，日之出入，与夜为界。』

昼（晝）
zhòu

 甲骨文上为手持笔，下为“日”；金文上为“聿”（笔，用以画分界线），会白天与黑天的界线之意。 本义是“白天，即从日出到日落的一段时间”，《易·系辞上》：“刚柔者，昼夜之象也。”

朱：指事字。《说文解字》：『朱，赤心木。松柏属。』

朱

zhū

 字形为一棵红心树，树干中间一横或黑点标指树心是红色的。 本义是“大红色”，《诗·豳风·七月》：“我朱孔阳，为公子裳。”又指“朱砂，炼汞的原料，也可制颜料、药剂”，此义写作“硃”，今又简化为“朱”。

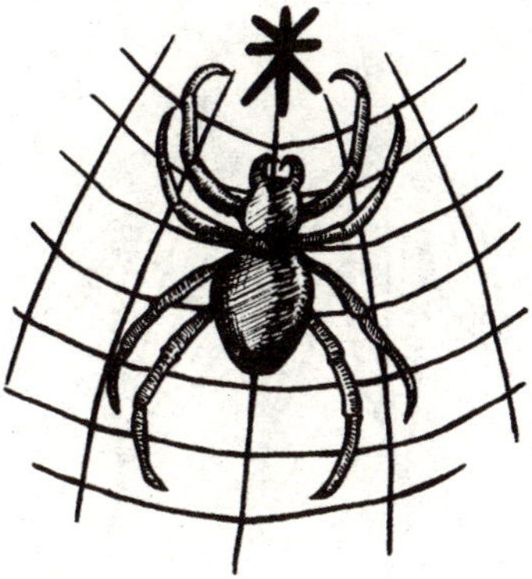

 金  篆  隶  楷

蛛

zhū

 金文字形极像蜘蛛，上中“朱”表声；篆文下为“黾”（měng，蛙类），上仍为朱声。隶楷为从虫，朱声。  本义就是“蜘蛛”，《全唐诗》：“网断蛛犹织，梁春燕不归。”

蛛：形声字。《说文解字》：“蛛，蜘蛛也。”

竹：象形字。《说文解字》：『竹，冬虫草也。象形。』

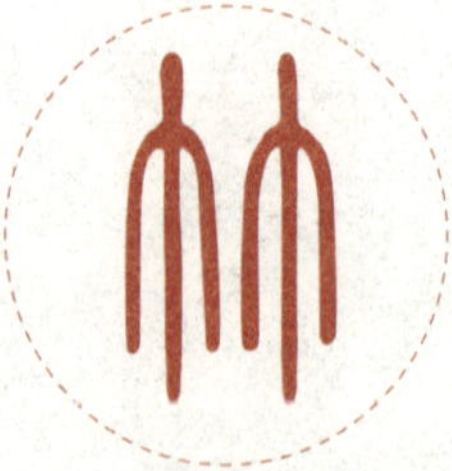

竹

zhú

金　篆　隶　楷

 字形像两株并列的竹子，有下垂的叶子。 本义是“竹子”，《诗·卫风·淇奥》：“瞻彼淇奥，绿竹猗猗。”也指“竹简”，《北齐书·文苑传·樊逊》：“爰自末叶，法令稍滋，秦篆无以穷书，楚竹不能尽载。”还指竹制管乐器。

逐：会意字。《说文解字》：「逐，追也。」

甲 金 篆 隶 楷

逐

zhú

甲骨文上“猪”下“止”（脚），会人跑着追赶猪之意；金文加“彳”（路）；篆文将“彳、止”合为“辵”（chuò）。本义是“追赶”，《左传·隐公十一年》：“颍考叔挟辀以走，子都拔棘以逐之。”引申为“追求、竞争、依次”等义。

主：象形字。《说文解字》：『主，灯中火主也。』

主

zhǔ

 甲骨文下为“木”，上像点燃的火焰；篆文上像火焰，中像灯碗，下像灯座，是“炷”的本字。 本义是“灯芯”。假借为“主人”，《礼记·檀弓下》：“宾为宾焉，主为主焉。”引申为“君主、主要、主持”等义。后假借义行，另加“火”造“炷”字表本义。

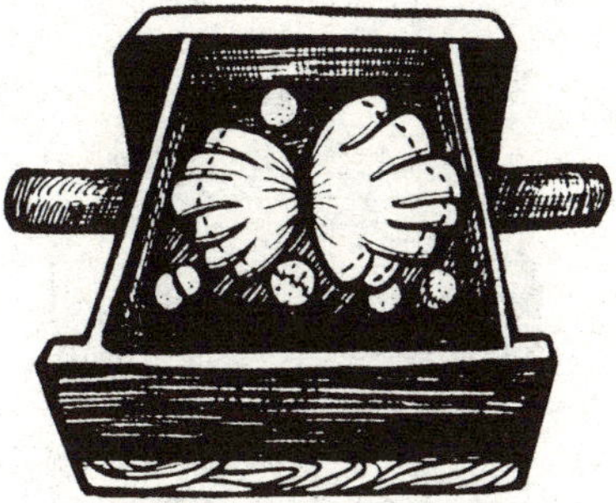

贮(貯)

zhù

 甲骨文像箱子里装着贝（表财物），两旁有抬杆；金、篆文将贝移到箱外。 本义是“积存、储藏”，《吕氏春秋·乐成》：“我有衣冠，而子产贮之。”

贮：会意字。《说文解字》：「贮，积也。」

祝：会意字。《说文解字》：『祝，祭主赞词者。从示，从人口。』

祝

zhù

 古字形像一个人跪在祭祀的石桌旁，张口祷告，会祝祷之意。 本义是“祭祀时主持祷告的人”，引申为“祈祷、祝颂”，《左传·哀公二十五年》：“公宴于五梧，武伯为祝。”又有“表示良好愿望”义，如祝贺、祝愿、祝酒、庆祝等。

铸：会意字。《说文解字》：『铸，销金也。』

甲　金　篆　隶　楷

铸（鑄）

zhù

 甲骨文像双手拿着一个容器放在火上熔化金属，然后倒入下面的模子里，会铸造器物之意。 本义是“铸造”，《北齐书·文宣帝纪》：“己丑，改铸新钱。”引申为“造成”，如铸成大错。

箸：形声字。《说文解字》："箸，饭敧（以箸取物）也。"

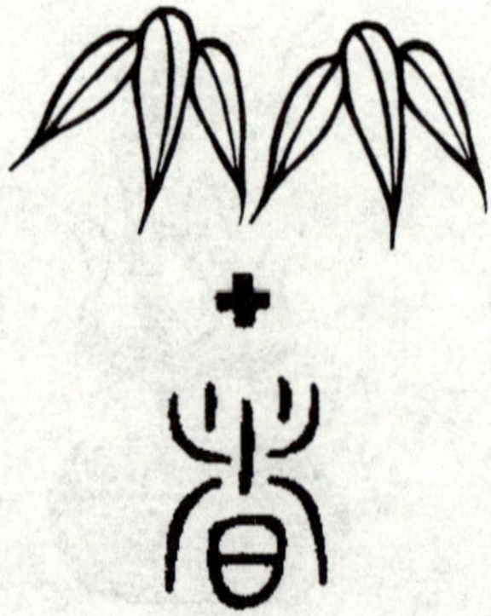

箸

zhù

 字形上从"竹"，下"者"表声。 本义是"筷子"，[清]赵翼《陔馀丛考·呼箸为快》："凡舟行讳住讳翻，故呼箸为快（筷）子。"《韩非子·喻老》："昔日纣为象箸（象牙筷子）而箕子（人名）怖。"

专（專）

zhuān

 古字形像一只手转动绕上线的纺锤（纺线）。 本义是“收丝的工具”。引申为“集中、专一”，《孙子·虚实》：“故形人而我无形，则我专而敌分。”又引申为“单独、独占、专门、专家”等义。

专：会意字。《说文解字》：『专，纺专（纺锤）。』

妆：会意字。《说文解字》：『妆，饰也。』

(妝)妆 zhuāng

甲 金 篆 隶 楷

 古字形从“女”（妇女化妆），“爿”（pán）表声。 本义是“梳妆打扮”，[唐]白居易《琵琶行》：“曲罢曾教善才伏，妆成每被秋娘妒。”也指女子妆饰的式样、用品及嫁妆等。

 甲  金  篆  隶  楷

隹

zhuī

 古字形很像一只鸟。 本义是“短尾鸟”，《说文解字注》：“短尾名隹，别于长尾名鸟。云总名者，取数多也。”甲、金文中，“隹”和“鸟”实为一字，常借“隹”为句首语气词“唯”。

隹：象形字。《说文解字》：「隹，鸟之短尾总名也。」

追：会意字。《说文解字》：「追，逐也。」

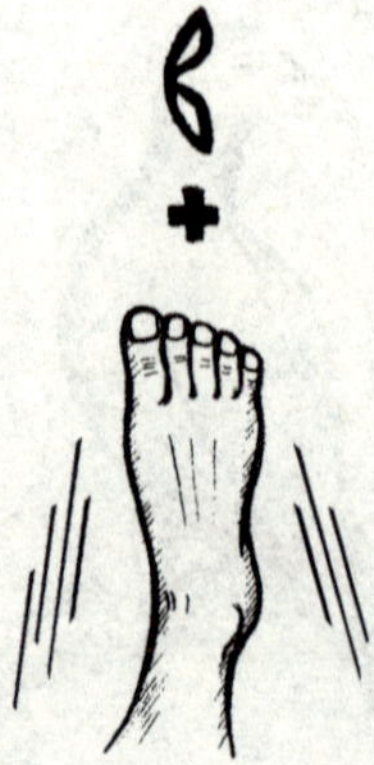

追

zhuī

 甲骨文上为“弓”，下为“止”（脚），会持弓追赶之意；金文“弓”下“止”变“辵”（chuò），仍为追赶；篆文“弓”变“𠂤”（duì，“推”本字）表声。 本义是“追击”，《公羊传·庄公十八年》：“夏，追戎于济西。”引申有“追求、追究、回溯”等义。

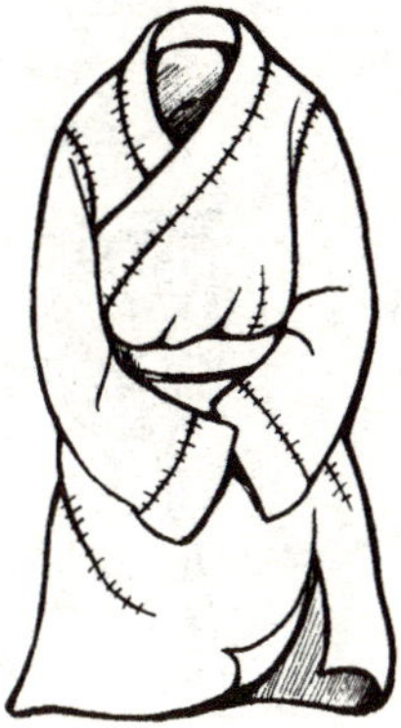

缀（綴）

zhuì

古字形像用线连结衣物，使之附着在一起。本义是“缝合”，《礼记·内则》：“衣裳绽裂，纫箴（针）请补缀。”泛指“连结”，［唐］柳宗元《小石潭记》：“青树翠蔓，蒙络摇缀。”引申为“装饰”，《韩非子·外储说左上》：“薰以桂椒，缀以珠玉。”

缀：会意字。《说文解字》：『缀，合著（连结使之附著）也。从叕（连结），从糸（细丝）。』

卓：会意字。

卓

zhuó

甲 金 篆 隶 楷

 甲骨文下像长柄网，上像鸟形，会以网罩鸟之意。 本义是“以网罩鸟”，是“罩”的本字。鸟常高飞，故引申为“高”，《论语·子罕》：“如有所立卓尔。”又引申为“遥远”，［汉］王逸《九思·逢尤》：“世既卓兮远眇眇。”又有“特立、超群”义。

兹：会意字。《说文解字》：『兹（兹），草木多益（滋盛）。』

甲 金 篆 隶 楷

兹

zī

 甲、金文均像两缕并列的丝。 本义是“增加”，[唐]皇甫枚《三水小牍·卫庆》：“自是家产日兹，饭牛四百蹄。”引申义“更加”，《墨子·非攻上》：“以亏人愈多，其不仁兹甚，罪益厚。”常借作代词“此、这、这个”。

子：象形字。

子

zǐ

 古字形上部是头，左右是手臂，两腿被裹在一起， 本义是“婴儿”。后专指“儿子”。古代对男子的尊称或美称也叫“子”，如庄子、墨子等。还借作地支的第一位。

自：象形字。《说文解字》：『自，鼻也。』

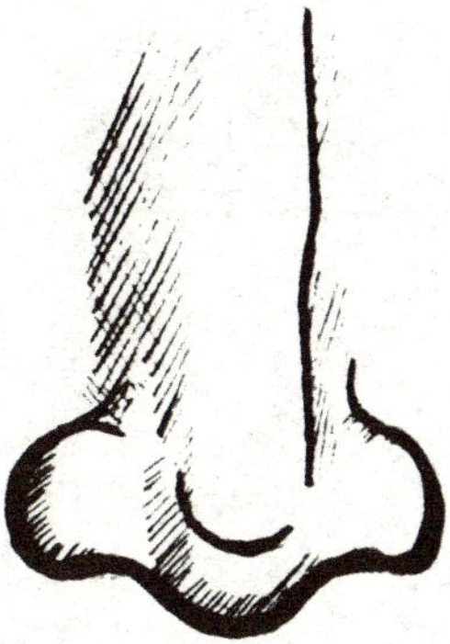

自

zì

古字形像人的鼻子，本义是“鼻子”。引申指“自己、亲自”，[唐]李商隐《东还》：“自有仙才自不知，十年长梦採华芝。”引申为“开始”义。后多用为“自己”义，遂另加“畀”（bì）造“鼻”字表本义。

字：会意兼形声字。《说文解字》：『字，乳也，从子在宀下，子亦声。』

字

zì

 字形从“子”，从“宀”（房屋），会在屋内生育孩子之意。“子”兼表声。 本义指“生育”，《诗·大雅·生民》：“诞置之隘巷，牛羊腓字之。”后因哺乳有“生”义，汉字的不断衍生很像这种生育关系，故后指“汉字、写字”。[汉]许慎《〈说文解字〉叙》：“仓颉之初作书，盖依类象形，故谓之文。其后形声相益，即谓之字。字者，言孳乳而浸多也。”

宗：会意字。《说文解字》：『宗，尊祖庙也。』

甲 金 篆 隶 楷

宗

zōng

 字形从“宀”（房屋），从“示”（祭桌或牌位），会祭祀祖先的庙堂之意。 本义是“祖庙”，《书·大禹谟》：“正月朔旦，受命于神宗。”引申为“祖先、宗族”，也指某一类事物中有统领楷模作用或为首者。

走：会意字。《说文解字》：『走，趋也。从夭，从止。』

走
zǒu

 金  篆  隶  楷

 金、篆文上是甩开双臂的人形，下是一只脚（止），会人在奔跑之意。 本义是“跑”，《韩非子·五蠹》：“田中有株，兔走，触株折颈而死。”现在指“步行”，引申为“走开、离去”。

足：象形字。《说文解字》：『足，人之足也。在（体）下。从止口。』

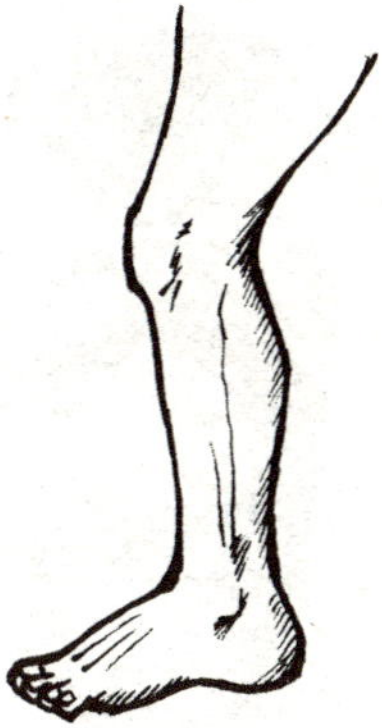

 甲  金  篆  隶  楷

足

zú

 古字形下像脚，上像膝盖，是条小腿（包括膝和脚）的形象。 本义指“小腿”，《史记·孙子列传》：（孙）膑至，庞涓恐其贤于己，疾之，乃以法刑断其两足而黥之，欲隐勿见（现）。”后转指“脚”，《楚辞·渔父》：“沧浪之水浊兮，可以濯吾足。”引申指“器物的腿”。又有“充足、富足、值得”等义。

卒：象形字。《说文解字》：『卒，隶人给事者为卒。卒，衣有题识者。』

卒

zú

 古字形像古代隶役穿的衣服，上有标记以示区别。

 本义指“衣名”。转指穿这种衣服供役使的隶役。特指服役的士兵，《史记·高祖本纪》：“以故汉王得与数十骑出西门遁……诸将卒不能从者，尽在城中。”

族：会意字。《说文解字》：『族，矢锋也。束之族族也。』

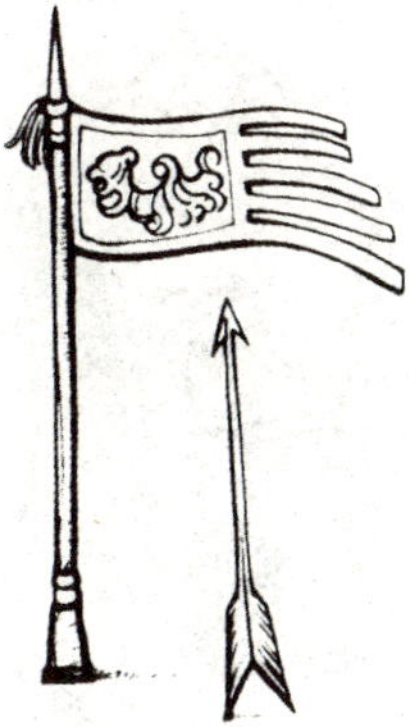

族
zú

字形从“㫃”（yǎn，旗），从“矢”，像旗下聚箭。旗以聚众，矢以杀敌。本义是“聚集”，《尔雅·释木》：“木族生为灌。”古代同一家族或氏族的人是一个战斗单位，故指“宗族、家族”，《书·尧典》：“克明俊德，以亲九族。”

俎：象形字。《说文解字》：『俎，礼俎也。从半肉在且上。』

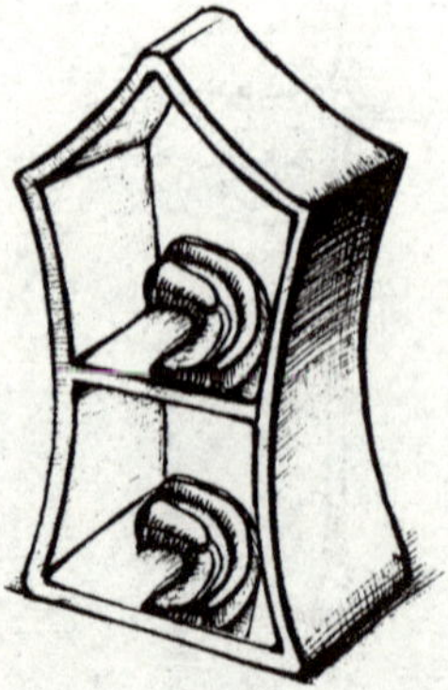

俎

zǔ

甲 金 篆 隶 楷

 古字形像置肉于祭器上以祭祀先祖。 本义是“古代祭祀时置放牛羊等牲体祭品的木制礼器”，《诗·小雅·楚茨》：“为俎孔硕（大）。”引申为“切肉用的砧板”，《史记·项羽本纪》：“如今人方为刀俎，我为鱼肉。”

祖：会意字。《说文解字》：“祖，始庙也。”

 甲  金  篆  隶  楷

祖

zǔ

 字本作“且”，甲骨文亦有此形，像礼器，又作砧板（见“且、俎”）。后加“示”，祭祀义更显。 本义是“宗庙”，《周礼·考工记·匠人》：“左祖右社。”郑玄注：“祖，宗庙。”引申指自祖父以上各辈尊长。也指言行、功业为后世所宗仰者。

最：会意字。《说文解字》：『最，犯而取也。从冃，从取。』

最

zuì

 金  篆  隶  楷

 金、篆文上“冃”（帽子），下“取”，用手拿走他人的帽子是冒犯人家的事情，本义是“冒犯而取之”。 本义早亡，多指居于首要地位的人或事物，如中华之最。又常用作副词，表示程度达到顶点，超过所有同类，如最好、最乐观。

 金  篆  隶  楷

罪

zuì

 金文本作“辠”，从辛（刑刀），从自（鼻子），会割鼻酷刑之意，是“罪”的本字。 本义指“犯法的行为”，《荀子·王制》：“无功不赏，无罪不罚。”引申指“归罪、责备”。罪，从网（“罒”）、非声，本义是“捕鱼的竹网”，秦始皇疑似“皇”字，遂借“罪”代“辠”表“辠”义，“辠”废。

罪：会意字。《说文解字》：『辠，犯法也……秦以辠似皇字，改为罪。罪，捕鱼竹网。』

尊：会意字。《说文解字》：『尊，酒器也。』

尊

zūn

 甲  金  篆  隶  楷

 古字形像双手捧着大酒瓶，会赤诚敬酒之意。 本义是“酒器”，用作祭祀或宴享，《国语·周语中》：“出其尊彝，陈其鼎俎。”引申为“尊贵、尊重”，［唐］韩愈《读〈荀〉》：“始吾读孟轲书，然后知孔子之道尊。”

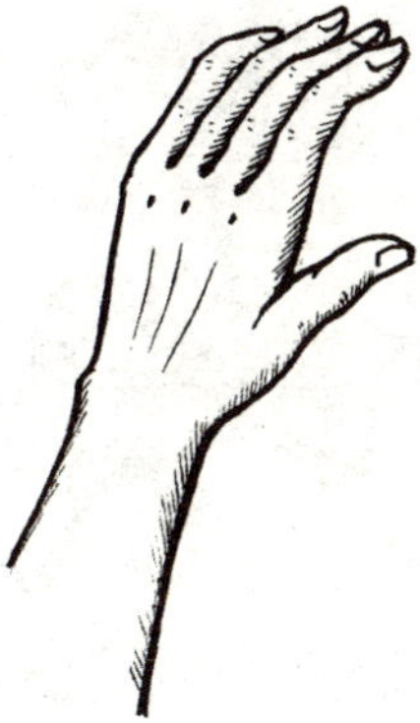

甲 金 篆 隶 楷

左

zuǒ

 甲骨文像左手形，金文下加“工”（有规矩义）。 本义是“左手”，《诗·王风·君子阳阳》：“君子阳阳，左执簧，右招我由房。”引申指“辅佐、帮助”，《诗·商颂·长发》：“实左右商王。”此义后写作“佐”。后多借指方位名词，指“左手的一方”（与“右”相对）。

左：会意字。《说文解字》：『左，手相左助也。从𠂇（左手）、工（规矩）。』

坐：会意字。《说文解字》：『坐，止也。』

坐

zuò

金 篆 隶 楷

字形像两个人对坐在土堆上。古人铺席于地，两膝着席，臀部压在脚后跟上，谓之“坐”，即今“跪”形，后来才指臀部平放物体上以支撑身体，  本义是“人的一种止息方式”，《书·太甲上》：“坐以待旦。”引申为“坐落”，如小屋坐东朝西。做名词，指“坐的地方”，《韩非子·外储说左上》：“先自度其足而置之其坐。”此义后写作“座”。

音序索引

T

W

X

Y

Z

笔画索引

五画

六画

七画

八画

九画

十画

十一画

十二画